丛书编委会

编委会主任：赵素萍

编委会副主任：王　耀　李宏伟　喻新安　杨　杰

中国特色社会主义道路河南实践

★系列丛书★

新型城镇化引领论

XINXING CHENGZHENHUA YINLING LUN

主编 喻新安 谷建全 王玲杰

人民出版社

策划编辑：娜　拉
责任编辑：刘　伟
封面设计：肖　辉

图书在版编目（CIP）数据

新型城镇化引领论／喻新安　谷建全　王玲杰　主编．
　－北京：人民出版社，2012.10
（中国特色社会主义道路河南实践系列丛书）
ISBN 978－7－01－011364－7

I.①新…　II.①喻…②谷…③王…　III.①城市化－研究－河南省
　IV.① F299.276.1

中国版本图书馆 CIP 数据核字（2012）第 248289 号

新型城镇化引领论
XINXING CHENGZHENHUA YINLING LUN

喻新安　谷建全　王玲杰　　主编

人 民 出 版 社 出版发行
（100706　北京市东城区隆福寺街 99 号）

北京中科印刷有限公司印刷　新华书店经销

2012 年 10 月第 1 版　2012 年 10 月北京第 1 次印刷
开本：710 毫米 ×1000 毫米 1/16　印张：21.25
字数：321 千字　印数：00,001－10,000 册

ISBN 978－7－01－011364－7　定价：25.00 元

邮购地址 100706　北京市东城区隆福寺街 99 号
人民东方图书销售中心　电话（010）65250042　65289539

深入贯彻落实科学发展观

——持续探索"两不三新"三化协调科学发展路子

卢 展 工

河南省第九次党代会提出，持续探索不以牺牲农业和粮食、生态和环境为代价的新型城镇化、新型工业化、新型农业现代化三化协调科学发展的路子，是从根本上破解发展难题的必然选择，是加快经济发展方式转变的具体实践，是中原经济区建设的核心任务。走好这条路子，必须充分发挥新型城镇化的引领作用、新型工业化的主导作用、新型农业现代化的基础作用。

在某种意义上，河南是中国的一个缩影，农村人口多、"三农"问题突出，持续探索"两不三新"三化协调科学发展的路子，是改革开放以来河南省历届省委、省政府团结带领全省广大干部群众持续探索的一个创造性成果，充分彰显了科学发展观的真理力量，充分彰显了科学发展观的实践价值，是中国特色社会主义道路在河南的生动实践。深刻理解这条路子，必须把握以下几点：

第一，倒逼机制。这条路子不是我们凭空想出来的，而是河南省发展面临的诸多困难和问题倒逼出来的。一是不牺牲农业和粮食、生态和环境的承诺形成了倒逼机制。不牺牲农业和粮食、生态和环境，是中央的要求，是人民的期盼，更是河南的承诺。一方面，不牺牲农业和粮食首先不能牺牲耕地，就河南省目前的农业生产力发展水平来看，在今后相当长一段时期内，没有足够的耕地作保障，要做到粮食稳产增产，到 2020 年达到 1300 亿斤是不可能的。另一方面，对河南这样一个人多地少的内陆省份来说，城市发展需要土地，工业发展需要土地。既要做到耕地不减少、粮食稳产增产，又要保障城镇化、工业化用地需求，就要求我们必须研究探索一条新的发展路子。二是河南省"三农"问题突出的状况形成了倒逼机制。目前，我省 60% 的人口生活在农村，但农村生产力发展水平还比较落后，农业生产规模化、组织化程度不高，农民生活水平还比较低。比如，农村的水、电、路、气等基础设施很不健全，文化、教育、卫生等公共服务设施也很不完善；农民建的房子没有产权，不能抵押融资，无法带来财产性收入。提高农业生产力的发展水平，解决农民的柴米油盐酱醋茶等民生问题，改善农民的生产条件、生活方式、生活环境，维护保障农民的各项权益，都非常突出地摆在了我们面前。三是推动城乡统筹和城乡一体、破除城乡二元结构、促进三化协调发展的要求形成了倒逼机制。我们过去提出的工业化、城镇化、农业现代化，都没有充分考虑农村发展的问题。传统的城镇化是农民进城的城镇化。现在河南外出务工人员达到二千五百多万，他们很难在务工的城市安家落户。2008 年国际金融危机爆发后，河南省有九百多万外出务工人员返乡，给我们造成了很大压力。中央提出要破解城乡二元结构，统筹城乡发展，形成城乡经济社会发展一体化新格局。在实际工作中如何破解城乡二元结构，如何推进城乡统筹和城乡一体，过去我们始终没有找到好的切入点和结合点。推进新型农村社区建设，找到了统筹城乡发展的结合点、推进城乡一体化的切入点、促进农村发展的增长点，从而抓住了三化协调发展的着力点，使得协调有了希望、互动有了希望。正是这些倒逼机制，促使我们必须探索、走好这条路子。

第二，引领理念。新型城镇化是城乡统筹的城镇化，是城乡一体的城镇化，是包括农村在内的城镇化，是破解城乡二元结构的城镇化，是着力实现更均等、更公平社会公共服务的城镇化。新型城镇化的引领作用，体现在能够为新型工业化、新型农业现代化提供重要支撑、保障和服务。在新的发展阶段，没有新型城镇化就没有新型工业化，就没有新型农业现代化。从引领新型工业化来看，如果没有城市搭建的载体平台，没有城市集聚的生产要素，没有城市提供的相关服务，大型企业、高科技企业就发展不起来，新型工业化就无法推进。随着河南城镇化水平的提高，城市的基础设施更加健全，教育、文化、餐饮、住宿、旅游、休闲等服务更加完善，吸引了富士康等国际知名企业在豫落户。新型城镇化引领新型工业化发展，还体现在提供劳动力资源、土地资源上。例如，在中原内配股份有限公司调研时，企业负责人跟我们讲，新型农村社区建设的推进，将提供充足的劳动力和建设用地，支撑企业不断做大做强。从引领新型农业现代化来看，随着农业生产力的发展，生产关系必须作出相应的调整。现在一家一户分散经营的小农经济模式很难适应大面积机械化生产和现代化管理的需要，只有提高农业生产的规模化、组织化程度，才能实现农业现代化。推进新型城镇化，可以促进农村社会精细分工和农村劳动力转移就业，可以加快农村土地流转、促进农业规模经营，为推进新型农业现代化创造条件。新型城镇化的引领作用，体现在能够扩大内需、增加投资，有效支撑经济社会发展。最大的内需潜力在新型城镇化，最大的内需市场在农村。坚持新型城镇化引领、推进新型农村社区建设，既能够促进农村扩大投资、增加消费，又能够促进农村公共服务水平提升，成为经济社会发展一个新的重要增长点。从农民愿望来说，农民最渴望、最需要的是建房，建有产权、有公共服务设施的住房。现在，河南省农村进入了新一轮建房高峰期。推进新型农村社区建设，让农民在新型农村社区建房，既可以扩大固定资产投资，又可以拉动房屋装修、家具家电等消费。同时，政府为新型农村社区配套建设公共基础设施，促进城市公共服务向农村延伸，也可以扩大投资。

建设新型农村社区，必须把握好原则方向、基本要求，注重运作、科学运作、有效运作。一是政策引领。要切实把新型农村社区建设研究透，把有关政策制定好，让农民群众知道有什么好处，让干部知道怎么干，让有关部门知道怎么支持。我们已经探索了很多好的做法，积累了很多好的经验，下一步要逐步规范、不断提升、形成政策，充分发挥政策的引领作用。二是规划先行。设计理念不一样、规划水平不一样，效果就会大不一样。现在很多人把城市规划和城市建筑设计作为艺术来做，这个理念很好。我们要以对广大农民负责的态度，着眼长远，认真对待，通盘规划，逐步实施，真正高水平规划建设新型农村社区。三是突出主体。要突出农民的主体地位，坚持让农民主导，让农民全程参与新型农村社区的规划布局、方案制定、监督管理、收益分配等各个环节。四是保障权益。建设新型农村社区就是要为群众谋利益。要切实保障群众的各项权益，决不能从中谋取利益。值得一提的是，新型农村社区建设不是搞福利分房，还是老百姓自己建房。五是规范有序。建设新型农村社区是河南的一个创新。我们既要和现有的政策衔接，把政策用足用够用好，又要坚持依法依规、规范操作、有序推进。六是拓展创新。河南省各地基础不一样，区位不一样，条件不一样，经济发展水平也不一样，在推进新型农村社区建设中会遇到很多不同的困难和问题，需要我们去探索、去创新、去试验，逐步研究解决。河南省之所以没有进行统一部署，没有出台相关文件，就是考虑到还有很多具体问题需要深入研究，急于出台文件会限制基层的创新创造。七是互动联动。上下级之间要加强互动，各方面要加强联动，使人才、资金等各种要素流动起来、发挥作用。八是一体运作。建设新型农村社区，不仅仅是建设部门、发展改革部门的事情，也是各级党委、政府和各个部门共同的事情。要加强统筹协调，真正形成上上下下、方方面面的合力。总之，要通过新型农村社区建设使三化真正互动起来，不断加快新型城镇化、新型工业化、新型农业现代化进程，不断加快民生改善步伐，为中原经济区建设提供有力支撑。

第三，"三新"内涵。新型城镇化，新就新在把农村涵盖进来，形成新的城镇化概念、新的城镇化体系、新的城镇化规划布局。统计上主要用城镇化率这一指标来衡量城镇化水平。城镇化率是指城镇人口占总人口的比例。现在有些地方城镇化率比较高，但实际上城市的公共服务水平并不高。如果城市聚集大量没有技能、没有就业的人口，即使人口规模很大，发展水平也不可能高。我们在推进新型城镇化过程中，一定要在完善城镇公共服务、提升城镇化水平上下工夫，而不能单纯地扩大城镇人口规模。新型城镇化意味着整个城镇体系的不断完善，意味着大中小城市、小城镇、新型农村社区的互动联动、协调发展。当前，河南省区域性中心城市、县城和中心镇的发展水平并不高，亟须进一步提升。一方面要注重新型农村社区建设，为提升大中小城市的发展水平打好基础；另一方面要注重大中小城市和小城镇的协调发展。新型工业化，新就新在科技含量高、信息化涵盖广、经济效益好、资源消耗低、环境污染少、人力资源优势得到充分发挥，这是我省推动工业化进程的方向。对河南这样一个发展中省份来说，推进新型工业化既需要提升层次水平，也需要扩大总量规模，不断加快发展步伐。新型农业现代化，新就新在以稳定和完善家庭联产承包责任制为基础，不断提高农业的集约化、标准化、组织化、产业化程度，使更多农民从土地的束缚中解放出来。改革开放初期我们实行家庭联产承包责任制是一项重大的改革举措，现在建设新型农村社区、推进新型农业现代化同样是一项重大的改革举措。这一生产关系的调整，是由当前的农业生产力发展水平决定的。如果还是一家一户的分散经营模式，农业生产力就很难发展，"不牺牲农业和粮食"就很难实现。新型农村社区体现了新型城镇化、新型工业化、新型农业现代化之间的互动联动关系。一些地方通过建设新型农村社区，农民变成了社区居民，住进了配套设施齐全的楼房，生活水平有了很大提高；很多人进入企业工作，实现了劳动力就近转移，推动了新型工业化发展；农民自愿把土地交给专门的农业合作机构进行规模化、组织化经营，有效地提升了新型农业现代化水平。

第四，着力协调。科学发展观是以人为本、全面协调可持续的发展观，统筹兼顾是科学发展观的根本方法，也是领导干部的根本领导方式和工作方法。统筹兼顾就是要注重协调。领导干部要在协调上下工夫，注重研究解决发展中的不协调问题，协调推动三化互动联动、一体运作，协调推动政治、经济、文化、社会建设以及生态文明建设，协调上上下下、方方面面的力量，使全省一亿人民的共识不断凝聚、合力不断增强。探索走好这条路子，最大的难题也是协调。我们不能就城镇而城镇、就工业而工业、就农业而农业，要下工夫研究如何协调，在协调中促进三化更好地发展。"协调"是新型城镇化的创新所在、重点所在、关键所在。只有牢牢抓住新型城镇化作为引领，才能推动新型城镇化、新型工业化、新型农业现代化协调发展。

（本文系河南省委书记、省人大常委会主任卢展工同志2012年8月在河南省新乡市、焦作市调研时的讲话节选）

目　录

第一章
城镇化及历史演进

城镇化是现代化的必由之路和重要标志。城镇化的演进历程，影响着经济、社会、政治、文化等方方面面。城镇化的不断发展与进步，是全球共同关注的发展主题。诺贝尔经济学奖得主、美国经济学家斯蒂格利茨在世界银行的一次会议上说，21 世纪对世界影响最大的两件事，一个是美国的高科技产业，一个是中国的城市化。中国是一个发展中国家，又是人口大国和农业大国。从六十多年来城镇化的发展演进来看，中国走过的是一条既体现着规律性特征、又具有中国特色的城镇化道路。

第一节　城镇化的总体认识

"城镇化"首次较为系统的出现在中国国家层面的政策文件中，是在"第十个五年计划纲要"里，并单独用了一章的篇幅对我国的城镇化战略进行了系统阐述，指出"提高城镇化水平，转移农村人口，有利于农民增收致富，可以为经济发展提供广阔的市场和持久的动力，是优化城乡经济结构，促进国民经济良性循环和社会协调发展的重大措施"。伴随着城镇化进程的加快推进，对于城镇化的理论研究和实践探索都在进一步深入，新的认识和新的观点不断出现。

一、城镇化与城市化

（一）词源分析

无论是"城镇化"，或者是"城市化"、"都市化"，都源自英文"urbanization"。出于对内涵或特征等的不同理解和认识，也相应地出现了不同的译法。从词源来看，"urbanization"的意思是指使……具有"urban"的属性。在英文中，urban 是 rural（农村）的反义词，指农村以外的城市区域。有学者指出，从国外城市的发展演进过程来看，现代城市是由hamlet（小村庄、部落）—village（乡村）—town（镇）—city（城市）—metropolis（都市、都会）一步步演变而来的，而城市区域包括了镇及镇以上的各级居住区。在《牛津高阶英汉双解词典》中，"urban"不仅包含了 city（城市），也包含 town（镇）。还有研究指出，世界上不少国家的城市、镇的人口规模都比较小，还有的国家没有镇的建制，例如美国对于城市的定义就是人口超过 2 500 人的居住区。从中国国情来看，国内镇一级的人口规模大多已经达到甚至超过了上述美国城市的人口规模，同时，镇在中国农村人口转移和集聚的过程中发挥着极为重要的作用。在我国的《城市规划基本术语标准》中，规定了城市是"以非农业和非农业人口聚集为主要特征的居民点。包括按国家行政建制设立的市和镇"。因此，将"urbanization"翻译为"城镇化"，意思更为全面、客观。

（二）对城镇化与城市化的几种认识

从全球发展进程来看，"城镇化"或"城市化"首发于英国，关于这一问题的研究最早也是始于国外。从国内来看，"城镇化"一词的出现要晚于"城市化"，而各界对于到底是"城市化"抑或是"城镇化"的用词论争也已有历史。目前，在官方层面使用频率相对更高的是"城镇化"而非"城市化"，尽管如此，关于两者的认识差异和争论一直存在。几种主要观点如下所示：

1."城镇化"是"城市化"的一个阶段

持这种观点的人认为"城镇化"与"城市化"分别体现着发展的阶段性要求与特征，各自适应于同一进程中的不同阶段。其中，城镇化是城市化的一个过程层次，对应着城市化进程的起始阶段，也是城市化体系当中的一个底层组成部分。当城镇化发展到一定程度后，其集聚效应、规模效应、带动效应都难以持续提升，同时城镇发展过程中普遍存在的功能不完善、粗放扩张等带来的外部不经济性不断积累并凸显，必须向下一个阶段即城市化转变。城镇逐渐成为大、中、小城市形成和发展的起点或基础，并会进一步发展成为城市群或城市带。

相关研究同时指出，从城镇化、城市化到现代城市化，这几个层次的发展并不是直线的，有时会呈现扁平的发展结构，即不同层次不同阶段的发展会在不同区域不同范围同时存在。城市重点发挥辐射带动作用，而城镇是城市向农村、镇或周边区域发挥扩散效应的重要传导节点，同时也是农业产业化和农村富余劳动力向二、三产业转移的重要吸纳地。大中城市的兴起和发展离不开城镇的支撑，而城镇也替代不了城市的极化作用、带动作用。各种层次范围的城与镇相互联系、相互影响、相互带动，低层次的发展存在着向高层次发展的态势，共同形成一个不断演进的现代城市体系。

2."城市化"而非"城镇化"

持这种观点的人认为应该用"城市化"而不应用"城镇化"。相关研究指出，"城镇化"中的"城"指的是城市，"城镇化"中的"镇"指的是乡镇，由此得出"城镇化"的基本结构也就是"城镇化＝城市化＋乡镇化"，其中的"镇"则是指依然没有摆脱掉农村性质的"镇"①。这类观点大多质疑城镇化，认为城镇化不能从根本上解决农村问题，认为走城镇化道路也就是将人口从较为分散的农村转移到人口较为稠密的农村，即使可以在短时期内缓解大量农村富余劳动力亟待转移的现实难题，但是这部分人口在"离土不离乡"的"农村化"导向下，城乡分割问题依然没有解决，只是把原来的城乡二元结构变成了城镇二元结构，把原来的城乡差别变成了城镇差别，农村人口依然没有享受到城市文明，没有达到城市化的目的，相反，却延误了城市化的时机，同时还带来了资源配置的浪费、现代化进程

① 俞宪忠：《是"城市化"还是"城镇化"——一个新型城市化道路的战略发展框架》，《中国人口·资源与环境》2004年第5期。

的延缓等严峻问题。因此，从相应的效率和质量比较的角度上看，这一观点认为"城镇化"不如"城市化"，也反对使用"城镇化"这一称谓。

3."城镇化"而非"城市化"

持这种观点的人认为应该用"城镇化"而不应用"城市化"。对于"城市"的理解，从狭义上看是只含"市"不含"镇"，从广义上看不仅包含市又包含镇。对于"城镇"的理解，从狭义上看，包含市和建制镇；从广义上看，包含了市、建制镇和集镇[①]。从中可以看出，对城市的广义理解与城镇的狭义理解是相同的。按照中国现行的城市行政建制，建制市也就是通常意义上的城市，分为县级市、地级市、副省级市和省级市四个行政级别，建制镇也就是通常意义上的城镇，只有乡一个行政级别。在我国的《城市规划法》中，城市包含了国家按行政建制设立的直辖市和市、镇，这一规定明确体现着对城市的广义理解。同时，在对城市发展水平进行量化评价的时候，也是以城市加上建制镇的人口统计作为基数的。由此看来，城镇化相对于城市化更符合我国发展实际。学术界在城镇化研究中也出现了大量成果，最早在1983年，我国著名社会学家费孝通先生提出"小城镇、大问题"之后，城镇化发展思路成为理论界和政策层的主流思想。1991年，辜胜阻在《非农化与城镇化研究》中使用并拓展了"城镇化"的概念。而且，在认同"城镇化"而非"城市化"的观点中，学术界也大多认同要从中国国情出发，充分发挥城镇在中国城市化进程中的作用，坚持大中小城市和城镇统筹协调发展，进而解决六亿农村人口的转移问题，而不能全然模仿国外城市化道路。仅仅依靠农民进城，不仅城市承载能力不济，随之而来的城市病以及转移人口社会融入、身份转变、职业转变和权益保障等现实难题都将不断积累凸显。

4. 两者可以混用

前述分别简要介绍了对于"城镇化"和"城市化"的几种认识，除了从过程论角度提出城镇化只是城市化的一个发展阶段，或是只认同城镇化与城市化之中的某一个称谓之外，也存在一种观点认为"城镇化"与"城

---

① 朱杰堂、席雪红：《城镇化战略与城市化战略取向研究》，《郑州航空工业管理学院学报》2005年第4期。

市化"含义相同，两者只是对于"urbanization"的译法不同，同样是指农村人口不断向城镇迁移的发展演进过程，作为同义词可以混用。

（三）具有中国特色的"城镇化"

各界对于城市化与城镇化定义上的不同认知也相应地影响了对于城市化具体内涵、战略制定、道路选择等的不同认识。实际上，从根本动力或根本目的来看，无论是城镇化还是城市化，其核心所在都应该是为了缩小城乡差距、提高居民尤其是农村居民的收入和生活水平、更有效地推动经济社会发展。再结合中国作为人口大国，同时又是农村人口大国的基本国情，大中城市的承载能力及其提高速度远远滞后于城市化发展需求，仅仅依靠城市不可能实现如此大规模的农村人口转移。显然，从这一角度分析，城镇化这一表述更能体现人口的多元转移路径、"三农"问题的有效解决、现代城镇体系的发展完善、城镇综合承载能力的提升等关键内容。坚持走中国特色城镇化道路，就要促进大中小城市和小城镇协调发展，着力提高城镇综合承载能力，发挥城市对农村的辐射带动作用。总体上应该说，城镇化比城市化内涵更丰富，也更符合中国国情，体现了发展道路的中国特色，是一个具有中国特色的概念。因此，本书在研究中主要采用了城镇化的提法来进行相关分析和论述。

二、城镇化的内涵分析

（一）城镇化的分学科认识

由于城镇化发生发展的过程涉及经济、社会生活的方方面面，也成为人口学、社会学、经济学、地理学等多学科共同关注、共同研究的课题。

从人口学角度出发，所谓城镇化是以人口转变为核心内容的城镇化，也就是说，城镇化是一个把农村人口转化为城市人口的过程。威尔逊（Christopher Wilson）在其主编的《人口学辞典》中所作的解释就是，"人口城市化即指居住在城市地区的人口比重上升的现象"。影响城市人口规模变化的主要因素有两个方面，一个是城市内部人口数量的自然增长，另一个是人口的迁移流动。而人口学理论研究的城镇化，重点应该是从农村人口向城市转移的角度出发来展开分析的。

从社会学角度出发，对于城镇化进程更加关注其所带来的社会结构的转型与变迁，认为城镇化的发展演进中，不仅包括农村人口向城镇人口的转变，还包括农村社会向城市社会的转变，农村土地变成了城市土地，农民变成了市民，也就是农业生产方式和农村生活方式向城市生产和生活方式的变迁，这一变迁对农村人口的价值观念、生活方式、文化氛围、社会活动等方方面面都产生着深刻影响，是我国在社会转型期从传统到现代、从二元到一体的社会变迁中的重要组成部分。

从经济学角度出发，城镇化是一个以人口经济活动从农村转向城市为特征的，从农村自然经济向社会化大生产、从农业社会向工业社会转变的过程。其中，农业生产力的迅速发展是城镇兴起和成长的第一前提，农村劳动力的剩余是城镇兴起和成长的第二前提①。工业化和城镇化往往相伴而生，互为促进。工业化的迅速发展为农村富余劳动力提供了大量就业岗位，农村向城市的人口、资源等要素流动也为工业化发展提供了基础支撑。这一农村人口和资源向城市不断流动的过程，也推动着城镇化迅速发展。

从地理学角度出发，对于城镇化的定义更关注相应的地理空间结构的发展变化。地理学理论认为城镇化是一个把农村空间转变为城镇空间的过程，由于社会生产力的发展，引起人类生产方式、生活方式和居住方式也随之发生改变。具体来看，也就是随着城镇化进程不断推进，城镇人口不断集聚、增加，城镇地域不断扩张，人们的生活方式、物质面貌不断向城市特征靠拢，进而使得经济布局的空间区位实现再分布的过程。

总的来看，不同学科都根据各自的学科特点从不同侧面揭示了城镇化的发展演进及其本质特征，各有侧重点及其片面性，但也各有其合理性，也有益于更加深入、更加全面地认识和研究城镇化。

（二）城镇化的分特征解析

从要素聚集的特征来看，首先，人口的不断集聚和增长是城镇化发生发展的基础和根本表现。随着城镇二、三产业的不断壮大，吸纳能力不断

---

① 于洪俊、宁越敏编著：《城市地理概论》，安徽科学技术出版社1983年版，第23—27页。

增加，农村人口不断向城镇地区集中，城市数量和规模也随之不断扩张。其次，人口的集聚不仅推动城镇规模扩大，而且随着城镇发展环境和基础设施不断完善，产业集群化发展，城镇对资金、技术等要素的吸引、集聚能力也不断增强。第三，城镇的要素集聚效应和规模效应也助推城镇加速发展，城镇化的过程也就是人口、资源、资金、技术等要素向城镇集聚的过程，由此使得城镇的技术经济优势不断积累，也助推了城镇化加快发展。

从发展演进的阶段性特征来看，纵观世界各国城镇化演进历程，可以发现其明显的阶段性特征：当城镇人口占总人口的 10% 以内时，城镇发展非常缓慢；当城镇人口占总人口的比例超过 10% 以后，城镇化进程开始，城镇的发展速度也明显加快；当城镇人口占总人口的比例超过 30% 后，城镇化进入加速发展阶段，这一阶段会持续到城镇化水平达到 70% 后，就进入成熟城镇化发展阶段，城镇化发展速度明显降低，开始平缓增长。

从城镇化工业化协调发展的特征来看，在工业化初期阶段，人均生产总值在 600 美元左右，相应的城镇化水平在 10% 以内；进入工业化中期阶段，人均生产总值超过 1 000 美元，城镇化率增至 30%；当人均生产总值在 1 000 美元—3 000 美元时，城镇化率在 30%—70% 之间，工业化与城镇化都进入加速增长阶段；随着工业化进入后期阶段，到全面实现工业化，城镇化也相应进入平缓发展阶段。

从结构变迁的特征来看，城镇化的过程包括了人口结构的变迁，也就是农村人口不断向城镇转移，城镇人口占总人口比重不断增加的过程；包括了经济结构的变迁，也就是农业活动逐步向非农业活动转化，二、三产业快速发展，城镇经济总量不断提高和产业结构升级的过程；包括了社会结构的变迁，也就是城市文化观念、生活方式、价值观念和社会组织关系不断向农村扩散，推动农业、农村文明和文化向工业、城市文明和文化的变迁；包括了空间结构的变迁，也就是各种生产要素和生产活动向城镇地区聚集的同时，农村人居空间向城镇地域转化，城镇空间形态扩大，城镇规模和数量增多，从而带来了地域性质和景观结构的变迁。

（三）城镇化的基本内涵

城镇化是经济社会发展的必然趋势，也是工业化、现代化的重要标志。不同的研究者从不同的角度出发，提出了许多既有共性又有个性的不同的城镇化定义。总体而言，城镇化是指农业人口转化为非农业人口，并向城镇转移和聚集，从而使城镇规模扩大、数量增加、功能完善，产业结构转型升级，同时使农业和农村生产方式、生活方式向城市现代生产生活方式转变的过程。

三、城镇化的水平测度

城镇化是现代化发展阶段和水平的重要标志，对城镇化发展水平进行量化测度具有重要的理论和现实意义。城镇化率是表征城镇化水平的重要指标。目前，对于城镇化率的测定方法有多种，可以分为主要指标法和综合指标法。其中，综合指标法又称为复合指标法，通常是指通过构建由若干个指标所构成的指标体系来测度某一区域的城镇化水平。综合指标法的优点是可以通过将表征城镇化在速度、数量、质量以及社会、经济、文化等多方面多角度的指标纳入指标体系，进而能够更加全面、更加客观地对城镇化水平进行综合衡量。但同时，由于综合指标法选用的指标较多，数据的可得性和统计口径的差异性问题都较为突出，不同研究者针对不同研究区域所建立的综合指标体系，在通用性和可比性方面也往往存在不足，导致难以推广或进行纵向横向多角度比较。而主要指标法主要通过测度人口在城乡之间的空间分布来对城镇化水平进行表征，不仅能够较为真实地反映城镇化演进状态，而且可以更为方便地用于区域之间的横向比较，以及同一区域不同时期的纵向比较。因此，在实践应用中，主要指标法，称作单一指标法更为通行。

主要指标法是选择对城镇化表征意义最强的，而且又便于统计的个别指标来反映和描述城镇化所达到的水平。这类指标主要包括三种，即城镇人口比重指标、非农业人口比重指标和城镇用地比重指标。城镇人口比重指标是用城镇人口占全部人口的百分比来表示，用于反映人口向城市聚集的过程和聚集的程度，这也是国际国内较为通用的用来衡量一个国家或区域城镇化水平的重要指标。非农业人口比重指标是用非农业人口占总人口的百分比来表示，但是这种方法面临的主要问题就是对于农村人口进城打工经商数量的界定和统计，因为其中既包括"离土又离乡"人户分离的实质上城镇人口，也包括"离乡不离土"候鸟式打工的亦工亦农人口，并且离乡的时间和程度也多种多样，给统计划分带来较大难度，也就进而影响到这一指标的适用性。城镇用地比重指标是用城镇建成区的土地利用面积占区域总面积来表示，主要体现的是土地使用性质和地域范围上的变化。这一指标是城镇化发展水平最直观的表现形式，但是由于统计难度较大，限制了该指标的广泛使用。

城镇人口比重指标测定的核心是界定城镇地域和城镇人口。新中国成立以来，我国城镇地域和城镇人口界定标准经历了多次变化。早期我国存在城乡划分标准不科学，其内涵与国际通行标准不接轨等问题。到了 2000 年，在第五次人口普查中，在我国市镇建制和行政区划的基础上，对市辖区、不设区的市、建制镇所辖地域采用人口密度进行了细划。同时，还规定将居住六个月以上的流动人口计入城镇人口的统计范围，以便较为客观地反映地域概念的城镇人口。这一做法与国际上通行的连续建成区原则是一致的，较好地反映了城镇的本质特征，同时也在相当程度上解决了统计数据因包含大量乡村人口而夸大城镇人口规模的问题。2008 年国务院批复的《统计上划分城乡的规定》，为了科学、真实地反映我国现阶段城乡人口、社会和经济发展情况，在不改变现有的行政区划、隶属关系、管理权限和机构编制，以及土地规划、城乡规划等有关规定的基础上，以民政部门确认的居民委员会和村民委员会辖区为划分对象，以实际建设为划分依据，将我国的地域划分为城镇和乡村，并以此作为 2010 年第六次人口普查的依据来更为准确地评价我国的城镇化水平。

第二节　城镇化的路径与特征

城镇化的发展主要表现为城镇人口不断增多，城镇数量、规模不断增大，城镇化设施、功能不断完善的过程。改革开放以后，中国城镇化飞速发展，促进了大量农村人口的流动，加快了城镇二、三产业的发展，兴起了一大批大中小城镇。作为一个发展中的农业大国，中国城镇化的发展路径既具有国外城镇化进程中的一些共性特征，又具有自己的特色，形成了多种不同的类型。

一、城镇化的发展路径

城镇化进程是一个多因素、多环节的复杂过程，推进城镇化的路径多种多样，发展方式也各不相同。城镇化的发展路径从发展动力、演进类型、空间结构、产业主导和人口转移类型等不同角度可以划分为多种不同类型。

从推进机制来划分，城镇化发展路径包括：拉力型城镇化和推力型城镇化；内生型城镇化与外生型城镇化；自上而下的城镇化、自下而上的城镇化和外力推动型城镇化，其中自上而下型包括行政指向型、重点项目带动型、大城市扩散型；自下而上型包括乡镇企业带动型、个体工商业带动型、劳务输出型；外力推动型包括外资带动型、边贸激发型、旅游促动型[1]。从发展动力来划分，城镇化发展路径包括基于乡镇工业的城镇化道路和基于城市产业集群的城镇化道路。前者是通过发展乡镇企业，在较短的时间内，利用较少的资本，将农村剩余劳动力较快地转移出来，并实现原始积累；后者是遵循现代产业发展方式，充分发挥集聚效应和规模效应，通过要素集聚、人口集中、产业集群，推动城镇化进程[2]。从城镇演进类型来划分，城镇化发展路径包括由小城镇、中小城市扩展为大城市以至特大城市的由小到大的城镇化发展方式，大城市超先发展进而辐射带动中小城市发展的由大到小的城镇化发展方式，大中小城市和小城镇并举、多元协调发展的城镇化方式。从城镇空间结构来划分，城镇化发展路径包括同心圆辐射式、扇形扩展式、多核心板块对接式、带状联结式等[3]。从主导产业类型来划分，城镇化发展路径包括工业主导型、商贸流通型、旅

① 顾朝林、柴彦威、蔡建明等：《中国城市地理》，商务印书馆1999年版，第129—133页。
② 冯云廷：《从城镇化到城市化：农村城镇化模式的转换》，《中国农村经济》2006年第4期。
③ 徐昆鹏、张雯、何鑫：《城镇化模式选择与城乡协调发展———区域发展与新农村建设的探讨》，《学理论》2010年第4期。

游开发型、交通枢纽型等①。从人口转移类型来划分，城镇化发展路径包括就地就近转移型城镇化，大城市集中转移型城镇化和大中小城市分散转移型城镇化。

二、中国城镇化的区域探索

城镇化作为现代化的重要标志，往往与工业化相伴共生，也往往是从经济发达地区领先发展。改革开放后，中国城镇化加速推进，各地都在进行着积极的实践探索。沿海地区、江苏、浙江等经济发展快、城镇化率高的先发地区，出现了一些各具特色的城镇化推进典型方式，被称为"苏南模式"、"温州模式"、"晋江模式"、"珠江模式"等等。对这些典型进行分析和总结，对立足区域特色、发挥优势资源、把握发展重点，加快推进城镇化进程具有重要的理论和实践意义。

（一）"苏南模式"

"苏南模式"，是由费孝通在20世纪80年代初率先提出，通常是指江苏省苏州、无锡和常州（有时也包括南京和镇江）等地区通过发展乡镇企业实现城镇化发展的方式。苏南地区毗邻上海、无锡和常州等发达的大中工业城市和市场，水陆交通便利，有着悠久的开发历史，是中国商品粮的主要基地。苏南地区人口稠密，耕地有限，农业劳动力的过剩高达一半以上。同时，苏南地区农民与周边大中城市的产业工人有密切的联系，接受经济、技术辐射能力较强，大量剩余劳动力的转移成为苏南农村较早兴办乡镇企业的内在动因。同时，苏南地区还是近代中国民族资本主义工商业的发祥地。随着乡镇企业规模的扩张和数量的增多，集镇规模随之增大，居住人口也随之增加，并逐步建成具有城市功能的农村城镇区域单位。"苏南模式"的一个突出特点是小城镇带动城镇化发展。由于苏南地区乡镇企业发展迅猛，吸纳了大批农村劳动力"离土不离乡、进厂不进城"的非农化转移，进而带动了大批小城镇迅速崛起。"苏南模式"的第二个特点是

---

① 朱杰堂、席雪红：《城镇化战略与城市化战略取向研究》，《郑州航空工业管理学院学报》2005年第4期。

走政府推动型的发展路子。早在计划经济时期，苏南地区就有搞集体经济的传统和基础，商品经济意识较强，为发展乡镇企业积累了宝贵的经验和必要的资金。改革开放后，苏南地区由乡镇政府出面组织土地、资本和劳动力等生产资料，以集体经济为主体出资兴办企业，并由政府指派能人来负责乡镇企业的经营管理，实现了苏南乡镇企业在全国的领先发展，进而带动了大批农民进入乡镇企业，实现了非农化转移。"苏南模式"的第三个特点是城乡一体化发展。苏南乡镇企业一开始就立足于为城市经济配套，其与城市通过各种形式联合创造的产值占苏南乡镇工业总产值的1/3，与城市形成了各种形式的企业群体和企业集团，与科研机构形成科研—生产联合体，形成依托城市、依托大企业和科研单位的互相渗透的城乡经济一体化发展路径。总的来看，"苏南模式"是在萌生于苏南地区的区位特点、市场基础、产业基础和创业氛围、企业家资源等多方面因素基础上，抓住改革开放的发展时机迅速成长起来的。虽然早期的"苏南模式"在经过了开始阶段的迅猛发展，完成了原始积累后，"小、低、弱、散"等禀赋性问题逐渐凸显，并成为制约持续发展的主要问题，但是依然要看到，在当时的政策环境、市场环境和发展基础上，苏南地区采取这种乡镇企业带动小城镇快速发展的路径具有其合理性和必然性。

（二）"温州模式"

1985年，"温州模式"这一名词最早出现在《解放日报》上。温州位于浙江东南部，是全国首批沿海开放城市、全国首批农村改革试验区以及全国城市综合配套改革试点城市之一。改革开放前，温州自然资源少，除了矾矿外，没有更多可开发利用的自然资源；人均耕地在浙江最少，当时不到半亩，现在只有0.31亩；交通条件差，当时没有机场、没有铁路，只有一条水路和一条国道与外界相接。由于人多地少，大量农业剩余劳力要向第二、三产业转移。虽然温州具有传统手工业优势，但是与苏南不同的是，温州交通运输条件差，距发达大城市远，难以像苏南一样受到上海等大城市的辐射带动。同时，温州集体经济一直没有得到巩固，不像"苏南模式"那样自上而下由政府推动乡镇企业发展，进而引导农村人口向非农产业就近转移。"温州模式"依靠的是以家庭工业和专业化市场的方式发展非农产业，温州人独有的开拓精神和党的十一届三中全会以来的政策，使他们能在大胆试验中积极发展，快速壮大。温州大批农村家庭企业的迅速发展，个体经济的不断扩张，生产要素的市场组合，使得企业为了取得外部经济效益，开始自发向小城镇及周边地区聚集。这样不仅在社会化协作中提高了专业化水平，形成有分工又有协作的商品生产企业群体，而且随着乡镇企业的发展，富裕起来的农民为创造二、三产业的优良经营环境和追求城市的文明生活方式，以私人或企业为投资主体，积极建设完善城镇基础设施，推动城镇相应得到快速发展，最终又使发展乡镇企业的外部环境得到改善。1984年，温州集资兴建了中国第一座农民城——龙港农民城，形成了具有温州特色的城镇化发展路径。

（三）"晋江模式"

1986年，著名社会学家费孝通认为应该将"以市场调节为主，以外向型经济为主，以股份合作制为主，多种经济成分共同发展"的"晋江模式"与当时的"苏南模式"、"温州模式"、"珠三角模式"并列为中国农村经济发展的"四大模式"。1988年，费孝通在与罗涵先合著的《乡镇经济比较模式》中写道，"晋江模式"概括地说就是"内涵于广大晋江侨属中的蕴蓄深厚的拓外传统和强烈要求改变贫穷现状的致富愿望"。"晋江模式"与"苏南模式"、"温州模式"最大的不同之处，首先就在于晋江是我国著名的侨乡和台胞的主要祖籍地。晋江自古人多地少，土地盐碱化厉害，有效耕地的稀缺严重制约着当地农业经济的发展。为了生存，很多晋江人在"下南洋"的大潮中去菲律宾、新加坡等海外谋生，有"海内外300万晋江人"之称。改革开放后，晋江充分发挥侨乡优势，积极吸引并利用海外流入的资金、人才、技术、管理等优势资源，大力发展外向型经济。"晋江模式"的另一个特点就是形成了突出的以产业集群、人口集中推动城镇化发展的路径，晋江的以民营经济为主体的加工制造业在快速壮大的同时，还形成了集群发展的态势，往往是在一个区域、一个或几个乡镇范围内生产同一类产品，形成了具有相当规模的特色产业集群，通过社会化分工、专业化协作，培育了一群高度关联的生产企业群体、供应商群体和配套服务产业群体，在小城镇经济实力迅速提升的同时，以加工制造业为主导产业也吸纳了大批农村人口转移就业。应该说，外向型和集群化这两个特征是晋江城镇化道路最突出的特征。

（四）"珠江模式"

"珠江模式"也是费孝通教授提出的一个有影响的区域发展类型，指广东珠江三角洲地区以"三来一补"推动乡镇企业发展的农村经济路径和城镇化道路。珠江三角洲位于广东省中南部，毗邻香港、澳门，交通便利，并云集了众多的海外华侨和港澳同胞。珠江三角洲农业发达，农村实行联产承包责任制后，农村经济的发展和农民生活水平的提高，使乡镇企业的发展获得了诸如资金积累、劳动力、农副产品供给等要素保证。20世纪80年代中期，国务院批准成立了"珠江三角洲经济开发区"，利用国家赋予的优惠政策，以其独特的地理区位、土地和劳动力等优势，使港澳资本连同劳动密集型产业、技术、管理等，借两地落差形成的势能，大规模地向珠江三角洲地区转移，以东莞、宝安等地为代表的珠江三角洲东部地区成了香港加工业的外迁地，大量本地农村劳动人口走进工厂，并吸引了数以百万计的内地农村剩余劳动力向珠三角地区转移，使珠江三角洲由原来的农业区变成了开放前沿和加工业基地、工业区。同时，当地政府在三资企业相对密集的区域对交通、通讯、供电、供水等基础设施进行了规划与建设，使得城镇发展环境和综合功能不断完善，不仅广州市综合实力得到快速提升，也迅速崛起了包括深圳、珠海、东莞等一批沿海开放型城市。

（五）"长株潭模式"

长株潭城市群位于湖南省中东部，包括长沙、株洲、湘潭三市，是湖南省经济发展的核心增长极，也是全国城市群建设的先行者。新中国成立后，由于四通八达的铁路在株洲、湘潭一带交汇，"一五"和"二五"期间，大量工业项目沿着铁路布局在株洲和湘潭。到了1983年，株洲已经成为一个拥有32万城市人口、18亿元工业产值的中等城市。长株潭三市形成了沿着湘江分布的"品"字形格局，两两相距不足40公里，结构紧凑，交通便利，有着非常密切的经贸和社会联系。将三市进行有效整合，形成城市群联动发展，经济实力将进入当时国内的前十名，辐射带动作用也将大为增强。从1998年开始，湖南省计委牵头提出了基础设施建设方面的"五同规划"，即交通同环、电力同网、金融同城、信息共享、环境共治。此后，《长株潭城市群区域发展规划》等一系列一体化发展规划先后制定实施。长株潭城市群内涵也不断扩张，广义长株潭城市群包括了以长株潭复合城市为中心，包括岳阳、常德、益阳、衡阳、娄底五市组成的城市群，形成了地区自发、统一谋划、融合发展的一体化城镇化道路。长株潭城市群推进一体化发展。"五同"的实质性进展，不仅触及了行政区划，更为关键的是涉及一系列的体制机制创新，这些都为中国城镇化发展提供了许多先行先试的路径探索。同时，随着城市群的不断融合发展，在城市人口规模、城市功能定位、城市空间布局和产业结构调整、基础设施配套等方面都存在许多有待解决的现实难题，这也为其他地区的城镇化发展提供了许多参考和借鉴。

三、中国城镇化的路径特征

总的来看，中国城镇化的发展路径及其类型特征主要表现为以下几个方面：

首先，人多地少，大量农村富余劳动力亟待转移是中国城镇化发展演进的最核心驱动。其次，打破城乡二元结构，减小城乡差距，尤其是广大农村人口提高收入水平和生活水平的现实需求是农村人口脱离农业生产，进入二、三产业实现职业转变的最根本动力。第三，改革开放给此后中国城镇化加速发展，尤其是区域先行先试和路径创新提供了优良的政策环境。第四，改革开放以后中国城镇化进入突破发展和加速发展阶段，虽然不同区域走出了不同特色的城镇化发展道路，但大多都以乡镇企业为产业支撑，以小城镇为城镇化的发展起始，基于我国的基本国情、发展基础和阶段性特征，这一路径选择显然有其必然性和合理性，现实成效也证明了这种发展路径的可行性。第五，改革开放为中国民营经济、乡镇企业的发展提供了沃土，推动了城乡之间资源的流动和重新配置，以加工业为主的乡镇企业在迅速成长，收益不断增加的同时，城镇规模扩大、实力提升，不仅为农村产业化和富余劳动力向二、三产业转移提供了载体和平台，而且在城市基础设施建设和发展环境完善等方面发挥了重要作用。第六，随着我国城镇化与工业化都进入加速发展阶段，城镇化在走过了由小城镇为主的发展阶段后，在发展方式转变的主线下，无论是"苏南模式"、"温州模式"、"晋江模式"、"珠江模式"等早期的成功典型都面临着转型发展的严峻挑战。其中，既有城镇化发展动力的转型，也有城镇化发展路径的转型，涉及经济、社会、生态、文化等方方面面，这也是目前中国城镇化发展进程中所共同面临的现实难题。可喜的是，苏州、温州、晋江等城镇化先发地区都已经针对各自的发展定位、战略谋划和主要难题提出了许多新方案、新举措，进入了城镇化发展道路转型的新阶段。

第三节　国外城镇化的发展历程

城镇化是全球经济社会发展进步的重要标志，从英国的圈地运动开始，至今已有超过 500 年的发展历史。根据一些国家开始和完成快速城镇化的时间阶段，到 20 世纪末，可以将全球城镇化发展进程总结为三次浪潮。其中，第一次浪潮发端于欧洲，以英国为代表，与工业革命发展相伴随，1750 年英国的城市化率为 20%，到 1950 年基本完成城市化，历时约 200 年；第二次浪潮是以美国为代表的北美洲的城市化，1860 年美国的城市化率为 20%，1950 年达到 71%，历时约 100 年；第三次浪潮发生在拉美及其他发展中国家，南美诸国在 1930 年的城市化率为 20% 左右，到 2000 年也基本完成了城市化历程。分析国外典型国家的城镇化发展历程及其演进规律，总结国外城镇化发展的经验教训，并借鉴相关有益启示，对于我国城镇化的快速健康发展也具有重要意义。

一、发达国家城镇化发展历程

从世界城镇化发展历程来看，英美等发达国家的城镇化起步最早，在不同国家的城镇化道路选择上，基于不同的国情也各具特色。

（一）英国城镇化

英国是世界上最早开始城镇化进程的国家。英国地少人多，历史上著名的"圈地运动"，其实质就是英国贵族以暴力形式强制农业人口向非农产业转移。"圈地运动"引发了农业生产组织方式的改变，大农场的建立、农业生产的规模化程度进一步提高了农畜产品的生产效率，并释放出大量的农村富余劳动力，满足了毛纺织工业对于原料和劳动力的双向需求。"圈地运动"至18世纪中叶的250年间，英国城镇化水平才达到20%。随着工业革命的兴起，英国城镇化进程才真正进入加快发展阶段。1760年，英国工业革命开始后，以蒸汽机为动力的农业机械化设备的出现进一步推进了农业技术革命，促进了英国农业生产力的发展。从18世纪中后期到19世纪中期，只用了不到100年的时间，英国城市人口比例就从20%提升到51%，与美国同期水平相比整整提前近70年。此后，英国城镇化进程继续加速，到1891年，英国城镇化水平已达62%，成为世界上第一个高度城市化国家。2005年，英国的城镇化率已经超过了90%。从英国城镇化发展历程来看，有以下几个突出特征：

1. 规划引导在英国城镇化进程中发挥了重要作用

在英国城镇化发展速度加快后，由于人口和产业活动的迅速集聚，同时城市承载能力又没有能够同步得到提高，供水、污水和垃圾处理等基础设施没能同步配套建设，导致了严重的环境污染和致命疾病的流行。英国是第一个实现城镇化的国家，也是第一个面临城市人口急剧膨胀、住房短缺、贫民窟密布、公共卫生设施匮乏、环境污染、犯罪率居高不下等"城市病"的国家。为此，英国开始对城市建设和发展加强规划引导，并不断完善相关法律法规。1909年英国颁布的《住宅与规划法》，作为世界上第一部城市规划法，成为引导城镇化进程的重要政策依据。城镇建设规划体系的不断完善，在英国城镇化进程朝着健康有序方向发展中起着重要作用。

2. 工业革命是推动英国城镇化进程的核心力量

工业革命前，英国是一个典型的农业社会，人多地少，同时还是最大的殖民主义国家，农村是社会的基础，城镇化水平很低。工业革命对英国城镇化进程起到了巨大的推动作用。在工业革命中，科学技术飞速发展，新机器、新技术和先进的管理方法传入农村，农业现代化水平也随之迅速提高，从事农业生产的人口数量不断减少，大量农村剩余劳动力开始离开农村进入工业生产，城镇人口不断膨胀。同时，生产规模和工厂数量的不断扩大，进一步吸引了更多的农村移民以及外来移民涌入城市，生产要素不断向城镇集聚，二、三产业比重迅速扩大，工业革命推动小城镇不断兴起并进一步发展成为大城市。

3. 英国城镇化进程中农业并未得到同步发展

英国城镇化不是建立在农业高速发展基础上的，而是在某种意义上以牺牲农业为代价的。首先在"圈地运动"中，贵族阶层强制剥夺了农民的土地，极大挫伤了农民的生产积极性，制约了农业整体水平的提高。同时，大地主所有者、农场主和农业工人的矛盾对立不断激化，农业结构也出现了畸形发展，在一定程度上使农业生产力遭到了破坏。此后，英国城镇化进程不断加快，由农业国家转变成为工业国家，农业发展明显滞后于城镇化和工业化发展，农业生产已经不能满足国内发展需求，例如，1852—1859 年，英国国内小麦消费量的 26.5% 是靠进口满足的；1868—1875 年，该比重增至 48% 以上。到了 1910 年，英国的粮食自给率仅为35.6%[①]。

（二）美国城镇化

从 19 世纪末开始，伴随着工业化的迅猛发展和对西部地区的开发，美国城镇化开始加速推进，在短短二百多年的时间里就从前工业化时代进入了工业化、后工业化社会、信息社会。1700 年美国的城镇化率只有7%，1890 年增长到了 35.1%。此后又经过了 30 年的时间，美国城镇化水平在 1920 年突破了 50%。第一次世界大战后，美国的郊区化已初见端倪，小汽车的逐步普及使城市开始沿公路开始蔓延。由于城市的不断扩展，大都市区成为美国城镇化发展的主要方向。1940 年起，美国有一半以上的人口居住在大都市区，形成了纽约—波士顿—华盛顿，芝加哥—匹兹堡，旧金山—洛杉矶—圣地亚哥三大城市带。1970 年，美国城镇化率达到 73.5%，已进入高度城市化社会，同时，大都市的增速也开始减缓。1970 年，美国郊区人口超过了中心城市的人口，也超过了非都市区的人口，郊区化成为又一个新的城镇化发展趋势。随着城市经济结构和地域空间发生转换，人口、就业和新的投资开始从美国北部和东北部的大制造业城市向南部和西南部的城市和乡村转移。但是城镇化率在此后一直处于缓

---

① 王德勇：《国外农村城镇化发展的启示》，《农场经济管理》2004 年第 6 期。

慢增长态势，1990 年的城镇化率只比 1970 年的城镇化率增长了不到两个百分点。从美国城镇化发展历程来看，主要有以下几个突出特点：

1. 自由放任式城镇化

不少研究者将美国的城镇化发展路径或发展动力总结为自由放任式的城镇化路径。美国是当今世界最发达的资本主义国家，也是市场经济的典型代表。在美国城镇化发展进程中，市场化发展道路是一个突出特征。由于美国的政治体制决定了城市规划及其管理属于地方性事务，联邦政府调控手段薄弱，政府也没有及时对以资本为导向的城镇化发展加以有效引导，使美国城镇化过程过分依从市场调节，任由城镇发展和城镇建设按照市场需求推进，造成城市不断低密度蔓延，城镇建设无序、发展自由放任，出现极度郊区化，引发经济、社会和环境的一系列问题，并为此付出了高昂的代价。

2. 城市郊区化

从 20 世纪上半叶开始，美国城镇化在飞速发展的同时，交通拥堵、环境恶化、住房紧缺、犯罪率高等城市病日益突出，富有家庭选择离开城市中心的高楼大厦到郊区居住。随着经济的发展和汽车的普及，广大中产阶级和普通居民也追随其后、移居到郊区，富有家庭则进一步迁往空气、环境更好的远郊。美国郊区化现象在 20 世纪 50 年代以住宅的郊区化为主，到六七十年代郊区化程度越来越高，产业、办公也开始向郊区转移。有研究资料表明，美国城市人口密度从 1920 年的每平方英里 7 597 人下降到 1990 年的 3 783 人。纽约大都市区自 1960—1985 年间人口仅增加 8%，而城镇化所占区域增长了 65%。20 世纪 60 年代到 70 年代，农田流失的速度增长了三倍，从平均每年 110 万英亩增加到 310 万英亩[①]。郊区化一方面推动了城乡融合，但同时也占用了农田、森林，造成土地资源的浪费和生态环境的破坏。居住与工作地的距离越来越远，通勤时间延长的同时，能源消耗也增加了。这种低密度外延式的郊区化发展思路，还大大增加了公共服务基础设施的开支和效率。

---

① 《以美国为代表的自由放任式的城镇化模式及其得失》，《城市规划通讯》2005 年第 19 期。

3. 车轮上的城镇化

交通运输技术发展对国土面积广阔的美国城镇化发展及空间布局发挥着重要影响。美国在 19 世纪 40 年代就形成了世界最发达的运河网，1828年美国开始修筑铁路。19 世纪中期，蒸汽机的革命使交通运输技术发生了新飞跃。第二次世界大战后，遍布全国的高速公路连接起大小城镇，汽车和石油业的大发展使汽车取代了火车在运输中的地位。随着小汽车的普及，中心城市人口开始出现向郊区扩散的现象，在城市发展的空间格局上就表现为城市沿公路线不断向外低密度蔓延，城市发展为包含着若干连绵的市、镇的大都市地区。

4. 农业同步发展的城镇化

与牺牲农业推进城镇化发展的英国道路不同，美国在城镇化、工业化的进程中，农业的基础地位和作用得到不断提升。首先，随着城镇化进程加快，美国的农业生产率也在迅速提高。1860 年，美国实现了以畜力为动力的半机械化，人均粮食为 800 公斤；1910 年，全面使用机械代替畜力机械；1920 年，耕地面积从 67 万平方公里增加到 160 万平方公里，增长了 2.4 倍，人均粮食增长到 1 000 公斤以上；1950 年后，美国实现了高度机械化。1820 年，美国一个农民所生产的产品仅供 4 个人消费；到 1920 年，供养人数翻了一番；而到了 1972 年，供养人数高达 52 人[1]。农业的高度发展不仅满足了不断增加的城镇人口对食物的需求，并为工业化提供原料供应，同时，美国农产品的出口还为城镇化提供了大量资金积累，1853 年至 1863 年，美国谷物出口的平均价值为 51 200 万美元。此后，在第一次、第二次世界大战中欧洲盟国全部净进口的一半来自美国，美国作为世界农产品出口大国也为美国城镇化提供了初期资本积累。

（三）日本城镇化

明治维新开始时，日本还是一个农业国家。1868 年，日本第一产业人数占就业人数的 87.9%，第二产业只占 4.1%。进入 20 世纪，日本城镇化进程开始缓慢推进，直到战后，日本城镇化开始进入快速发展阶段。这一进程虽然比西方国家晚了百余年，但是由于第二次世界大战后日本城镇

---

① 高强：《日本美国城市化模式比较》，《经济纵横》2002 年第 3 期。

化开始随着经济发展一起高速增长，因此日本只用了几十年的时间就达到
了西方发达国家的城镇化水平。第二次世界大战结束时，1950 年日本城镇
化率只有 37%。到 1970 年，日本城镇化率就达到了 72%，并形成了东京
圈、名古屋圈、京阪神圈这三大都市圈。此后，日本城镇化进程进入平稳
发展阶段，1996 年日本城市化水平为 78%，仅比 20 年前高出两个百分点，
随着大城市人口进入饱和，开始出现逆城市化趋势，城市居民开始从三大
都市圈向郊区迁移。回顾日本城镇化发展历程，主要有以下几个突出特点：

1. 政府引导式城镇化

作为市场经济国家，日本在城镇化发展过程中，市场机制在资源配置
中发挥了主导作用，有效促进了人口、土地、资本等经济要素的自由流动
和配置。但同时，政府的调控引导也对城市建设和空间布局等发挥了重要
作用。通过健全法制、制定和实施国家城镇化战略和公共政策，促进城市
健康发展和城乡协调发展。从 1962 年开始，日本先后制定了五次全国综
合开发计划，不断调整国家产业布局和基础设施建设安排，改善城市环
境，提供公共服务设施，积极推进区域结构调整，对防止人口过度聚集、
缩小区域差距等方面都发挥了积极的作用。同时，日本在城镇化中后期阶
段注意到了农业农村发展问题，进而制定实施了一系列扶持农村发展、确
保劳动力充分就业以及向农村地区引进产业的法律，有效推动了城乡协调
发展。

2. 高度集中型城镇化

日本是个资源极其匮乏的国家，为了实现跨越式的经济发展，日本
的城镇化也选择了高度集中型的发展道路，选择少数中心城市优先发展，
形成以大城市为核心的空间集聚方式，以获得资源配置的集聚效益。东
京、大阪、名古屋成为日本三大都市中心，其中，日本人口中的 25%生
活在东京的 23 个行政区及其周围；1998 年，三大都市区人口占全国人口
的 46.8%。同时，日本及时进行町（镇）村合并（其中 1950—1955 年村
的数量由 8 357 个锐减到 2 506 个，减少了 70%），取得了良好的效果①。
总体上，日本的城市国土空间分布都呈现了高度集中的特点。

---

① 王萍：《世界各国城镇化道路纵览》，《中国人大》2010 年第 11 期。

3. 城乡一体化的城镇化

第二次世界大战后，日本城镇化进入飞速发展阶段，1958—1960 年，到非农产业就业的农业劳动力每年达到 68 万人。与此同时，农村也出现了人口稀疏、产业衰退、缺乏基础设施、文化水平落后等突出问题。对此，日本政府加大对农村基本建设的投入力度，地方政府除财政拨款外，还允许发行地方债券用于农村公共设施的建设，推动了农村面貌不断改善。日本政府还高度重视农业现代化的推进，1960 年日本用于农业机械的支出为 841 亿日元，1975 年增加到 9 685 亿日元，增长了十倍多，70 年代中期已基本实现了从耕作、插秧到收获的全面机械化[①]。农村基础设施的改善缩小了城乡差距，农业机械化水平的提高又加快了农业劳动力向非农产业的转移，这些都有效促进了日本城乡一体化发展。

（四）韩国城镇化

韩国在三十多年的时间里就实现了工业化，被誉为"汉江奇迹"。与此相伴的是城镇化的飞速发展，1960—1985 年，韩国城市化水平从 36% 上升到 65%，2005 年的城市化率进一步提高到了 80.8%，进入了全球城市化水平最高的国家行列。在韩国经济起飞的过程中，核心城市的迅速发展壮大和辐射带动发挥了重要作用。韩国城镇化加速也是集中在少数中心城市，高度集中的工业布局也要求生产要素向城市集中，经济活动的集聚和极化拉动了城镇化发展。统计资料表明，1992 年汉城人口达 1 080 万，约占全国总人口的四分之一；韩国第二大城市釜山人口 385 万人，大邱直辖市有 224 万人，仁川直辖市有 196 万人，大田直辖市有 110 万人，加上光州直辖市，韩国这六个主要城市人口总数约为 2 200 万人，约占全国总人口的一半以上。其中，以首尔为中心，包括京畿和仁川在内的首都经济圈几乎集中了全国总人口的 61% 和全国城市人口的 75%[②]。

1. 政府发挥综合调控作用

在韩国的城镇化快速发展进程中，政府充分发挥了综合调控和引导作

---

① 高强：《日本美国城市化模式比较》，《经济纵横》2002 年第 3 期。
② 孟祥林：《城镇化进程模式：从发达国家的实践论我国存在的问题》，《广州大学学报（社会科学版）》2010 年第 4 期。

用。从 19 世纪 60 年代开始，韩国政府连续制定了六个五年计划，区域经济开发和规划很大程度上是在行政计划框架之内运行的，韩国的"行政驱动"、"计划空间"、"新村运动"等都成为国家经济高速增长中左右发展的强有力干预力量，起到了积极的扶持与导向作用。早在 20 世纪 70 年代，韩国就制定了第一个国土综合开发计划，提出在汉城周边地区建设十个卫星城市，并加快完善卫星城市基础设施，以引导人口从过度集中的汉城分散出来，向这些区域快速集聚，减轻中心城市压力，推动区域协调发展和经济社会协调发展。

2. 推动农业产业化发展

韩国城镇化进程进入加速阶段后，政府就提出了一系列土地改革措施，鼓励农民对土地进行流转，以加快农村人口向非农产业转移，转变小农经济生产方式，实现农村土地的规模经营。进入 20 世纪 90 年代，韩国政府进一步放宽对土地买卖和租赁的限制，鼓励农业振兴区内推广农业规模化生产，并允许建立拥有土地上限为 100 公顷的农业法人。对愿意将农地出售和出租（五年以上）给农业大户的 65 岁以上的农民，政府给以补贴。进城的农民可以通过出售和出租自己的农地，包括宅基地，用其收入购买城市中的住宅。在促进农业向规模化转变的同时，韩国还积极提升农业机械化水平，通过大规模投资改善农业生产基础设施，用现代科学技术改进农业生产方式，全面增强农业产业化发展能力和水平。

3. "新村运动"推动城乡协调发展

在城镇化初期，韩国政府曾忽视农村发展，导致城乡差距不断扩大。为统筹城乡发展，促进社会和谐，韩国将农村发展列入国家战略，开展了声势浩大的"新村运动"。"新村运动"的主要措施包括：改善农村生活环境，通过加大对农村交通、电力等基础设施的投入，改变农村落后面貌，提高农村居民生活水平；改善农村公共服务水平，中央设立农业振兴厅，各道设立农村振兴院，各市设立农村指导所，通过建立高效的农业服务体系，为农业发展提供综合服务；积极培育新型农民，通过建立"研修院"、"村民会馆"和各种农民协会，打造农业技术培训和农业管理培训的平台，全面提升农业生产者综合能力，适应农业产业化发展需求；加强政府扶持引导，韩国政府在充分发挥农村居民的积极性、主动性的同时，作为"新村运动"的启动者、组织者和主要投资者，成立了从中央到地方的系统化专门机构，注重监督协调和组织引导，并积极宣传"勤勉、自助、合作"的国民精神，从社会、经济、文化等各个方面增强农村发展实力，消除城乡差距。

二、发展中国家城镇化发展历程

20世纪是全球城镇化快速发展的世纪，在欧美等发达国家和日韩等新兴发达国家进入高度城镇化阶段时，不少发展中国家也开始了快速城镇化进程。

（一）拉美国家的城镇化

1.从"拉美奇迹"到"拉美陷阱"

城镇化与工业化相伴发展，拉美国家开始工业化的同时，也进入城镇化快速发展阶段。可以说，"拉美陷阱"蕴生于"拉美奇迹"。"拉美奇迹"起始于20世纪50年代，到20世纪80年代，拉美发展中国家在几十年内经济发展的突出成就令世界瞩目。在出口替代战略和国家政策扶持下，许多拉美国家都快速建立起现代工业体系，实现了经济高速增长。据统计，1950—1980年，拉美地区经济年均增长5.6%。据美洲开发银行提供的25个拉美国家的统计，1980年拉美人均GDP达2 288美元，居发展中国家前列。在1950—1973年间，除西德、日、韩、泰国和中国台湾外，世界上没有一个国家和地区的经济增长率超过拉美。"拉美奇迹"的美誉应运而生。

拉美国家的城镇化进程也在这一时期进入快速发展阶段。1920年拉美地区城市人口比重为22%，1950年达到41.8%，1980年增加到64%。有资料显示，欧洲城市人口比重从40%提高到60%经过了50年，而拉美国家完成这一过程仅用25年。但是，拉美国家出口替代型工业化发展是以资本密集型产业为重点，优先发展重工业为主的。作为传统农业国家，大量农村剩余劳动力难以得到及时转移。在人均GDP快速增长至2 000美元之后，失业人口持续攀升，贫困人口不断增加，财富集中在少数人手里，两极分化现象突出。由于国家对农业和农村地区的低投入造成了农业部门的衰退和农村生活环境的恶化，大批贫困人口聚集在城市贫民窟，各种社会矛盾凸显和激化，社会动荡不安，同时政府陷入持续的经济衰退和债务危机之中，外债和财政赤字居高不下，通货膨胀严重，城市问题也越发突出。因此，20世纪八九十年代也被称为"失去的二十年"。"拉美陷阱"已经成为发展中国家在推进城镇化进程中的重要警示。

2. 高度集中型城镇化路径

拉美国家的城镇化是在政府自由放任下的发展路径，政府对农村人口的迁移放任自流。大量农村人口涌入城市，而城市以资本密集型重工业为主的特征对劳动力的吸纳能力远低于增加的人口数量，城市基础设施投资不足、明显滞后，大城市盲目膨胀导致城市病加剧和贫困人口激增。1950年拉美最大的圣保罗市只有253万人，到1980年已猛增到1 200万人。由于首都是这些国家最发达的地区，因此普遍出现了城市人口高度集中在首都或少数几个城市的现象。例如秘鲁首都利马集中了全国人口的1/3，蒙得维的亚集中了全国人口的52%，布宜诺斯艾利斯人口占全国的45%，墨西哥城占32%，加拉加斯占26%，巴拿马城占66%[1]。

3. 过度城镇化

拉美国家的过度城镇化，有两个突出表现：一个是城镇化发展与工业化发展的不协调，另一个是城镇化发展与城市经济社会发展的不协调。拉美国家普遍存在工业化滞后于城镇化的问题。第二次世界大战前夕，巴西、墨西哥、委内瑞拉、哥伦比亚和秘鲁五个半工业经济类型的国家，城镇化率和工业化率大致相等，都在10%—15%左右。到1960年，工业人口比例仍然维持在10%—15%，而两万人以上城镇人口的比例却增至30%—50%。到1970年，拉美国家城市人口已经接近60%，但工业人口比重还不足30%。城镇化在飞速发展的同时，工业化却明显滞后。农村富余劳动力不是通过二、三产业就业实现有效转移，而是通过低成本的贫民窟聚集在大城市。过度城镇化导致拉美国家普遍在首都或大城市出现贫困人口比例过高现象，城市基础设施严重短缺，正规就业水平持续下降，居住环境恶化，贫民窟增多，犯罪率上升，过度城镇化与经济衰退、社会动荡同时出现。

---

① 孙鸿志：《拉美城镇化及其对我国的启示》，《财贸经济》2007年第12期。

4. 产业协调发展问题突出

产业支撑是城镇化有序推进的重要保障，而拉美国家在城镇化进程中普遍存在突出的农业、工业与第三产业发展不协调问题。在拉美国家开始快速城镇化过程中，普遍存在牺牲农业优先发展工业的认识误区，重工轻农的政策导致了农业衰退，丰富的农业资源并未转化为发展优势，不合理的土地制度和错误的农业现代化道路不仅降低了农业的基础作用，还将大批农村人口过早地挤出农村，无序地流入城市。与此同时，拉美国家以进口替代为主的工业化路径，导致国内有限的资金集中于资本密集型重工业的发展，贸易壁垒、保护主义导致产业发展过度依赖政府保护和支持，不仅吸纳劳动力水平低，市场竞争力也明显不足。由于工业发展滞后，城市人口就业大多涌入以传统生活服务业为主的第三产业，但是没有工业现代化做后盾的传统第三产业只能暂时减缓就业压力，既不能与工业融合发展，也无力支撑城市持续发展，城市病也进一步恶化。

（二）南亚国家的城镇化

以印度为代表的不少南亚国家城镇化发展速度不仅明显低于日本、韩国等快速崛起的新兴发达国家，也明显低于改革开放以后中国的城镇化增长速度。按照世界银行发布的世界发展指数数据，印度 1960 年的城市人口为 7 784 万，人口城镇化水平为 17.9%；2005 年达到 3.1 亿，城镇化水平为 28.7%。45 年内城市人口累计增加 2.36 亿，年均增加 525 万人；城镇化率累计提高了 10.8 个百分点，年均提高 0.24 个百分点。印度城市化也呈现出集中型发展特点，1960 年印度百万人口以上城市中居住的城市人口占全部城市人口的比例为 37%，1990 年达到 37.78%，2005 年为 40.47%。由于大批农村人口涌入城市后缺乏就业，长期贫困，同时城市基础设施建设不足，公共服务设施短缺，贫民窟成为印度大城市发展普遍面临的难题。按照印度 2001 年人口普查数据，在城市和人口超过五万的镇的贫民窟当中居住的总人口为 4 260 万，占城镇总人口的 22.6%。

1. "人口爆炸"的城镇化

印度是世界第二人口大国，国土面积只有中国的 1/3，人口已经超过十亿。有研究认为，正是由于印度人口爆炸，导致了大都市及其周边的城镇和村落形成连绵不断的空间集聚形态。也有研究指出，印度城镇化进程中城市人口增长的主要来源是自然增长，根据印度 1991 年的人口普查资料，1971—1981 年期间印度城镇人口增量中，41%左右是城镇人口的自然增长，36%左右是农村向城镇迁移以及城镇建设范围扩大所致。但是在 1981—1991 年期间，两个比例分别变化为 60%和 22%。由于人口数量高增长导致城镇化率的增加，这一现象成为印度有别于其他国家（以人口迁移为主）的城镇化特征。

2. 农村贫困推动的城镇化

印度各大城市普遍存在着贫民窟日益拥挤、城市道路拥堵、排水和供电系统超负荷运转、就业岗位缺乏、生活环境恶化等发展问题。许多研究指出，印度城镇化与许多国家城镇化进程所不同的另一个特点就是，农村人口向城市的迁移不是由于城市繁荣的助推，而是由于农村贫困落后的反推。印度农村有大量的无地人口，难以通过从事农业生产维持生存，同时城乡收入差距不断扩大，农村生活环境恶化，致使部分农村人口选择了城市贫民窟这种成本较低的迁移方式。

3. 缺乏支撑保障的城镇化

城镇化的发展演进，离不开工业化的发展支撑，还需要城镇综合功能设施的完善配套。然而印度这样的人口大国在工业化与城镇化进程中，由于国民经济的体系和门类欠缺，产业结构失调，制造业等劳动密集型产业发展滞后，传统服务业因缺乏现代产业的支撑而难以实现优化升级。虽然印度的信息产业等发展较快，但是这些产业吸纳就业能力偏低，大量劳动人口难以就业，贫困人口不断增加，总体收入水平和消费水平也就难以提高，服务业的需求也难以持续，这就使得城镇化发展缺乏产业支撑和根本动力，难以实现健康有序发展。

三、国外城镇化发展的经验启示

城镇化的发展演变过程也是从农业社会、农业文明向工业社会和城市文明转变的过程，在不同的发展环境、发展基础、发展策略下，各国的城镇化道路也各具特色。对典型国家、典型城镇化发展所取得的成功经验和深刻教训进行总结分析，对研究和走好中国特色城镇化道路具有重要意义。

（一）城镇化发展的基本规律

从前述分析可以看出，虽然不同国家走出了不同的城镇化道路，但是从中可以发现一些基本规律值得关注。

首先，城镇化发展遵循阶段性规律。英国学者范登和美国地理学家诺瑟姆通过对一些发达国家城市发展演变轨迹的研究发现，城镇化进程具有明显的阶段性特征，整体趋势呈现为"S"型曲线：在初始阶段，农业经济占主导地位，城镇化进程缓慢；当城镇化率超过10%以后，城镇化水平开始逐步加快；当城镇化水平在30%—70%之间时，城镇化进入加速阶段，工业规模迅速扩大，农业生产率大幅提高，农业人口迅速向城镇转移；当城镇化率超过70%以后，进入成熟城镇化阶段，增长速度明显放缓，城乡差距明显缩小，城乡之间人口迁移出现动态平衡。

其次，城镇化发展与经济发展相适应的规律。经济发展到一定阶段，城镇化水平也随之提高，城镇化发展与经济发展水平紧密相关。美国经济学家钱纳里在对世界各国的人均国内生产总值与城镇化水平的统计分析中发现，人均国内生产总值与城镇化水平呈正相关关系。随着城镇化进程的推进，经济发展水平也随之提高。也有研究根据城镇化与经济发展的关系，将城镇化进程分为同步城镇化、过度城镇化和滞后城镇化。

第三，城镇化发展与产业发展相适应的规律。城镇化与工业化相互促进、高度相关，工业化是推动城镇化发展的根本力量。在城镇化发展演进过程中，随着工业化推进，对劳动力等要素的需求增加，吸引农村人口向二、三产业转移；在城镇化的中高级阶段，随着工业进一步发展、升级，以及人口不断增加、城镇规模不断扩大，又产生更多的第三产业需求和就业空间，城镇化发展水平随之不断得到提升。

第四，城镇化发展中的迁移驱动力规律。城镇化发展演进的一个根本表征就是农村人口向城镇的不断迁移扩散，而这一过程中的迁移驱动作用遵循了推拉理论。在拉力方面，城镇化的不断演进中城镇经济发展、工业增长和三产发展，带来越来越多的劳动力需求，城镇的更高生活水平和现代生活方式吸引着农村人口向城镇转移，以期实现生活质量的提升；在推力方面，随着城镇化发展，先进生产技术、机械和管理方式向农村扩散，农业生产的规模化、机械化、产业化程度不断提升，大量农村劳动力从土地上解放出来，推动农村富余劳动力走进城市寻找就业机会。通常的城镇化发展演进，是推力和拉力共同作用的过程，也有一些国家比如印度等国的城镇化演进中，主要是推力或拉力起了突出作用。

第五，城镇化发展中的集聚扩散规律。通常，在城镇化发展的初期和快速发展阶段，集聚效应突出显现，劳动力、资源以及资金、技术等生产要素不断向城镇汇集，城镇成为经济社会发展的核心增长极。而在城镇化发展中后期，城镇开始向周边扩散释放能量，城市群、城市带开始形成，城镇人口也出现郊区化或逆城市化发展趋势。

（二）城镇化发展中政府调控与市场引导相协调

在典型国家城镇化发展道路分析中，既有以美国为代表的自由放任式的城镇化，也有以英国为代表的政府调控型的城镇化。总的来看，推动城镇化健康有序发展，需要统筹协调政府调控和市场引导的协同作用。完全市场引导型的城镇化往往会出现城镇建设无序、"摊大饼"式粗放扩张等问题，高度集中的政府调控城镇化发展道路也同样面临着牺牲农业发展工业、城乡二元差距扩大等困扰。因此，在城镇化发展演进中，既要遵循市场经济规律，充分发挥市场机制优化配置资源的作用，同时又要加强政府宏观调控，通过法律法规、规划引导等措施，在经济结构调整、社会结构变迁、城镇合理布局、区域协调发展等重大领域发挥积极作用，将政府调控与市场引导有机结合起来，保障城镇化健康、有序发展。

（三）城镇化发展与农业农村发展相协调

城乡关系是城镇化进程中的核心关系，城乡协调发展问题也是城镇化发展进程中的核心问题。推进城镇化进程，必然要求与农业、农村发展相协调，这一点也可以从英国经验和美国经验中得到明显的借鉴和启示。农业在城镇化发展演进中起着重要的基础性作用，城市可以为农业发展提供设备、技术等支持，城市发展也需要农业提供各种资源保障。牺牲农业、农村发展利益的城镇化道路，往往随之而来的是农业衰败、农村凋敝，城乡差距扩大，农村贫困人口增多。只有形成城镇化发展与农业农村发展之间的互促共进良性循环，才能保证城镇化进程的速度和质量同步提高。因此，必须注重增强农业的基础地位，发展现代农业，提高农业劳动生产率，在为城镇化发展奠定物质基础的同时，推动农村人口向城镇二、三产业转移，进而加快城镇化发展进程。

（四）城镇化发展与工业化进程相协调

拉美国家、日本、美国等城镇化发展路径的一个重要启示就是要走工业化、城镇化协调发展道路。第二次世界大战后，日本的城镇化飞速发展，是建立在工业化发展基础之上的。拉美、印度等国家由于工业化滞后于城镇化，农村人口不能有效就业，贫困人口增多问题日益恶化，进而引发经济停滞、社会失衡等严峻问题。在城镇化发展演进中，就要以工业化发展带动城镇化进程，吸纳农村富余劳动力转移就业，推动城镇经济发展和规模扩张；城镇化进而为工业化提供平台和市场，推动第三产业发展，促进工业优化升级。城镇化与工业化只有协调、同步发展，才能有效发展生产力，统筹城乡协调发展，避免或缓解"城市病"，促进城镇化与产业、经济、社会协调发展。

（五）城镇化发展与资源环境相协调

城镇化进程的不断推进，往往伴随着城市与农村的生产方式、生活方式和居住方式的变革。而随着全球城镇化进程的加快推进，资源耗竭、环境污染、生态保护等问题也日益凸显。例如，在美国的城市郊区化过程中，由于城镇粗放扩张，大量农田、森林和空地被占用，而随着通勤距离不断增加，汽车拥有量迅猛提升，不仅耗费时间，还大幅增加了能源消耗和污染排放。城镇化进程中带来的生产生活方式的改变，也导致了能源消耗的大幅增加和温室气体的大量排放，进而引发了全球气候变化问题，给人类生存和可持续发展带来严峻挑战。20世纪90年代美国提出的"精明增长"理念，目的就是解决城市向郊区低密度无序蔓延所带来的资源环境问题。城镇化发展与资源环境相协调，也是实现可持续发展的必然要求，需要坚持低碳发展、绿色发展，走资源节约、环境友好的新型城镇化道路。

第四节　国内城镇化的演进轨迹

新中国成立六十余年来，城镇化进程也历经了波动、曲折、反复，到改革开放后进入快速发展阶段。2011 年，中国城镇化率实现历史性突破，城市人口第一次超过农村人口。与其他国家或地区相比，我国在人口众多、资源缺乏、基础薄弱的情况下，在相对较短的时间内，越过"中等收入陷阱"，实现了城镇化水平的快速增长和经济社会的持续发展。但同时，也面临着城镇化发展道路转型的问题和挑战。回顾城镇化发展历程，剖析城镇化发展问题，对于走好中国特色的城镇化道路具有重要意义。

一、中国城镇化发展的主要阶段

（一）1949—1978 年，曲折发展阶段

改革开放是中国城镇化发展进程中的一个重要节点。从新中国成立到 1978 年改革开始，中国的城镇化水平从 1949 年的 10.6% 提高到 1978 年的 17.9%，平均每年不足 0.25 个百分点。30 年间城市数量仅增加 61 个，平均每年只有 2.03 个。这一时期的城镇化进程波折、反复，其中，1949 年到 1958 年城镇化得到健康稳定发展，在计划经济体制下，大规模的工业建设吸收大批农民进入工厂，由工业化带动城镇化，1958 年的城镇化率达到 16.25%，每年平均增加 0.63 个百分点；1958 年到 1960 年，在"大跃进"极左思潮影响下，全民大办工业，大量农村人口涌入城镇，导致过度城镇化现象；而从 1961 年到 1978 年，先是受到三年自然灾害影响，接着是持续了十年之久的"文化大革命"，大批知识青年上山下乡，不少干部下放农村，中国出现了逆城镇化现象，一直到"文化大革命"末期，城镇化进程陷入基本停滞状态。

（二）1979—1992 年，恢复发展阶段

第二个阶段是从改革开放开始到 1992 年，这是中国城镇化的恢复发展时期。这一时期人们对城镇建设和发展的规律与作用有了进一步的认

识，不少观念上的误区得到克服。这一时期对推动城镇化发展起了重要影响的有四件事：第一个是农村经济体制改革后，家庭联产承包制迅速提升了农业劳动生产率；第二个是国务院制定了"严格控制大城市发展规模，合理发展中等城市，积极发展小城镇"的规定；第三个是中央颁布了新的户籍管理政策，允许农民自带粮食进城务工经商；第四个是对外开放迅速推进，从 1980 年到 1990 年间，从深圳等首批经济特区开始，连续批准开放了二十多个沿海开放区域，在吸纳了大批农村富余劳动力转移的同时，还推动了一大批城市和小城镇的崛起。到 1992 年，全国总人口由 96 259 万增加到 117 171 万，年均增长 1.5%；城镇人口由 17 245 万增加到 32 175 万，年均增长 4.9%；城镇化率从 17.9% 提高到 27.5%，年均增长 3.4%，年均提高 0.74 个百分点。

（三）1993—2000 年，加速发展阶段

以 1992 年邓小平南方谈话和党的十四大召开为标志，从 1993 年到 20 世纪末，我国确立了社会主义市场经济体制改革的总目标，改革开放进入新的发展阶段，中国城镇化发展也进入新的历史时期，城镇化进程明显加速。中国改革的重点开始从农村转向城市，随着市场化程度的提高，城市粮食、副食品、燃料等购销放开，住房商品化，以劳动力为主要载体的生产要素可以自由流向城市。中国经济发展水平的迅速提升，工业化和服务业得到迅速发展。到 2000 年，我国城镇化水平达到 36.2%，全国城市总数从改革开放初的 191 个迅速发展到 675 个，年均增长 22 个城市，是改革开放前的 3.53 倍，世界罕见。

（四）2001—2010 年，转型发展阶段

21 世纪第一个十年，以科学发展观指引下探索中国特色社会主义道路为背景，中国城镇化进程在全面加速的同时，转型发展成为主题。这一时期，中国人均 GDP 突破 4 000 美元，如何有效越过"中等收入陷阱"，实现发展方式转变，成为中国经济转型发展的关键所在，城镇化发展方式粗放并且滞后于工业化和农业现代化发展亟待解决。党的十六大报告明确提出了"要逐步提高城市化水平，坚持大中小城市和小城镇协调发展，走中国特色的城市化道路"，标志着中国城镇化发展进入新的阶段。巩固农业基础地位，统筹城乡发展，推动和谐社会建设，促进大中小城市协调发

展等一系列政策措施推动中国城镇化向提质增效方向发展。在这十年间，我国城镇化率年均提高 1.37 个百分点，比 1978—2000 年的平均速度提高了 65%，到 2010 年已经达到 49.68%。

二、中国城镇化发展的主要特征

（一）从城镇化滞后发展向城镇化引领发展转变

在不同的发展阶段，工业化和城镇化之间存在不同的关系。在工业化初期阶段，主要表现为工业化对城镇化的带动作用，而进入工业化中后期，城镇化对工业化的推动作用更为突出。从中国城镇化发展演进轨迹来看，新中国成立后在计划经济体制下，在二元结构发展导向下严格控制城乡人口流动，以及重工轻农、农业农村支持工业城市发展等一系列政策下，城镇化发展滞后于工业化和经济发展水平。改革开放初期，尽管城镇化发展进入恢复并加快发展阶段，但是一直到 20 世纪 90 年代，计划经济下的二元发展路径依然未能打破，制约城乡之间生产要素自由流动的制度性壁垒依然没有消除。以小城镇和乡镇企业发展引导下的"离土不离乡、进厂不进城"的农村劳动力转移路径为主要特征，城镇化发展水平和发展质量都明显落后于经济社会发展，成为制约中国持续发展的一大症结。到 20 世纪 90 年代中后期，中国人均 GDP 超过 4 000 美元，城镇化水平超过 40%，工业化和城镇化都进入了加快发展阶段，也进入了城镇化与工业化以及经济社会发展协调共进的重要战略机遇期。中国提出以大中小城镇协调发展战略替代小城镇优先发展战略，积极构建现代城镇体系，以城镇化发展方式转型来全面提升城镇化发展质量，进而推动传统工业化向新型工业化转型，为转方式、扩内需、调结构提供动力和支撑，城镇化发展已经由滞后走向引领，进入又一个新的发展阶段。

（二）从以中小城镇为主向大中小城镇协调发展转变

改革开放前，中国城镇化进程波动起伏，总体水平很低，速度缓慢。改革开放后，中国城镇化发展逐渐步入健康良性发展轨道。改革初期也是城镇化发展的早期阶段，在 1978 年召开的第三次全国城市会议就提出了要"控制大城市规模,多搞小城镇"的城市发展方针。1983年,著名社会学家费孝通提出了"小城镇,大战略",也就是要以小城镇为主,大中小城市为辅,通过加强小城镇建设来解决农村剩余劳动力问题。此后,一直到20世纪90年代,中国城镇化道路一直是以发展小城镇为重点,从1978年到1988年的十年间,全国已经有大城市58个,中型城市17个,而小型城镇则已经达到11 873个。随着中国城镇化发展进入中期,发展速度加快,对发展质量效益的要求也日益强烈。小城镇在发展初期支撑乡镇企业发展、吸纳农村劳动力,推动工业化、城镇化进程的作用已经明显弱化,而小城镇在基础设施、资源利用、环境污染、社会服务等方面的弱势则不断增强。2002年,党的十六大提出:"要逐步提高城镇化水平,坚持大中小城市和小城镇协调发展,走中国特色的城镇化道路。"此后,中国城镇化发展开始了由以小城镇为主向大中小城市协调发展,构建多元化、多层次的现代城镇体系发展转变的道路。

(三)从二元分割向城乡一体转变

新中国成立后,为保证城市工业尤其是重工业优先发展战略的顺利实施,我国执行的是农业支持工业、农村支持城市的工业优先发展战略。国家依靠高度的计划经济体制推动国家建设和产业发展,通过户籍制度、就业制度、粮油供应制度、社会保障制度以及统购统派制度等形成了城乡二元分割的发展格局。在重工轻农的发展思路指导下,通过工农业产品价格"剪刀差"将农业剩余资本源源不断地转变成工业化建设资金,由此逐渐造成了城乡发展的失衡。当然,这也是导致改革开放前中国城镇化道路波折反复的重要原因之一。改革开放以后,中国逐渐由计划经济体制向市场经济体制转变,从城乡二元分割向城乡统筹、城乡一体转变。从20世纪90年代开始,一些地方已经开始了户籍制度改革方面的有益尝试,为大批农村富余劳动力向城镇二、三产业转移,并真正融入城市奠定了一定的基础。2003年,中央在提出要加快城镇化进程的同时,强调了"五个统筹",也就是统筹城乡发展、统筹区域发展、统筹经济社会发展、统筹人与自然和谐发展、统筹国内发展和对外开放。近年来,走中国特色的城镇化道路,也把统筹城乡发展、消除二元结构作为一个重要目标。城乡一体化发展已经成为中国城镇化道路的重要方向。

（四）从以政府推动为主向多元推动转变

我国城镇化发展演进走过的道路，既是中国现代化进程的重要组成部分，也是我国立足国情特色进行的持续探索。中国城镇化发展有了目前的局面和成就，也是以国家大的发展战略、政策体制为背景，不可能脱离中国特定的体制机制和发展环境。早期中国的城镇化进程是在计划经济体制下推进的，政府的政策导向和具体措施是城镇化发展的主要推动力量。虽然政府一元调控也存在某些弊端不足，但是在当时中国的发展基础、资源状况下，政府作为投资主体、组织主体，在城镇化的起步和初期阶段更能更快更好地发挥引导、配置作用。改革开放后，市场经济体制逐渐建立起来，城镇化也取得了明显成就，进入加快发展阶段。此时，政府调控职能缺位或不足等问题造成的负面影响开始显现。市场机制在资源优化配置方面发挥着越来越重要的作用，城镇化投资主体不断扩大，政府的调控作用向规划引导、空间布局等方向集中，中国城镇化也由一元主体推动向政府、市场等多元主体推动转变。

（五）从粗放发展向集约发展转变

纵观世界城镇化发展演进历程，不论是英美发达国家、日韩新兴国家，还是众多发展中国家，城镇化的发展演进都经历了一个从粗放型增长到集约型增长的转变过程。通常早期和中期的城镇化推进，是以对土地资源的大量占用、能源的高消耗和对生态环境的破坏为代价的。随着城镇化进程进入中后期，城市发展形态和发展路径都向着以可持续发展为导向，集约节约利用资源，加强生态环境保护的方向转变。从中国城镇化的发展演进规律来看，虽然中国城镇化是在相对短的时间内就从起步阶段进入了加快发展阶段，但是中国城镇化进程也面临着如何从粗放发展向集约发展转型的问题。早期的小城镇优先发展路径，存在着小城镇规模效益和聚集效益低，资源利用效率和土地利用效率低等突出问题。党的十七大报告中明确提出：要"按照统筹城乡，布局合理，节约土地，功能完善，以大带小的原则，促进大中小城市和小城镇协调发展"，要"以增强综合承载能力为重点，以特大城市为依托，形成辐射作用大的城市群，培育新的经济增长极"，着力建设集约紧凑、功能复合的新型城镇体系，促进人口集聚和土地集约高效利用，向走集约节约、生态宜居的内涵式城镇化发展道路转变。

三、中国城镇化演进面临的主要问题

(一)"三农"问题

农业、农村和农民问题，是关系党和国家前途命运的具有全局性的根本问题。在新型城镇化进程中，面临的一个首要难题就是"三农"问题突出。农业稳定发展和农民持续增收难度增大，统筹城乡发展任务繁重；城镇化水平较低，中心城市的辐射带动能力不强，农村富余劳动力转移和城镇就业压力较大；地区发展不平衡，革命老区、民族地区、贫困地区发展相对滞后，扶贫开发任务艰巨。农业不稳、农村不活、农民不富，全面建成小康社会的目标就难以实现。如何推进城乡一体，逐步改变城乡二元结构；如何统筹城乡发展，站在经济社会发展全局的高度研究和解决"三农"问题；如何在加快城镇发展的同时，加大对农业和农村发展的支持力度，以城市繁荣带动农村繁荣；如何发挥新型城镇化的引领作用，以城带乡、以工促农，实现城乡互动、协调发展；如何不以牺牲农业和粮食、生态和环境为代价，发挥新型城镇化引领作用，强化新型农业现代化基础作用，通过新型城镇化的带动，有效地减少农民，发展农业，改善农村生产生活水平，推动"三农"难题破解，这些都是实现科学发展、协调发展需要解决的紧迫问题。

(二)城镇化与工业化协调推进的问题

城镇化与工业化互动协调发展是实现现代化的根本要求。工业化为城镇化提供了经济基础，城镇化为工业化提供了市场和平台。在不同的发展阶段，城镇化与工业化呈现不同的演进关系。在城镇化和工业化初期，工业化影响和推动城镇化；进入中期后，两者的互动互促关系更为显著，城镇化的引导、支撑作用逐渐凸显。到1978年，中国的工业化率和城镇化率都很低，分别为29.5%和17.9%。改革开放后，中国走的是一条"离土不离乡、进厂不进城"的"非城镇化"工业化道路。随着工业化加速发展，到1995年，工业化率比改革开放前提高了18.3个百分点，而同期虽然城镇化率提高了11.1个百分点，城镇化发展依然明显落后于工业化发展。虽然此后城镇化进程提速，到 2005 年，城镇化率与工业化率差距依然达到了 10 个百分点。2011 年，我国城镇化率实现了历史性突破，达到 51.27%，城镇人口第一次超过了农村人口，但无论是与非农产业占 GDP 比重来比较、还是与非农产业就业人口数比较，城镇化发展的滞后性依然非常突出。城镇化发展明显滞后于工业化发展，就难以发挥城镇集中、集聚、集约效应，形成竞争优势，开发人力资源，促进科技进步，进而强化产业升级必需的人才和创新动力；就难以形成创新、人才、信息等高端要素流动平台，也难以为发展方式转变和产业结构优化升级提供环境和支撑。因此，城镇化与工业化协调推进的问题是我国城镇化进程中面临的一个最现实的问题。

（三）城镇体系构建的问题

改革开放后，关于中国城镇化道路的争议一直没有停止。其中，对于优先发展大城市还是发展小城镇这一问题更是各界关注的焦点。1980 年《全国城市规划工作会议纪要》提出要"控制大城市规模，合理发展中等城市，积极发展小城市"，1984 年国务院颁布《城市规划条例》，确认了"控制大城市规模，合理发展中等城市，积极发展小城市"的方针。在重点发展小城镇的战略指导下，城镇规模数量都迅速增大。1978 年到 1988 年，十年间全国已经拥有 11 873 个小型城镇。小城镇对中国城镇化和工业化进程起到了巨大的推动作用，成为产业培育发展、吸纳人口就业的重要支撑。但是随着中国城镇化和工业化进程都进入中期阶段，小城镇在资源集约利用、规模效应发挥等方面的弊端日益凸显。中国是人口大国和农业大国，一方面发展小城镇依然是推进城镇化进程的必要选择，另一方面单独依靠大城市发展来解决中国农村人口转移问题显然也不符合规律与实际要求。立足中国国情，遵循发展规律，如何构建由大中小城市和小城镇构成的、能够协调发展的现代城镇体系成为城镇化进程健康、持续推进所面临的重要问题。

（四）农村迁移人口融入城市的问题

世界城市发展经验表明，城镇化率超过 30% 后，城镇化就进入快速发展阶段。现在全球人口超过一亿的只有 11 个国家，而 21 世纪头十年，中国城镇化率提高了超过 11 个百分点，城镇人口增加了近两亿。大批农村富余劳动力进入城市，是对城市的就业、医疗、教育、卫生、生态环境的巨大考验。2011年，我国城镇化率达到51.27%，成为历史标志性突破，但是距离成熟城镇化70%的目标还有较大差距。那么即使保持近年来不小于一个百分点的增速，每年就有超过一千万人口涌入城市，给城市本就薄弱的配套设施建设和公共服务能力带来巨大压力，农村劳动力亟待转移与城镇承载能力不足是城镇化发展面临的最突出矛盾。另一方面，农村人口进入城市后，在现行的户籍政策、社会保障政策等二元制政策下，虽然能够实现职业转换和地域转换，但是身份转换成为难以突破的障碍。农村人口进城务工，经济上参与、社会上隔离，成为"两栖型"、"候鸟式"群体，也成为城镇化发展面临的最现实难题。这一问题，不仅导致了"民工潮"、"民工荒"，而且在社会稳定、文化融合等方面都显现或是隐含着诸多负面影响，农民工市民化问题亟待解决。

（五）城镇化内涵式发展的问题

城镇化的发展演进，城镇化率的从小到大，并不仅仅代表了城镇的数量增多、规模扩大，更重要的是保障发展质量与效益，确保资源集约利用、功能集合构建、生态有效保护、环境不断优化。早期我国城镇化发展是重点发展小城镇，虽然取得了不少成效，但是分散化、低密度、粗放型的城镇发展方式成为主流，人地矛盾突出，城镇结构失衡。目前在我国，交通拥堵、资源紧张、污染严重等城市病已经不仅仅出现在一线城市，二、三线城市也普遍被这些问题所困扰。《中国城市"十二五"核心问题研究报告》指出，"十二五"期间将是"城市病"的多发期和爆发期。而我国总体生态承载力原本已比较脆弱，在经济多年来保持高速发展的同时，在传统城镇化和传统工业化发展道路下，高速度产生高消耗，低水平又造成高排放，资源耗竭、环境破坏、生态污染等一系列问题已经成为制约城镇可持续发展的主要瓶颈。从小城镇遍地开花到大城市粗放扩张，从城市病到资源荒，种种现实问题集中表现为城镇化发展如何走上内涵式、可持续发展道路的问题。

郑东新区的高楼大厦与蓝天白云相映衬

扩建后的连霍高速公路广武至刘江段路面双向 8 车道

第二章
新型城镇化及研究进展

党的十六大以来，中国的城镇化发展进入新的发展阶段。在新的时代背景下，走符合中国国情、具有中国特色的新型城镇化道路，战略意义明显。而这就需要从理论上厘清新型城镇化的概念、特征以及新型城镇化与传统城镇化的关系，并在了解新型城镇化相关研究进展的基础上，科学把握新型城镇化的理论前沿，为新型城镇化的深入系统研究和实践探索打下基础。

第一节　新型城镇化的概念与特征

新型城镇化是具有中国特色的、健康的城镇化，是在全球化、信息化、新型工业化、"两型"社会建设、构建和谐社会等新的时代背景下提出来的，其发展背景、发展目的、发展重点、发展主体、发展方式、发展动力等与传统城镇化有着根本区别，是我国实现现代化的必经之路。

一、新型城镇化的基本内涵

（一）新型城镇化的定义

新型城镇化是以科学发展观为统领，以促进经济、社会、环境和谐与人的全面发展为核心，以大中小城市和小城镇有机结合、协调发展为方向，以工业化、信息化为主要动力，以统筹兼顾、集约发展，合理布局、各具特色为原则，实施三化协调、产城互动、城乡统筹、业居相宜、体系完善的基本理念，全面提升城镇化水平和质量的健康城镇化。

该定义的要点是：一个统领——科学发展观；一个核心——促进经济、社会、环境和谐与人的全面发展；一个方向——大中小城市和小城镇有机结合、协调发展；两个主要动力——工业化、信息化；四个原则——统筹兼顾、集约发展，合理布局、各具特色；五个基本理念——三化协调、产城互动、城乡统筹、业居相宜、体系完善；一个目标——全面提升城镇化水平和质量。

（二）新型城镇化的实质

新型城镇化的实质是：能够适应和推动生产力提高与社会进步的城镇生产、生活方式以及城镇性质、状态不断扩展与深化的发展进程。

城镇化既是人类社会追求的一个目标，更是人类社会实践的一个过程。新型城镇化包括外延扩张和内涵优化两个进程。外延扩张是指城市数目、规模、地域的合理扩张。内涵优化体现在三个层面上：第一，狭义内涵优化，是单个特定城镇内部结构、功能、质量的优化；第二，广义内涵优化，是特定区域内多个城镇组成的城镇体系（或城市群）结构、功能、质量的优化；第三，泛义内涵优化，是城镇生产、生活方式和文化、景观形态等在乡村地区的渗透、扩展和普及，是城镇与乡村的统筹发展。

（三）新型城镇化的基本理念

三化协调：以城镇化为重点，以新型工业化、农业现代化支撑并推动城镇化，以城镇化带动并服务新型工业化、农业现代化。建立健全城镇支持乡村、工业反哺农业的长效机制，加强新农村建设，提高农业产业化水平，实现新型城镇化、新型工业化和农业现代化的协调发展。

产城互动：推动产业向城镇集聚，建设以先进制造业、高新技术产业和现代服务业多轮驱动的主体产业群。构建特色鲜明的现代产业体系，增强城镇的产业支撑能力，促进产业发展与城镇发展良性互动，形成以产业发展的水平决定城镇化速度的理性发展思路。

城乡统筹：统筹城乡经济社会发展，把新型城镇化建设与社会主义新农村建设有机结合起来。促进城镇传统产业向乡村转移，城镇基础设施向乡村延伸，城镇公共服务向乡村覆盖，城镇文明向乡村辐射，增强本土转化农业剩余劳动力的能力，实现城乡一体化。

业居相宜：坚持以人为本，转变城镇规划观念，促进城镇的生产、生活、交通、休憩等基本功能的协调发展。城镇的建设水平与产业业态相协调，城镇产业结构与就业结构相配套，城镇规模与承载能力相适应，城镇人口素质与社会生态相融合，城镇资源开发与环境保护相统一，建设和谐的宜居城镇。

体系完善：结构合理、功能完善的都市区、城市群、城镇体系是新型城镇化的主体形态。形成有利于产业集群优质发展、技术扩散有效顺畅、发展要素合理配置、空间框架科学布局的发展环境，大中小城市与小城镇协调共生，构建系统性强、覆盖面广的现代城镇化网络。

（四）新型城镇化的中国特色

党的十六大报告明确指出，我国的城镇化要"走中国特色的城镇化道路"。十七大报告进一步将"中国特色城镇化道路"作为"中国特色社会主义道路"的五个基本内容之一。2007 年 5 月，温家宝总理进一步明确指出："要走新型城镇化道路。""中国特色城镇化"和"新型城镇化"是具有深刻内在联系的一个有机整体，决不能把二者割裂开来。走中国特色的城镇化道路，必须是新型城镇化道路；而中国走新型城镇化道路，也必须具有中国特色。

过去的传统城镇化方式，也可能具有中国特色，但并非一定符合时代潮流和科学发展观要求；而欧美发达国家以及一些发展中国家所采取的新型城镇化做法，未必都符合中国的国情和各地的实际。因此，在推进城镇化的过程中，必须把"新型城镇化"与"中国特色城镇化"有机结合起来，坚定不移地走中国特色的新型城镇化道路。这就要求必须从中国国情和各地实际出发，坚持以人为本的全面、协调、可持续的科学发展理念，走渐进式、生态型、集约型、融合型、和谐型、多样型城镇化之路。

二、新型城镇化提出的时代背景

（一）顺应世界城镇化发展潮流

进入 21 世纪，世界城镇化发展进入了一个崭新的阶段，呈现出聚集与扩散并存、城市更新步伐加快、动力机制现代化、城市发展个性化和生态化等"新型"城镇化的发展趋势，城市功能日趋完善，城市与乡村、人与环境逐步实现和谐、可持续发展。

一是集聚与扩散趋势并存。城镇化的集聚趋势是指大城市、大城市群（带）和巨型城市区域逐步成为经济全球化时代城镇化最具活力的区域。城镇化的扩散趋势是指逆城镇化和郊区化趋势，主要特点是大城市人口明显减少、人口由中心城市大量向郊区及更远的乡村地区迁移、更多的人口集居在大城市的边缘地带。二是城市更新步伐加快。也就是将城市中已经不适应现代化城市社会生活的地区进行必要的、有计划的改建，进一步完善城市功能，优化产业结构，改善人居环境，推进土地、能源、资源的节约集约利用，促进经济和社会可持续发展。三是动力机制现代化。在许多发达国家，以信息技术为代表的高新技术产业逐步取代传统工业，成为城市发展的重要动力，城市也随之由产品制造中心向服务中心、信息中心、商业商务中心转变，信息化进程已经成为提升城市综合竞争力的重要支撑。四是城市发展日趋突出个性和特色。现代国际竞争导致世界城市之间的国际分工，不同城市形成了不同特色的国际优势产业，城市发展的个性化特征越来越明显。同时，20世纪90年代以来，人们的环境意识和可持续发展意识逐步增强，维护城市生态平衡，促进城市与自然和谐发展，成为时代潮流。

我国提出的新型城镇化不仅是城镇规模的扩张，而且是城镇质量的提高、城镇结构的优化、城镇功能的增强、城镇环境的改善、城镇个性和特色的塑造，以及城镇各种资源的集约节约使用等。这与世界"新型"城镇化发展最新趋势具有相似的本质，符合世界城镇化的发展潮流。

（二）传统工业化向新型工业化转变

城镇化与工业化之间的关系是一种相互联系、互相促进的关系。工业化是城镇化发展的动力，城镇化是工业化发展的土壤；工业化是城镇化的经济支撑，城镇化是工业化的空间形态。具体分析，分工与专业化提高了生产率水平，生产率水平的提高引起产业结构的转变，从而促进了工业化的不断深化。工业企业为降低分工带来交易费用的提高，一般选择将其经济活动集聚于城市，从而推动了城镇化的发展。由于城市集聚经济效益的存在，促进了分工的进一步深化，从而推动工业化水平的不断提高。

党的十六大报告指出，坚持以信息化带动工业化，以工业化促进信息化，走出一条科技含量高、经济效益好、资源消耗低、环境污染少、人力资源优势得到充分发挥的新型工业化路子。我国的工业化开始由传统工业化道路向新型工业化道路转变，影响并决定着我国城镇化发展道路的转变。因为工业化内涵不是产业的概念，而是生产力的概念，是表示人类社会进入工业社会发展阶段，社会生产力发展的客观规律。由这个内涵所决定的工业化外延有两个：一是产业结构的多元化、高度化；二是人口的城镇化，城镇化作为工业化的外延，是工业化的空间实现形式，是工业化推动的社会空间结构的变化。这样，走什么样的工业化道路，也就决定着走什么样的城镇化道路。我国的工业化正在走向新型工业化道路，内在地要求城镇化发展道路的转变。

新型城镇化道路不仅强调人口由农村向城市的转移，更强调社会经济结构由传统向现代的深度转型；不仅强调提高城市的发展水平，更强调提高城市对区域的带动作用，逐步推进城市周边农村地区的现代化发展。因此，新型城镇化是适应传统工业化向新型工业化转变的，也就必然成为我国城镇化的发展方向。

（三）信息化时代的到来

所谓信息化就是由计算机与互联网生产工具的革命所引起的生产方式和生活方式的一种革命性变化，它包括信息技术的产业化、传统产业的信息化、基础设施的信息化、生产方式的信息化、生活方式的信息化等内容。城镇化与信息化之间具有必然的联系，在工业化的推动下共同发展。归纳起来就是：城镇化是信息化的主要载体和依托，信息化是城镇化的提升机和倍增器，也可以说，城镇是信息化栖身之地，信息化是城市产业升级和城市功能提升的发动机。一方面，城镇化能够为信息化的发展提供广阔的发展空间，使信息化在城镇里发挥作用，从而实现城镇信息化；另一方面，信息化能够提升和整合城镇功能，改善城镇产业、就业结构，提高城镇居民素质，使城镇化在信息中升华，从而实现信息城镇化。

信息化时代的城镇化是更高级的城镇化，产业布局出现了分散与集聚共存的新趋势。从分散化趋势来看，生产技术已经标准化和操作程序化的生产制造环节或产品是标准化、大批量的传统劳动密集型和资本密集型制造业从城市中心区向外扩散、从发达国家向发展中国家扩散的趋势。造成信息时代集聚的原因有：第一，由于需要大量信息，需要彼此频繁接触、交流和联系的、以知识创新为基础的企业或企业内管理、控制和协调等职能，价值链环节逐渐向城市中心区集聚。第二，在信息时代，创新和速度成为企业竞争优势的一个重要来源。于是，产业集聚地动力也从过去共享基础设施、节约运输成本等静态的集聚效益转向有利于技术和知识的创新、传播等动态的集聚经济效益上来。第三，高技术产业发展的生态环境是产业集群，群中的企业能够获得范围经济收益。

近年来，中国信息化建设取得重要进展，信息产业迅速发展，信息技术突飞猛进，信息技术正在成为中国经济和社会发展的重要推动力量。中国正在快步进入信息化时代。这就要求走新型城镇化道路，把信息化作为城镇化的重要动力，以信息化推动城市功能完善和产业结构优化，提高城镇居民素质，提升城镇化发展质量。

（四）加快资源节约型、环境友好型社会建设

作为世界上最大的发展中国家，由于庞大的人口数量和巨大的发展需求，中国的现代化发展始终面临着来自国内资源环境基础薄弱的挑战。近年来频发的能源供应紧张、淡水短缺、耕地面积下降和重大污染事件等事实已经表明了这一点。能否建立牢固的资源环境保障基础，不仅是国家持续发展中一个无法回避的重大现实问题，而且也是区域持续发展的一个必须解决的重大理论课题。

2005年党的十六届五中全会第一次明确提出，要加快建设资源节约型、环境友好型社会，促进经济发展与人口、资源、环境相协调。党的十七大报告强调要加强能源资源节约和生态环境保护，并指出，"坚持节约资源和保护环境的基本国策，关系人民群众切身利益和中华民族生存发展。必须把建设资源节约型、环境友好型社会放在工业化、现代化发展战略的突出位置"。党的十七届五中全会再次强调，要坚持把建设资源节约型、环境友好型社会作为加快转变经济发展方式的着力点。这是为了解决国民经济持续快速增长带来的资源供给不足和环境污染

日益严重两大压力的必然选择，是从我国国情出发而作出的一项重大决策。

随着城镇化进程的加快，城镇化人口急剧膨胀，对于资源的需求量越来越大，也给城市环境带来了诸多问题。庞大的人口数量和巨大的发展需求，使我国未来的城镇化发育将面临来自薄弱资源环境基础的严峻挑战。在加快资源节约型、环境友好型社会建设的背景下，新型城镇化提出，要充分发挥资源开发的空间聚集效应，发展循环经济，提高知识、技术、信息对经济发展的贡献率，强化规模效应，推进节能降耗减排，加强生态环保，转变城市发展方式，以建设资源集约型和环境友好型现代化城镇引领城镇化的健康发展。

（五）构建社会主义和谐社会

党的十六届六中全会通过的《关于构建社会主义和谐社会的决定》是21世纪这一新阶段建设社会主义现代化国家的战略部署，体现了全党全国各族人民的共同愿望。社会和谐很大程度上取决于社会生产力的发展水平，取决于发展的协调性，因而必须大力发展社会生产力，为社会和谐创造雄厚的物质基础。同时，更加注重解决发展不平衡问题，更加注重发展社会事业，推动经济、社会和资源环境的协调发展。而要做到这些，主要的抓手和战略举措便是积极稳妥地推进新型城镇化。

这是因为，首先，以人为本、人与自然的和谐相处是构建和谐社会的重要内容。城镇化归根到底应该是人的生活方式和文化观念的城镇化，以人为本恰恰是新型城镇化建设的主题和核心内涵。全面贯彻落实科学发展观，要求在城镇化建设中，在高度关注资源合理开发和利用、环境保护和污染防治等问题的同时，牢牢把握以人为本这个核心，把人放在城镇化建设的核心位置，在城镇环境和居住环境规划建设中，把改善人居环境，保持地方特色，实现人与自然环境的和谐统一，创造最佳人居环境放在首要位置。其次，落实科学发展观是推进城镇化进程的重要保证。新型城镇化发展以科学发展观为统领，打破城乡壁垒，改变城乡二元结构，缩小城乡居民收入差距，使城乡相互促进，协调发展；遵循自然规律，合理开发，保护自然资源，提高资源利用效率，促进整个社会走上生产发展、生活富裕、生态良好的文明发展之路。

三、新型城镇化的主要特征

（一）有宽厚的承载平台

研究表明，到 2020 年，我国的城镇化水平将达到 60%左右，这就意味着今后中国的城镇化速度将保持在平均每年提高一个百分点左右，城镇化仍将快速推进。如何使每年数以千万计的农村剩余劳动力及其家属和谐地融入城镇，切实提高城镇化质量，是关系到我国现代化和全面建设小康社会的重大战略课题。

城镇化必须落实到每一个具体城镇，必须以区域内所有城镇的有机整合为依托，必须充分关注乡村地区生存方式的就地转化，形成城乡和谐发展的格局——只有这样，新型城镇化才能进入全面、统一、完美的状态。构建城镇化的承载平台是我国推动新型城镇化的带有战略性、基础性的一条必经之路——承载平台宽厚，城镇的综合承载力才能承担得起，新型城镇化才能绵延不断，城镇化的转化人口才能真正找到归宿。新型城镇化的承载平台包含三个层次：其一，城镇承载平台，满足城镇化的个性发展，完成城镇化的狭义内涵优化；其二，城镇体系承载平台，满足城镇化的区域发展，完成城镇化的广义内涵优化；其三，本土承载平台，满足城镇化的全面发展，完成城镇化的泛义内涵优化。

（二）有强大的动力机制

新型城镇化的动力机制由一主一辅两方面的内容构成。

1. 核心机制，即发展动力机制，包括：（1）经济发展机制。提高农业产业化水平是新型城镇化的基础，可以为城镇化提供充足的剩余农产品、农村剩余劳动力，并为构建城镇化的本土承载平台创造条件；提高现代工业水平是新型城镇化的主导之一，可以为城镇形成核心产业链，为城镇提供建设资源、先进技术，为城镇居民与转移人口提供就业岗位，从而提升城镇的综合实力；提高现代服务业水平是新型城镇化的保障，可以为城镇其他产业提供配套服务，为城镇居民和转移人口提供就业机会与生活服务；提高信息产业水平也是新型城镇化的主要动力，可以为工业、农业、服务业提供高新技术支撑，为城镇居民和转移人口提供崭新的生活服务，从而提升城镇的信息化水平。（2）社会发展机制。发展科学教育事业，为新型城镇化培育可持续的内生动力；发展先进文化事业，为新型城镇化培育鲜明的文化内核；发展社会保障事业，为新型城镇化培育有效的社会保障体系。（3）基础设施发展机制。建设综合交通运输体系，保证新型城镇化的"血脉流畅"；建设信息、通信网络，保证新型城镇化的"神经健全"；建设水源、能源供给、保护系统，保证新型城镇化的"养料供应"；建设环境保护与防灾减灾系统，保证新型城镇化的"健康免疫"。

2.辅助机制，即行政动力机制，包括：（1）行政促进机制，发挥牵引和推动作用。例如构建三化一体的社会系统工程，构建城镇化的承载平台，推动城乡统筹发展，提供优良的社会保障等。（2）行政控制机制，发挥调节与制动作用。例如以规划手段制约各项事业的发展，宏观控制城镇化的发展速度，调节城镇的各种准入门槛，解决、克服城镇化进程中的客观问题与人为弊病等。

（三）坚持多元化的城镇化道路

新型城镇化的多元化道路，包括城镇规模、区域差异、动力机制、城镇特色等方面的多元化。即在城镇规模上要大中小城市与小城镇协调发展，共同肩负起承载城镇化人口转移的重任，形成合理有序的城镇体系规模序列结构；在区域上允许不同区域的城镇化道路存在差异，充分发挥各地优势，有条件的地区可以推行本土城镇化；在动力机制上强调市场与宏观调控相结合，需要多种经济成分与多种产业、多种事业共同拉动城镇化；在城镇特色上提倡突出不同城镇的产业发展、空间布局、文化内蕴、建筑风格等方面的特色，形成各具特色、合理分工的城镇化格局。

各地在推进新型城镇化的过程中，一定要因地制宜，走渐进式城镇化道路，积极引导农村剩余劳动力向城镇地区合理有序流动或就地转化，科学把握城镇化推进的速度和节奏。城镇化的速度与规模要与区域经济社会发展水平相适应，与城镇吸纳人口的能力、本土转化人口的能力相适应，防止出现超越承载能力的"过速、过度城镇化"。

（四）实行集约节约经营

城镇化的本质是一种空间集聚，其意义就在于通过人口的集聚带动其他要素的集聚，产生一种结构性优化和功能性提高的综合效应。新型城镇化的要求则更高，不但要集聚人口、资源等生产要素，还要集聚人才、科技等创新要素；不但要集中、集聚各类要素，还要节约、高效使用各种资源；不但要加快城镇自身的发展方式转型，还要为全社会转变发展方式积极创造条件。在当前我国城镇发展面临人口、资源、增长、环境等多头矛盾的状况下，建设资源节约型城镇、实行集约经营是新型城镇化的必然选择。

集约经营必须节约、集约、高效利用土地资源，保护基本农田，科学制定城镇发展战略，合理确定城镇建设项目标准，严格审批和检查建设项目，坚决取缔浪费城镇土地的建设项目，充分利用现有城镇土地资源，降低城镇用地成本，提高城镇土地利用率，做到"地尽其力"。切实保护和节约利用能源、水资源等，提高资源的综合利用效率；发展循环经济，重点发展高新技术产业和高附加值的先进制造业，加快发展现代服务业，使城镇化主要依靠工业带动转向工业、信息产业和服务业协同带动；集聚创新要素，激活创新资源，转化创新成果，提高自主创新能力；发挥城镇之间的规模集聚与功能协同效应，构建并发展城市群和都市区。

（五）营造优良环境

生态环境是人类生活的基本条件，良好的生态环境是衡量人类生活品质的重要内容。城镇化是人类大规模改造自然环境的过程，对生态环境具有重要影响。目前，在我国的城镇化过程中，出现了许多一味追求人口、土地城镇化速度和规模的偏颇之举，其结果是以牺牲环境为代价求发展，造成耕地、林地、草地、湿地大量减少，水土流失，资源枯竭，环境污染。新型城镇化要求"友好"地对待环境，努力保持"发展"的城镇系统与"稳定"的环境系统之间的平衡，建设环境友好型城镇，实现人与环境的和谐共处。一方面，在城镇规划与设计中，要充分考虑生态环境对城镇发展的承载能力，协调城镇与区域之间的环境依存关系，确保城镇发展的生态屏障安全。另一方面，在城镇的发展、建设与管理中，要树立环境优先的理念，创造良好的发展环境和人居环境，改善投资环境和创业环境，提升城镇生产、生活品质。

营造优良城镇环境，必须加强区域环境基础设施建设，进行流域生态环境综合整治，增强自然系统的环境承载力；建立健全城镇生态平衡体系，理顺城镇生态系统物质循环与能量流动，建设生态城市；优化城镇开放空间系统，充分发挥绿地系统、水体系统以及道路、广场系统在营造优良环境中的巨大作用；坚持对建设项目的环境影响评价，监控城镇污染源，控制污染排放，综合治理各类污染，改善城市的环境质量；建设生态园区、生态工程、生态企业和生态建筑，提倡绿色低碳生产、生活和消费方式，建设一个生产发展、生活富裕、生态优美的良好人居环境。

（六）追求功能优化

完善的城镇功能是提升城镇综合竞争力的重要基础，也是城镇现代化的重要标志。但是，长期以来，我国城镇化的快速发展大部分是依靠盲目追求数量而忽视质量，单纯靠规模扩张、外延式发展的传统路径，内涵式发展不足。随着城镇化进程加速，城市人口密集、交通拥挤、资源短缺、环境污染、生态恶化等问题十分严峻。城镇重建设轻管理现象仍然严重，科学的管理机制尚没有形成。因此，新型城镇化必须不断完善城镇功能、提升城镇品位。既要不断完善城镇的基本功能，又要进一步强化城镇特色，不断完善和突出城市的主导功能；同时，通过规范、高效的城镇管理，来确保城镇功能在运行中实现全面提升。

城镇功能优化，必须强化规划手段，明确城镇发展方向和空间扩展方式，设计城镇空间布局结构，优化土地利用配置；建设完善的城镇道路通信、供水供能、排污减污等市政基础设施以及城镇防洪、防震等防灾减灾设施，保持较高的城镇基础设施综合配套水平；重视历史文化名城（镇）保护，延续城镇历史文脉，挖掘城镇文化内涵，提炼城镇现代精神，彰显城镇鲜明个性；创新管理体制和手段，运用现代信息技术，促进城镇管理的精细化、科学化、智能化，提高城镇的日常管理和应急管理水平。

（七）促进城乡统筹

城镇化是"乡村"一级到"城镇"一级的社会变迁过程，城镇和乡村作为不同的空间地域实体，二者相互依存、密不可分。但是，我国长期实行的是城乡分离的二元体制，结果形成了快速发展的工业与缓慢行进的农业的反差；日益繁荣的城镇与变化不显著的农村的反差；日益富裕的城镇居民与收入低下的农民的反差。城乡矛盾已成为制约我国现代化进程中的重要障碍。如何处理好城市与农村的关系是我国目前面临的突出问题。因此，新型城镇化道路必须打破二元体制，走城乡一体化道路，经济共同发展，居民生活的质量、水平和方式同步发展，最终实现城乡融合。这就要求从城乡分割的现实出发，从促进城乡统筹发展，实现城乡一体化的高度，用发展和改革的方式，构建城乡互动、协调发展的机制，促进城镇化和新农村建设的联动发展。充分发挥城镇的带动作用，通过城镇支持乡村、工业反哺农业，促进农业增效、农民增收，缩小城乡居民收入差距。

统筹城乡发展、促进城乡一体化要求，充分发挥各级城镇的中心带动作用，促进城镇传统产业、基础设施、公共服务、现代文明向乡村扩散；村镇体系规划与城镇体系规划密切结合，构建城乡一体化网络；加强乡村水利、交通、环保等基础设施建设，推动乡村文化、教育、科技推广等事业的蓬勃发展；培育县城、建制镇的农产品深加工与其他非农产业，适当扩大其人口规模，增强新型城镇化的本土转化能力；继续强力推进社会主义新农村建设，鼓励农业剩余劳动力在有条件的新农村就地转化。

（八）推崇社会和谐

城镇化的主要内涵是人的城镇化。在构建社会主义和谐社会的时代背景下，新型城镇化要求人口在实现从乡村到城镇空间转移的基础上，真正融入城镇，实现从农民到市民的全面"转化"。使生活在城镇的每一个人的基本生存条件能够得到满足，基本发展条件能够得到保证，能够共同创造和公平分享新型城镇化的发展成果，最终实现人在城镇的全面发展。

城镇的社会和谐，必须通过城乡体制的改革，尤其是户籍制度的改革有序推进农村人口的转移转化，不断稳步提高城镇化水平；坚持以人为本，倡导和谐理念，切实保护城镇化进程中失地农民的合法利益，维护进城务工人员的各种正当权益；通过积极就业政策的实施，改善城镇的创业和就业环境，努力提高全社会的就业水平；通过文化教育、医疗卫生、社会保障等社会事业的快速发展，建立惠及全民的基本公共服务体系，优化公共资源配置，促进基本公共服务均等化；通过社会治安的综合治理，依法打击各种违法犯罪活动，维护社会公共安全，营造和谐的社会环境；加快城中村、危旧房的改造，合理开发、建设城镇边缘区，提高城镇的宜居水平。

四、新型城镇化与传统城镇化的关系

（一）新型城镇化是对传统城镇化的扬弃

城镇化道路是指城镇化进程的途径或方式，是推动城镇化进程中所采取的某种思路或战略安排。一般包括三方面的内容：城镇化机制、城乡关系、城镇发展方针。城镇化机制是指决定城镇化进程的基本力量及其作用过程，其根本动力是工业化的推动；城乡关系是指城镇化进程中城市和乡村两个端点之间的经济交往和要素流动关系；城镇化发展方针是指具体实施城镇化道路时的战略安排，表现为处理不同规模、类型城镇之间的关系以及对城镇的政策。

新型城镇化与传统城镇化是两条不同的城镇化道路。新型城镇化是相对传统城镇化而言的，二者存在着内在的联系。新型城镇化是对传统城镇化多年实践经验与教训的总结，吸收了传统城镇化的精髓，抛弃了传统城镇化的糟粕，是对传统城镇化的扬弃。从城镇化的机制看，新型城镇化在继续强调传统工业化作用的同时，更加强调信息化、国际化的作用；从城乡关系看，新型城镇化在关注城市发展的同时，更加注重统筹城乡关系，积极推动城乡一体化；从城镇化方针看，新型城镇化总结了传统城镇化多年探索的经验与教训，在强调城市群主体地位的同时，更加注重大中小城市和小城镇协调发展。

（二）新型城镇化是对传统城镇化的突破与创新

新型城镇化提出的目的在于有效化解传统城镇化存在的不足。当前，我国正处于城镇化快速推进的时期。从 1995 年到 2010 年，我国城镇化率由 29.04% 提高到 49.95%，15 年提高 20.91 个百分点，平均每年提高 1.39 个百分点，远高于 1978—1995 年年均提高 0.64 个百分点的水平，更高于改革开放以前年均提高 0.28 个百分点的水平。在"十二五"期间，我国的城镇化率预计每年将提高一个百分点左右。这就意味着今后我国每年将有一千多万农民要进入城市。如何使这些进城农民和谐地融入城市，切实提高城镇化质量，这是关系到中国现代化和全面小康社会建设的重大战略问题。

改革开放以来，我国各地城镇化的快速推进大多建立在传统发展道路的基础之上。这种传统的城镇化道路存在许多弊端：一是片面强调"土地城镇化"，对人口、居民素质和生活质量的城镇化重视不够，土地城镇化远快于人口城镇化。目前，全国已有上亿进城务工人员在城镇工作，但他们却不能在城镇安家落户，难以共享城镇化的成果。二是忽视城镇资源配置效率，高度消耗土地、能源、水等资源，并大量排放"三废"。三是生产、生活和生态不协调，突出表现为城镇工业用地偏多、效率低下，居住、生活休闲和生态用地偏少。四是城乡分割，尤其在户籍管理、劳动就业、公共服务、社会保障等方面，长期实行城乡有别的隔离政策，严重制约了城乡一体化和互动融合发展。五是城镇缺乏特色，没有把城镇文化和特色融入到规划建设中。人们往往把城市现代化理解为"高楼大厦、宽马路、大广场、立体交叉桥"，而对体现城市特色的文化、颜色、景观设计等没有给予应有的重视，由此形成"千城一面"的局面。显然，这种传统的城镇化道路是不可持续的，它不符合科学发展观的精神。

要从根本上解决这些问题，关键是推动城镇发展转型，走新型城镇化的道路。与传统城镇化相比，新型城镇化要求实现七个方面的转变：一是由偏重经济增长向注重经济社会协调发展和人的全面发展转变；二是由原来主要依赖工业化向结合农业现代化、现代服务业等多方面支撑转变；三是由注重追求城市规模扩大、空间扩张的外延、粗放式发展向提升城市文化、公共服务、"建管并重"的内涵、集约式发展转变；四是由原来"重城轻乡"、"城乡分治"向城乡一体化发展转变；五是由原来粗放式用地、用能向资源节约、环境友好转变；六是由原来主要依靠中心城市带动，向强调城市群、大中小城市和小城镇、农村社区协调配合发展转变；七是从原来改革重单项突破向户籍、保障、就业等综合配套体制改革转变，促进"离土不离乡、进厂不进城"向转移人口真正融入城镇转变。

（三）新型城镇化与传统城镇化的不同

新型城镇化与传统城镇化的根本区别在于发展背景、发展目的、发展重点、发展主体、发展方式、发展动力六个方面的不同。

第一，发展背景不同。传统城镇化产生于计划经济时期，受当时农业经济的国情、工业经济世情等条件的限制，城镇化的发展战略、发展方式、发展效应存在诸多缺陷。而新型城镇化产生于社会主义市场经济体制，以科学发展观为指导，走新型工业化道路，建设社会主义和谐社会，特别是经济全球化和信息化的发展，为走新型城镇化道路提供了条件。

第二，发展目标不同。传统城镇化以物为本，以外延扩张为主要目标。城市发展长期依靠扩大生产要素投入来实现增长，产业部门长期依靠第二产业拉动经济增长，发展方式转变滞后，资源环境承载力不断下降，社会发展明显滞后于经济发展，致使城市增长快、发展慢，外延式扩张迅速、内涵式发展不足。新型城镇化注重以人为本，以内涵优化为目标。在城镇化推进过程中，充分尊重人的主体作用，实现城镇化推进与社会事业发展同步，城镇化成果充分惠及人民群众，在强调物质财富增长的同时，注重人的全面发展，不断改进公共服务、提升福利程度、优化人居环境，实现质量提升。

第三，发展重点不同。传统城镇化发展的重点在城市，特别是大中城市，有时为了发展城市经济甚至不惜牺牲乡镇利益。新型城镇化的重点强调大中小城市和小城镇协调发展，不损害乡镇利益而保全城市经济。新型城镇化要求城镇乡统筹发展，总揽发展全局、兼顾各方利益、有序安排时空、协同推动进程。在城乡关系上，既发挥城镇的拉力、提高城镇的承载能力和吸纳能力，又通过新农村建设来协调城乡关系，形成以城带乡、以工补农的长效机制。在城镇化推进的道路选择上，发挥不同规模城镇各自的优势，形成大中小城市和小城镇协调发展的路子。

第四，发展主体不同。传统城镇化的主体主要是各级政府，采取以"自上而下"的方式为主，以"自下而上"的方式为辅，政府在工业化以及社会发展等目标约束下，单方面启动和推进城镇化。新型城镇化的主体是多元的，主要包括政府、企业、公众等，以"自下而上"的方式为主，同时以"自上而下"的方式为辅地推进城镇化。政府主要发挥引导、协调和支持作用，而企业和个人则主要承担城镇化的建设投资和产业发展。

第五，发展方式不同。传统城镇化依靠城镇人口增长和土地扩张实现城镇化率的提高，片面追求城市人口数量的增长、建成区面积的扩张，不仅加大了城市资源保障压力，而且造成大量优质耕地的丧失、严重损害农民的利益。新型城镇化通过产业升级和转变经济发展方式，依靠生产要素效率的提高推动城镇化水平的提高。新型城镇化立足资源环境承载能力和主体功能区的要求，注重城镇功能提升、历史文化传承、个性品位塑造、人文关怀服务增进，形成资源节约、环境友好、经济高效、社会和谐的城镇化格局。

第六，发展动力不同。传统城镇化的根本动力主要来自于传统工业化。传统工业化发展道路以生产要素特别是资本与劳动力要素的规模化投入为条件，以经济高速增长为目的，以城市为产业聚集中心。在聚集效应的作用下，大量稀缺性生产要素从农村流向城市，抑制了乡村非农产业的发展，拉大城乡产业发展差距。新型城镇化的根本动力来自新型工业化和信息化，利用高新技术特别是信息网络技术对传统工业进行改造，使工业的发展以高新技术、信息技术为动力，具有可持续性。新型工业化有利于消除城市发达的现代经济部门与乡村落后的农业部门之间的产业分割，促进城乡产业之间的协调、互补、互动和联合。

第二节　新型城镇化提出的战略意义

改革开放三十多年来，中国的城镇化发展取得了巨大的成就，城镇化率已从 1978 年的 17.92% 提高到 2011 年的 51.27%，但传统城镇化在推动经济社会快速发展的同时，也带来了诸多问题，如可持续发展动力不足，城乡二元结构依然存在等。面对这一现实，新型城镇化发展呼之欲出，它的提出对于落实科学发展观、破解城乡二元结构和全面建设小康社会都有重要意义，也为中国特色城镇化道路的经验创新提供了有益探索。

一、贯彻落实科学发展观的必然选择

科学发展观，是党的十六大以来以胡锦涛同志为总书记的党中央在推进中国特色社会主义伟大事业中产生的马克思主义中国化的最新成果，是中国特色社会主义理论体系中的重要组成部分。在新的历史起点上，科学发展观为解决复杂的国际国内矛盾、应对各种风险和挑战提供了强大的理

论武器，不仅是我国当前统领经济社会发展全局的科学理论，也是实现全面建设小康社会和建设社会主义现代化国家必须长期坚持的科学理论。

（一）贯彻落实科学发展观面临的问题挑战

党的十六大以来，中国坚持以科学发展观统领经济社会发展全局，紧紧抓住和用好发展的重要战略机遇期，奋力把中国特色社会主义事业推进到一个新的发展阶段。尽管已经取得了举世瞩目的发展成就，但我国仍处于并将长期处于社会主义初级阶段，仍然是世界上最大的发展中国家，人口多、底子薄、发展很不平衡，一些影响和制约科学发展的问题还比较突出，例如结构性矛盾突出，粗放型发展方式亟待转变，在缩小城乡、区域发展差距和促进经济社会协调发展方面工作力度不大，在统筹兼顾各方面利益方面做得不够等。这些问题如不及时解决，就难以开创科学发展新局面，难以完成加快推进社会主义现代化的崇高使命。

1. 如何进一步实现维护发展好人民根本利益

科学发展观的核心就是以人为本，就是要把以人为本作为各项工作的根本点和出发点。经济社会发展的根本目的，应该是使更多居民享受现代文明生活方式，促进社会和谐进步。目前，贯彻以人为本理念，让发展成果惠及广大人民群众，还有一些问题需要解决：如何加快农村的发展，解决好"三农"问题；如何缩小城乡发展差距，推动农村经济社会全面发展，让农村居民也能过上城里人那样的生活；如何让更多的农村转移人口真正融入城市，促进就业、教育、医疗卫生、社会保障等基本公共服务均等化，使广大居民共享发展成果和城市文明。努力把贯彻落实科学发展观提高到新水平，就要求努力在进一步实现好、维护好、发展好人民根本利益上取得新进展。

2. 如何进一步提升全面协调可持续发展水平

全面协调可持续发展是科学发展观的基本要求。目前，我国依然存在着诸多不全面、不协调、不可持续发展的问题亟待解决，主要表现为：其一，当前，经济发展在我国占有绝对主导地位，经济建设在加速推进的同时，社会、文化以及生态建设等领域均存在着发展滞后或能力不足等问题。其二，目前，中国经济增长是投资拉动型的经济增长，在以高投入、高消耗为主要特征的粗放型经济增长方式下，投资效率不高和边际产出递减的作用下，投资规模进一步膨胀，投资率始终处于高位，不协调性加剧，经济增长方式亟待转型。其三，资源生态环境压力加剧，和谐发展面临挑战。从 1998 年至今，中国经济经历了新一轮快速发展，本轮发展的特点是伴随着工业化的高速推进，城镇化水平也有了明显提升，城市建设和工业化同步成为这一轮发展的主要动力，但同时，在传统城镇化发展思路主导下，城镇粗放扩张、城乡二元结构等问题突出，在三化发展取得显著成就的同时，由于高污染、高消耗、高排放使得资源与生态环境压力进一步加大；由于城乡之间在收入水平以及基础设施、公共服务等方面的差距依然明显，推进统筹城乡、城乡一体化发展依然面临严峻的挑战。

（二）走新型城镇化道路是破解现实难题的必然选择

城镇化与经济社会的综合发展方向是相统一的，经济社会综合发展的方向影响着城镇化的道路选择，城镇化的道路选择又反过来影响着经济社会协调发展。改革开放以前，计划经济体制下中国城镇化道路带有明显的计划经济色彩。从改革开放到党的十六大召开，在市场经济体制与效率优先、兼顾公平发展方针影响下，传统城镇化发展道路是中国城镇化进程的主要特征。十六大以后，中国提出以科学发展观统领社会经济发展，也同样给中国的城镇化发展道路指明了新的方向。科学发展观是坚持以人为本，全面、协调、可持续的发展观，它强调经济社会和人的全面发展，并按照统筹城乡发展、统筹区域发展、统筹经济社会发展、统筹人与自然和谐发展、统筹国内发展和对外开放的要求推进各项事业的改革和发展。要实现"五个统筹"，走新型城镇化道路已成为必然选择。

新型城镇化是以人为本、全面、协调、可持续发展的城镇化，它的提出和实践是贯彻落实科学发展观的必然要求和现实选择。新型城镇化是以人为本的城镇化，它表现为让现代城市发展带来的物质财富与精神财富惠及全体人民，尤其是让农村居民也能共享改革发展成果；新型城镇化是全面发展的城镇化，涵盖经济、政治、文化和生态环境等诸多方面，在推动经济发展的同时，也推动社会进步和人类文明进步；新型城镇化也是协调发展的城镇化，涵盖了城乡发展，兼顾了区域平衡，走新型城镇化道路是消除区域差距、城乡差距的有力手段；新型城镇化具有广泛的可持续性，在推进城镇化进程的同时，加快了经济发展，强化了资源环境保护，对破解人口约束、自然资源约束、经济水平约束、科技水平约束和文化教育约束，提升协调发展和可持续发展能力具有重要的推动和保障作用。

二、破解城乡二元结构的有效举措

（一）传统城镇化道路扩大了城乡差距

新中国成立后，在重工业优先和计划经济体制下，催生了重城市轻农村、重工业轻农业的各种制度安排，特别是在资源配置、价格制定、市场管理等方面具有明显的不协调性，即国家实施了工农业产品不等价交换、农业合作化、统购统销和要素流动控制，如户籍制度和由户籍制度派生出来的城市劳动就业制度、城市偏向的社会保障制度、基本消费品供应的票证制度、排他性的城市福利体制等一系列的城乡关系政策与制度，确保了农业对工业、乡村对城市长期而巨大的贡献，从而导致农业劳动生产率低下，农村剩余劳动力向非农产业转移缓慢。这种牺牲农业的行为被制度和法律不断固化，使得城乡差距日益拉大。改革开放后，由于农村家庭联产承包责任制的实施，改善了农业发展的制度环境，极大地调动了农民的生产积极性。而国家对重工业优先发展战略的调整，以及市场化方向的体制改革，为乡村工业化发展提供了制度和市场条件。这些条件的改善，使农村经济发展加速，城乡发展差距也曾一度缩小。例如，到1985年，城乡居民收入差距从1978年的2.71倍缩小到1.86倍。然而，随着"极差式"发展和"分离化"改革措施的推进，传统城镇化发展道路的继续推进，中国城乡的分离与对立也加速了。这一时期所采用的所谓"极差式"发展方式是通过拉大收入差距来激励人们的致富欲望，从而刺激经济发展的方式。这种方式因为采取激励型发展而促进了中国经济的长期较快发展。"分离化"改革措施是指改革开放初期，有能力的人从一般人群中分离出来，先富起来；拥有特殊资源的地区通过政策先富起来；与市场结合紧密的行业首先发展起来。在这种发展方式和改革措施的推动下，城市利用自身优势和国家优惠的改革政策得以快速发展。总的来看，改革开放三十多年来，中国的城镇化走的是一条以进城务工人员大量进城、城市规模快速扩张为主要特征的城镇化道路，其典型的发展路径是：大量投资进入，创造了为数众多的就业岗位，吸引流动人口进入；廉价劳动力与资本结合，推动生产力迅猛扩张，城镇化规模快速膨胀。在这一路径指引下，出现了一系列社会问题，如农民工融入问题、城乡收入差距问题、城乡教育资源分配不公问题、城乡社会保障不公问题、城市内部二元结构问题等。这些问题使得城乡差别不但没有缩小，反而有进一步加剧之势。

（二）新型城镇化道路有效破解城乡二元结构

新型城镇化是城乡统筹、城乡一体、产城融合的城镇化，是大中小城市、小城镇、新型农村社区协调发展、互促共进的城镇化。走新型城镇化发展道路，能有效破解城乡二元结构。首先，新型城镇化将新型农村社区纳入城镇体系，实现了农民就近、就地就业，改变了农民进城的单一转移路径，还能有效解决进城务工人员融入城市问题。其次，新型城镇化发展道路是不断推进农村城镇化发展的道路，这一发展道路能积极放大城市扩散效应，加快用先进工业装备改造武装农业机械，用工业先进适用技术嫁接开发竞争力强的农产品，用工业文明改善农村生产生活方式，实现工业反哺农业，城市支持农村，从根源上形成工业化带动农业增效、农民增收、农村发展和剩余劳动力向城市转移的动力机制，能进一步缩小城乡收入差距。再次，新型城镇化道路走的是一条统筹城乡管理的道路，有利于建立城乡一体化劳动力市场；在允许农民保留农村各类产权进城的前提下，开放公平自由的劳动力就业市场，有利于建立城乡基础设施统一建设机制，统筹城乡基础设施一体化，让乡村分享城市文明更多硕果，有效解决劳动力二元就业问题；有利于完善城乡一体化管理体制，整合行政管理资源，以农村为管理新空间，建立面向城乡的服务型、法制型政府，有效解决政府对农村投入不足问题；有利于完善教育管理制度，加大对农村教育的投入，使城市、农村教育一体化，农村也享有良好的教育资源，有效解决教育不公的问题；有利于完善社会保障制度，加大对农村社会保障的投入，建立惠及城乡的新型社会保障制度，能有效解决城乡社会保障不公等问题。最后，新型城镇化走的是一条推进户籍、保障、就业等综合配套体制改革之路，改变了过去重单项突破的发展道路，从而有利于打破过去城乡二元分割和要素单项流动的被动局面。

三、全面建设小康社会的现实要求

（一）城镇化是全面建设小康社会的必由之路

推进城镇化进程既是全面建设小康社会的重要途径，也是一项重要目标和任务。首先，城镇化通过生产要素的集聚产生市场集聚效应和规模效应，有利于资金、技术等要素加速传递，从而推动工业化进程。随着城镇的发展，可以对基础设施、建筑业、房地产业和生产生活服务等产生巨大而持久的需求，形成投资与消费两旺的局面，有助于扩大内需，保持国民经济持续快速增长。其次，城镇化有助于发展第三产业，增加社会就业。而只有充分就业，才能确保小康社会目标实现。按照"配第—克拉克"定理，第三产业在工业化的后期，就业人数会超过第二产业，对人类活动积聚的要求，也高于第二产业。也就是说，在全面建设小康社会的过程中，扩大就业关键在于第三产业的发达程度，而第三产业的发展又取决于城镇化及其创造的就业机会。因此，城镇化是全面建设小康社会的必由之路。再次，城镇化有利于农村的繁荣和发展。是否达到小康水平是以"木桶原则"的短板来衡量的。目前，农业、农村和农民发展滞后是突出短板，只有农民收入提高、生活富裕，农村社会经济繁荣发展起来，才能实现小康，而破解"三农"难题的根本途径就在于城镇化。

（二）传统城镇化道路制约全面建设小康社会的目标实现

传统城镇化发展道路在速度和质量上的滞后与不足制约着经济社会协调发展，阻碍了全面建设小康社会的目标实现。传统城镇化发展道路的不足首先表现在发展速度上的滞后。据 2011 年国家统计局公布的统计数据显示，目前中国仍有近 50% 的人口生活在农村，除了现有 600 多个大中城市之外，全国 2 800 个县、市大部分人口规模不足，还有 19 000 多个建制镇，平均人口规模也不到一万人。目前，中国的城镇化率为 51.27%，而发达国家平均城镇化率为 75%，较低的城镇化水平必然阻碍中国经济社会的全面协调发展，不仅影响到 6.5 亿农村人口的生活水平和生活质量，影响到农业生产效率的提升，还影响到整个国家的全面协调可持续发展，制约着全面建设小康社会的目标实现。传统城镇化发展道路不足的另一个突出表现是质量上的滞后。目前，我国的城镇化呈粗放式发展，城镇化整体发展质量偏低，农村、农业现代化程度不高，城乡收入差距有进一步扩大的趋势，生态资源环境保护形势严峻，人地矛盾不断凸显，传统城镇化道路在发展质量上的明显不足也影响着全面建设小康社会进程的推进。

（三）新型城镇化是全面建设小康社会的有效途径

新型城镇化是以人为本的，全面、协调、持续的城镇化，走新型城镇化道路有效提升了城镇化的速度、质量和水平，切实推进了全面建设小康社会的进程。走新型城镇化道路是解决"三农"问题的根本出路。推进新型城镇化，有利于加快农村剩余劳动力有序转移，有利于增加农民收入，有利于农村繁荣发展，有利于农业现代化的建设。新型城镇化是保持城市持续健康发展强有力的助推器，推进新型城镇化有利于产业结构的优化升级，有利于第三产业的发展壮大。走新型城镇化道路也是现代文明向农村传播的根本途径，推进新型城镇化，用城市文明影响农村文明、改造农村文明，带动农村文明，也是促进农村社会进步，统筹城乡发展的现实要求。

四、中国特色城镇化的路径创新

（一）中国城镇化发展路径的持续探索

城镇化是世界各国现代化发展的必由之路，特别是对于中国这样一个人口众多的发展中农业大国来说，城镇化发展的重要性更加突出、明显。20与21世纪之交，中国提出了要走中国特色城镇化道路的重大战略。但是，应该说，对于走中国特色城镇化的道路探索由来已久。中国特色的城镇化道路思想可以追溯到20世纪50年代。新中国成立之初，作为一个传统农业大国，农村人口占全国人口的80%以上。在当时小农经济的条件下，农村所产粮食的增长速度远远跟不上需求的增长速度。既要解决庞大的农村劳动力转移问题，又要尽量缩短这一进程，就不能走西方国家的老路。立足当时国情，中国逐渐形成了"工业化带动城镇化"、"就业消化农民"的思路。这些思路标志着中国特色城镇化道路的发端，对于以后中国的城镇化道路影响深远。

改革开放后，中国特色城镇化道路的思想丰富起来。首先，改革开放为中国特色城镇化道路找到了动力，大力发展生产力为中国特色城镇化道路提供了物质基础和社会环境，并逐步激活了农村工业化与农村城镇化之间的互动关系。走中国特色城镇化道路的思想在这一时期开始萌芽。此后，城镇化发展战略问题备受关注，如何统筹城乡经济，全面发展建设的农村成为工作重点。全国各地都开始大力发展乡镇企业，为城镇化奠定了坚实的物质基础。同时，积极发展中小城镇成为这一时期城镇化发展的主要特点，中国城镇化水平得到了快速提高，中国特色城镇化道路思想在这一时期也得以丰富和发展。进入 21 世纪的新阶段，在深刻分析国际国内形势、全面把握中国经济社会发展阶段性特征的基础上，从党和国家事业发展的全局出发，中央作出了推进中国特色城镇化道路的重大决策，明确指出：走中国特色城镇化道路，按照统筹城乡、布局合理、节约土地、功能完善、以大代小的原则，促进大中小城市和小城镇协调发展。

（二）新型城镇化是中国特色城镇化的路径创新

随着中国特色社会主义现代化发展的不断深入，计划经济时代的城镇化发展路径和改革开放前期传统的城镇化发展路径的局限性，使其已不能适应社会主义现代化建设的需要，其他国家的城镇化发展路径的非根植性，也不适应中国的发展需求。在这一形势下，中国特色城镇化的路径创新势在必行。在中国城镇化发展道路和发展路径的持续探索和不断拓展过程中，走中国特色城镇化道路的思想也在不断丰富完善，新型城镇化发展思路应运而生。新型城镇化是中国特色城镇化的路径创新，体现在新型城镇化坚持大中小城市和小城镇协调发展上，实行的是农村城镇化道路、区域城镇化道路和城市现代化道路三路并举的城镇化发展路径，是根据不同地区的经济发展状况来选择适合于自身特点的发展路径，走的是多元化发展之路，新型城镇化的提出符合新时期新阶段对于城镇化发展质量和发展水平的要求。由此可见，新型城镇化正是中国特色城镇化的路径创新。

第三节　新型城镇化的相关研究进展

近年来，诸多学者对新型城镇化展开了相应研究，在新型城镇化的概念、内涵、发展路径、发展动力、综合测度等方面都推出了一批相关研究成果。对新型城镇化的现有研究成果进行梳理、总结，不仅可以作为深化相关研究的借鉴和参考，而且对于更加科学、系统、深入地认识、把握与推动新型城镇化进程都具有重要意义。

一、新型城镇化研究现状

新型城镇化的提出，是针对传统城镇化发展过程中出现的城市规划管理水平落后、交通拥挤、环境污染、城市发展与工农业发展不协调、城市发展缺乏特色等现象提出的，目的是要在城镇发展过程中避免过去出现的问题，利用现代化的规划、思维和路径走出一条新的城镇化道路。

（一）关于新型城镇化概念、内涵和体系的研究

新型城镇化的"新"主要是指要由过去片面注重追求城市规模扩大、空间扩张，改变为以提升城市质量、突出文化特色和现代公共服务等内涵为中心，走现代化、集约化和可持续发展之路，真正使城镇成为具有较高品质的宜人宜居之地。目前，相关的概念和提法主要包含"新型城镇化"、"新型城市化"、"中国特色的城镇化"三种。

1. 新型城市化

目前，对于新型城市化的认识主要有三种代表性的观点：

第一种观点认为："新型城市化是体现为政治、经济、文化、社会'四位一体'的城市化，集约发展、统筹发展、和谐发展的城市化，坚持以人为本的城市化。"[1]

---

[1]　王永昌：《坚持走新型城市化道路　合力提升城市综合竞争力》，《中国发展》2007年第1期。

　　第二种观点认为，新型城市化是人口向城市转移，使城市结构发生变化。"在继续推进人口转移型城市化的同时，大力推进结构转换型的城市化，这样的城市化道路，可以称之为新型城市化道路。"[①]"城市化包括三个内容：一是城镇数量和城镇人口逐渐增加而农村人口相对减少；城镇人口在全国和区域总人口的比重不断上升，农村比重相应下降。二是城镇的形态和分布，由各自独立的状况变成联系密切的城镇系统。三是城市物质文明和精神文明不断扩散，农村居民的生活方式日益接近城市居民。"[②]

　　第三种观点认为城市化应当是推动农村发展的城市化。过去有观点认为，城市化主要是建设城市和发展城市。但党的十六大报告把全面繁荣农村经济与城镇化结合在一起，十六届五中全会也提出建设新农村。因此，"我们应当把城市化建设的重点放在农村。这也可以说是反弹琵琶。城市化应当是推动农村发展的城市化。完整意义上的城市化的科学含义，一个层次是农村人口转化为城市人口，另一个层次是转入城市的那部分人的生存条件、生活方式、生活质量等的城市化。前一层次的城市化含义是形式，后一层的城市化含义是内容。我们应当把评价城市化标准的重点放在后一层次上。由于农民和农村是城市化的重要对象，考察中国的城市化还应包括农村居民生存条件、生活质量、生活方式在城市化过程中的提升，即逐步向城市靠近"[③]。

　　可见，新型城市化研究者已经抛弃了以前关于城市化就是人口城市化这一观点，提出了新型城市化的新概念，如有形城市化、无形城市化、外延城市化、内涵城市化和人口转移型城市化、结构转换型城市化等。

　　2. 中国特色的城镇化

　　随着城镇化进程的加快推进，人们开始不断反思城镇化进程中的问题，对走何种城镇化问题不断进行探索创新。2002年，中国共产党第十六次全国代表大会明确提出："坚持大、中、小城市和小城镇协调发展，

---

① 程必定：《新型城市化与城市群——中部崛起之路》，《城市》2007年第10期。
② 虞锡君：《正确处理城乡一体化进程中的五个基本关系——以浙江嘉兴为例》，《嘉兴学院学报》2005年第17期。
③ 许经勇：《新型城乡关系的基础——新农村与城市化融为一体》，《山西师大学报（社会科学版）》2006年第5期。

走中国特色的城镇化道路。"中央还指出:"发展小城镇是带动农村经济和社会发展的一个大战略,有利于乡镇企业相对集中,更大规模地转移农业富余劳动力,避免向大中城市盲目流动,有利于提高农民素质,改善生活质量,也有利于扩大内需,推动国民经济更快增长。"十七大报告进一步将"中国特色城镇化道路"作为"中国特色社会主义道路"的五个基本内容之一正式提出。

随着中国特色城镇化道路的提出,社会各界对"特色"二字争论较多,对特色城镇化的内涵也较多地讨论和阐述。争论主要围绕走城镇化道路应该以谁为重点展开。还有学者针对我国东中西三大地带的差异提出了城镇化的梯度推移论:东部注重大都市带质量,中部注重培养中型城市规模,吸纳农村人口,西部重点发展小城镇,保护生态环境。市场导向论认为应将发展谁,即发展东部还是西部、发展大城市还是小城镇交给市场,由市场抉择,认为建立完善的市场机制是解决问题的关键。

这些争论都是试图从不同角度探讨通过什么样的"特色"来解决中国城镇化面临的问题和矛盾,即农村剩余劳动力过多同基础设施、资金、城镇普遍承载力、城镇吸纳能力等之间的矛盾。辜胜阻指出,中国的城镇化道路"特"在四个"双重",即农业经济向工业经济的转型和计划经济向市场经济的转型;人口城市化和农村城镇化双重城镇化方向;政府推动和市场拉动双重驱动力;自上而下和自下而上的双重发展思路以及农民工流入和本地市民共同形成的双重推动主体①。关于"中国特色",简新华在《论中国特色的城镇化道路》一书中认为,除了工业化、现代化、信息化等共同推进外,还应该强调城镇发展要多元化、据点式和网络式城镇化相结合,大中小城市和小城镇协调发展、市场导向、政府发动型城镇化与民间自发型城镇化相结合,自上而下与自下而上相结合,城市发展方式多样化,走提高城镇化内涵的路子。黄留国认为中国特色的城镇化就是要坚持以科学发展观为主导思想,坚持以人为本、区域协调、城乡互动发展、经济和社会协调发展、人与自然和谐相处的特色。他还认为要探索出一条属于中国自己的城镇化道路,并指出要实现这样一条道路需要在户籍制度、

---

① 辜胜阻等:《中国特色城镇化道路研究》,《中国人口·资源与环境》2009 年第 1 期。

收入分配制度、社会保障等方面不断完善和创新，以此来规范城镇化的发展方向①。

综合各种观点，中国特色城镇化道路的内涵应该综合考虑我国城镇化历史进程、现状特征和我国融入当前全球一体化之后来自整个国际的新要求等影响。中国特色城镇化道路的实质在于强调因地制宜、实事求是，在城镇化进程中不断与时俱进，坚持新型工业化和信息化，坚持市场主导、政府引导，紧抓特色，还应该在全球背景下适应时代发展，在发展中不断融入统筹城乡、现代化、生态化、多样化、层次性等发展理念，根据各地实际，大中小城市和小城镇逐层展开、层层推进，不断促进城镇化健康发展。

3. 新型城镇化

纵观新中国城市化的历程，在总结传统城镇化经验和教训的基础上，提出了新型城镇化的概念。从传统城镇化理念到新型城镇化理念的转变，虽然只有一词之差，但包含的内容却大不相同。随着我国专家、学者对新型城镇化的研究日益深入，各地纷纷进行了实践探索，新的理念逐渐被人们接受和认可。但是至今关于新型城镇化的定义还没有完全统一，主要包括如下几种观点：

吴江等认为，新型城镇化主要是指以科学发展观为统领，以新型产业以及信息化为动力，追求人口、经济、社会、资源、环境等协调发展的城乡一体化的城镇化发展道路②。彭红碧、杨峰认为，新型城镇化是以科学发展观为引领，发展集约化和生态化道路，增强多元的城镇功能，构建合理的城镇体系，最终实现城乡一体化发展③。余学友认为，新型城镇化就是着眼解决"三农"问题，以城乡统筹为结合点，以城乡一体化为切入点，坚持以工促农、以城带乡、城乡统筹发展，推动城镇生产要素和产业链条向农村延伸、基础设施和公共服务向农村覆盖，逐步实现农民就业城镇化、农村基础设施城市化、生活服务社区化、城乡经济社会融合发展的

---

① 黄留国：《中国特色城镇化道路：模式、动力与保障》，《郑州大学学报（哲学社会科学版）》2011 年第 5 期。

② 吴江、王斌、申丽娟：《中国新型城镇化进程中的地方政府行为研究》，《中国行政管理》2009 年第 3 期。

③ 彭红碧、杨峰：《新型城镇化道路的科学内涵》，《理论探索》2010 年第 4 期。

城镇化道路①。张占仓认为，新型城镇化是相对传统城镇化而言，是指资源节约、环境友好、经济高效、文化繁荣、社会和谐、城乡互促共进、大中小城市和小城镇协调发展、个性鲜明的城镇化②。

2011年9月，国务院通过《关于支持河南省加快建设中原经济区的指导意见》。河南省以此确立了不以牺牲农业和粮食、生态和环境为代价，以新型城镇化为引领的三化协调科学发展之路。随后，河南省第九次党代会报告中对新型城镇化进行了表述，具体为："新型城镇化是以城乡统筹、城乡一体、产城互动、节约集约、生态宜居、和谐发展为基本特征的城镇化，是大中小城市、小城镇、新型农村社区协调发展、互促共进的城镇化。"

从上面的表述中也可以看出，"新型城镇化"在层级体系上和"新型城市化"是有所区别的。很多地区提出的新型城镇化规划都将小城镇和新型农村社区也纳入了体系当中。河南省根据自身情况，提出了建设国家区域性中心城市、地区中心城市、县域中心城市、中心镇、新型农村社区五级城镇体系；天津也提出了按新城、中心镇、一般镇、中心村、基层村五个层次构建现代化城镇体系；浙江提出长三角区域中心城市、省域中心城市、县（市）域中心城市、重点镇和一般镇构成的五级城镇体系，等等。与此类似的，上海、重庆、西安等地市提出了四级城镇体系，也将小城镇纳入了新型城镇化的体系当中，一些地区也包含了新农村社区。从中也可以看出，新型城镇化包含了更丰富的多层次城镇体系，更加强调城乡统筹协调发展。

（二）关于新型城镇化与新型工业化关系的研究

发达国家经济社会发展的经验表明，工业化是城镇化的基础，城镇化是工业化的载体；工业化创造供给，城镇化创造需求。工业化与城镇化是实现现代化的必由之路，二者互为因果、相互推动。"工业化与城市化运动的辩证逻辑表明，工业化是内容，城市化是形式，工业化的特点决定了

---

① 余学友：《新型城镇化带动"三化"协调发展的思考与建议》，《安阳日报》2011年5月15日。

② 张占仓：《河南省新型城镇化战略研究》，《经济地理》2010年第9期。

城市化的形态；工业化与城市化运动的现实经验表明：二者的协调推进并不是指二者同比例、等速度的发展，而是有一范围。在我国，既然作为内容的工业化由传统工业化向新型工业化演进，那么作为形式的城市化也应向新型城市化发展；同时，作为形式的城市化对作为内容的新型工业化有反作用。"[1]

新型城市化与新型工业化、市场化相关联。"经济体制向市场化转轨和发展战略转向新型工业化，既奠定了城市化的体制基础，也强制解构了与传统工业化、城市化相依存的制度安排，诱致与新型工业化、城市化相匹配的制度安排，进而实现了中国城市化的路径替代。"[2]刘艳婷分析了四川省提出的"两化互动"战略，并指出："要统筹谋划和协调推进新型工业化新型城镇化互动发展，避免不同步、不协调所造成的各种经济社会问题。从国内外发展实践看，如果工业化超前于城镇化，由于缺乏相应的城市配套设施，就会出现交通拥挤、资源短缺、环境污染、房价暴涨等城市病；反之，如果工业化滞后于城镇化，由于缺乏相应的产业支撑，就必然会出现城市空心化，大量贫民窟和社会治安环境恶化等问题"。余华银、杨烨军对安徽新型工业化与城市化的关系进行了研究，认为"新型工业化的核心理念是以科技含量高、经济效益好、资源消耗低、环境污染少、充分发挥人力资源优势为特征。城市化进程的加快将为新型工业化提供其发展所需要的资本和市场。同时，城市化的进一步完善提供了更好的公共基础设施，从而使城市成为我国新型工业化发展的强力支撑。"[3]在实证研究方面，郝华勇构建涵盖新型工业化与城镇化内涵的综合评价体系，引入协调发展度综合评价二者协调发展水平。通过定量分析，发现我国 30 个省区新型工业化与城镇化协调发展水平普遍不高，且空间格局呈现东部高于全国水平，中部、东北、西部均落后于全国水平[4]。冉启秀、周兵利用钱

[1] 陈永国：《新型工业化与新型城市化协调推进的逻辑》，《技术经济》2005 年第 9 期。

[2] 季小立、洪银兴：《体制转轨、发展战略转型与中国城市化路径替代》，《天津社会科学》2007 年第 4 期。

[3] 余华银、杨烨军：《安徽新型工业化与城市化关系研究》，《财贸研究》2007 年第 1 期。

[4] 郝华勇：《我国新型工业化与城镇化协调发展空间分异与对策》，《广东行政学院学报》2012 年第 2 期。

纳里标准法，以重庆市全国统筹城乡综合配套改革试验区为例研究发现，重庆市及其各个区县工业化和城镇化发展不协调，从事农业生产而没有在第二、三产业就业的人口也聚集在城镇造成城镇化率偏高，而绝大多数区县工业化发展又没有推动城镇化进程。朱烨分析了新型城市化和产业结构变迁之间的互动关系，认为产业结构的变迁、升级推动了新型城市化和城乡一体化，新型城市化反过来通过劳动力、信息等资源的传递转移促进了产业结构由粗放低效向集约高效的发展①。耿明斋探讨了中原经济区以新型城镇化为引领的三化协调科学发展之路。他通过分析工业化和城镇化的关系，指出"以新型城镇化为引领"是对中原经济区战略理解的升华，彻底厘清了三化之间的关系，就是以新型城镇化为切入点，通过破解城镇化难题实现三化协调发展，并探讨了如何以新型城镇化引领的问题②。

由此可见，在推动新型城镇化以后，学术界对于新型工业化和新型城镇化之间的分析，与传统工业化和城镇化相比纳入了更多关于生态宜居、节约集约、环境保护、产业升级换代等因素，但是更为深入的内在互动机理和定量分析技术还有待继续探讨。

（三）关于新型城镇化和"三农"问题的相关研究

一直以来，由于我国的城镇化率比较低，农村人口比重过高，严重制约了工农业发展、农民增收等问题。城镇化都被认为是改变城乡二元结构，实现城乡协调发展的一个必然选择。城镇化通过农村人口往城市的转移，一方面能够为农业的集约化、规模化发展提供空间，另一方面有利于促进农民增收，提高农业现代化发展。同时，还有利于农民感受现代都市文明，提高农村教育水平、农民文化程度等。伴随着城镇化发展的新阶段，小城镇和新农村社区被纳入新型城镇化体系当中，学术界关于新型城镇化和"三农"问题的研究，主要集中于城乡一体化、新农村社区、就地城镇化等问题上。

---

① 朱烨：《新型城市化与产业结构的互动性关系研究》，硕士学位论文，西北大学经济管理学院，2010年，第7页。
② 耿明斋：《对新型城镇化引领"三化"协调发展的几点认识》，《河南工业大学学报（社会科学版）》2011年第4期。

　　曲凌雁、冯春萍探讨了新农村建设与新型城市化发展道路，认为"新农村建设与新型城市化道路相辅相成，新农村建设将从根本上改变农村社会内涵，消除城乡二元社会差别，为新型城市化道路提供必要准备"[1]。鲁鹏认为，新型城镇化的构成体系当中包含了卫星城市、中心镇和中心村，要在城市建设的基础上加强卫星城和新农村建设。其次，要将新型城镇化提升到国家战略，实行国家统筹，国家和各级地方的农村建设资金要向中心镇和中心村倾斜。城乡统筹的交通、通讯环境等基础设施，以及科教文卫等资源要向中心镇和中心村倾斜[2]。张建军认为解决我国"三农"问题的根本出路在于以农村城镇化带动新型工业化发展，同时要配合一系列的诸如农村社会保障制度、土地制度改革、户籍制度改革、金融机构改革等配套措施，在城镇大力发展以新型工业化为主导的非农产业，并逐步转移那些不需要土地并有愿望和能力的农民进入非农产业[3]。杨世松认为，村庄合并、建设新型农村社区推动了土地集约化利用、"三农"投资的合理分配。新型农村社区的建立，不仅迅速改变了农民的居住条件和生活水平，而且必然伴随着农民生产和生活方式的改变，引起农民思想观念的转变。但与此同时，新型农村社区建设要坚持因地制宜、分类指导，充分尊重农民意愿，以民生为本，强调产业支撑，强调规划先行。

（四）关于新型城镇化发展方式和道路的研究

　　关于新型城镇化的发展方式和道路，国内外都有一些研究。有学者对美国城市化道路进行了研究，认为美国城市化道路研究有两派：芝加哥学派和洛杉矶学派。"基于工业城市发展而阐发的、推崇单核城市发展的'芝加哥学派'让位于力主多中心的'洛杉矶学派'的现象可为借鉴。现在，北京已经突出地感受到单核发展的约束、限制以及压力，其他大城市迟早也将面临这一问题。如果能在这些单核城市发展过程中尽早向多中心格局过渡，同时防止地方政治零碎化倾向，当有助于优化区域经济资源配置，

---

① 曲凌雁、冯春萍：《新农村建设与新型城市化发展道路》，《未来与发展》2007 年第 1 期。

② 鲁鹏：《新型城镇化：解决三农问题的根本出路》，《山东省农业管理干部学院学报》2010 年第 1 期。

③ 张建军：《农村城镇化带动新型工业化的"三农"问题研究》，《长白学刊》2008 年第 5 期。

大幅度提高城市化的社会经济效益，减少浪费，少走弯路。"①

探索正确的城镇化发展道路，寻找合适的方式，制定适当的战略是城镇化过程中的关键性问题。选择一条适合本地区情况，有利于经济、社会、环境协调发展的城镇化道路是中国各地城镇化发展的重要课题。然而，学术界在如何选择具有中国特色的新型城镇化发展道路上有着很多看法。目前主要有以下几种观点："三模式论"，即小城镇发展方式、大城市发展方式、中小城市发展方式；"四模式论"，即大城市或大中城市发展方式、小城镇发展方式、中等城市或中小城市发展方式、大城市和小城镇"双轨型"方式；"五模式论"，即大城市发展方式、小城市发展方式、中等城市发展方式、"双轨型"的发展方式、县域小城市和乡镇工业发展方式。不同的城镇化路径都具有一定的合理性。但是应该看到，随着我国经济持续快速发展，城镇数量和城镇化率在不断提高。在新型城镇化进程中，大城市虽然在城镇化中具有得天独厚的优势。但随着人口的过快流入，大城市有限的资源已经与人口的快速增长产生矛盾，影响了大城市的可持续发展，逐渐在出现"城市病"。中等城镇与大城市及小城镇相比具有自己的比较优势，在吸纳农业人口、发挥承接城乡等方面有着独特的作用，因此我们认为，新型城镇化应该走多层次城镇体系协调发展的路径。

此外，还有学者和机构根据新型城镇化的不同内涵，针对一些地区的特点提出土地集约型、绿色生态型、生态宜居型等的新型城镇化路径。这些都代表着不同城市的不同特征，也正反映出了新型城镇化以人为本、因地制宜的特点和内涵。

（五）关于新型城镇化过程中政府作用的研究

在城镇化的进程中，一般有两种发展动力：一种是自下而上的推动，即靠市场机制的作用来实现城镇化的目的；另一种是自上而下的推动，即在政府主导下、靠行政力量来配置资源以实现城镇化。

一些学者认为，新型城市化是科学城市化、中国特色城市化。新型工业化主要靠市场，市场发挥对资源配置的基础性作用，政府弥补"市场失

---

① 王旭：《20世纪美国城市空间结构的变化及其理论意义》，《南通大学学报（社会科学版）》2006年第4期。

灵"之不足。"国际经验说明，城镇化过程如果完全由市场机制来调节，会出现各种各样的城市病。"① 目前社会主义市场经济体制已在中国确立，市场已在资源配置和社会经济运行中发挥着基础性作用，所以中国特色的新型城镇化道路在动力选择上，既不能走老路，完全由政府主导，也不能照搬外国的模式，完全依赖市场来实现城镇化，而"只能选择由市场推动、政府导向、政府发动型城镇化与民间发动型城镇化相结合、自下而上城镇化与自上而下城镇化相结合的方式"②。既发挥政府必要的调控作用，又要充分利用民间的巨大潜力和市场促进效率提高的优势，在三者的良性互动中实现城镇化的健康发展。

新型城镇化就是要在新的历史阶段推进城镇化的过程中，避免传统城镇化所出现的问题和弊端，实现资源节约、环境友好、经济高效、文化繁荣、社会和谐、城乡统筹等方面的特征。因此，政府要在发展思路、基础设施建设、生态保护、环境治理、体制机制等方面发挥主导作用，学术界对此也有大量的研究。张英洪以北京为例，指出在推进新型城市化道路中，政府要做到合理的空间布局，加强规划引导；维护农民利益，善待外来人口，破除城乡二元机制和人口流动障碍，创新和完善社会保障机制；优化产业结构和布局，大力发展民生产业；转变经济发展方式，保护绿色生态景观，提升生态涵养；与时俱进，推进民主法治建设③。王倩和侯红昌在中原经济区建设的背景下，分析了政府在推进新型城镇化的过程中需要厘清的八大关系④。

（六）关于我国各地新型城镇化实践探索的研究

随着新型城镇化在全国范围内全面展开，很多地方都根据自身的经济社会状况、地理资源禀赋，以及发展基础、发展特点，提出了符合地方实际的新型城镇化道路。一些学者也对这些探索进行了归纳和分析，以希望

---

① 辜胜阻、刘传江:《人口流动与农村城镇化战略管理》，华中理工大学出版社 2000年版。

② 简新华:《走好中国特色的城镇化道路——中国特色城镇化道路研究之二》，《学习与实践》2003 年第 11 期。

③ 张英洪:《走新型城市化道路的几点思考》，《农业工程》2012 年第 1 期。

④ 王倩、侯红昌:《推进新型城镇化建设中的八大关系辨析》，《中州学刊》2012 年第 5 期。

从中提炼出一些经验和启示。就现有成果而言，有一些研究从省域层面的实践经验着手，主要是分析了某些省区推进新型城镇化的指导思想、战略、路线和方式；有一些文献则从地方的新型城镇化独特经验着手，总结了地方因地制宜，根据自身特色推进新型城镇化发展的独特经验，分析了推进新型城镇化过程中的一些具体创新和举措，具有比较突出的借鉴意义。

1. 对部分省区推进新型城镇化战略的总结

在现有文献中，有一批研究成果主要针对不同省市在推进新型城镇化进程中所提出或制定的相关发展战略进行总结分析。例如，湖南省长株潭城市群作为"全国资源节约型和环境友好型社会建设综合配套改革试验区"，发展以低能耗、低污染、低排放为主要特征的低碳经济，是长株潭城市群推进"两型社会"以及新型城镇化建设的需要。转变传统的经济发展模式和发展低碳经济，在低碳路径下推进新型城镇化建设将是长株潭城市群在国内区域经济发展中的一个亮点。由此确定了以城市群为主体形态、以特大城市为依托、大中小城市和小城镇协调发展的新型城市体系，并以此推进长株潭和"3+5"城市群建设。加强区域中心城市建设，注重发展壮大省际边界地区中心城市，注重县城和中心镇扩容提质，充分发挥小城镇在联结城乡、辐射农村、扩大就业中的重要作用。①

广西北部湾经济区城市群是我国"十二五"规划纲要中"两横三纵"城市化战略格局重点发展的城市群之一，与珠江三角洲地区新兴的沿海城镇绵延相连同在一纵向格局。广西北部湾经济区将城镇化和新农村建设相结合，形成三大产业有机联系的产业链、产业网络等。将广西北部湾经济区中心城区及北海、钦州、防城港城市群融入东盟各国的城市群、城市带和城市圈中，并与东部城市群相呼应，形成各城镇之间的有机联系和合理分工与协作。体现绿色和低碳的城镇化，实现人与自然、生态环境的协调，实现政府运营中的绿色和低碳，企业生产管理中的绿色和低碳，居民

---

① 唐娅娇、李晓燕：《低碳路径下推进长株潭城市群新型城镇化的思考》，《特区经济》2011年第7期。

工作、生活和出行的绿色和低碳。[①]

在中原经济区建设的背景下，河南省提出了新型城镇化引领的三化协调科学发展之路。以新型城镇化为切入点和着力点，通过破解城镇化难题来引领三化协调发展，以新型城镇化引领来厘清城镇化、工业化和农业现代化之间的关系。河南省第九次党代会上的报告中指出，新型城镇化是以城乡统筹、城乡一体、产城互动、节约集约、生态宜居、和谐发展为基本特征的城镇化，是大中小城市、小城镇、新型农村社区协调发展、互促共进的城镇化。把新型农村社区纳入城镇框架，构建国家区域性中心城市、地区中心城市、县域中心城市、中心镇、新型农村社区五级城镇体系。在中原城市群建设上，构建以郑汴新区为中心、洛阳为副中心，其他省辖市为支撑，大中小城市相协调，功能明晰、组合有序的城市体系。促使中原城市群成为功能完善，可持续发展潜力大，城乡一体化发展的现代化城镇密集区。将中原城市群建成全省对外开放、承东启西、联南通北的主要平台，形成中西部地区经济发展的重要增长极。

此外，湖北、江西、河北、安徽、山东、广东等省也都结合本省省情提出了各自的新型城镇化道路，并进行了一定的探索。上述各省的实践，探索了符合中国国情的新型城镇化路子，也为其他省份走新型城镇化路子积累了经验。从理论意义角度看，这丰富和完善了城镇化理论和研究的内容，开拓了城镇化理论研究的新领域，为搞好城镇化建设走好新型城镇化道路提供了理论指导。从实践意义角度看，一是有利于解决目前我国城镇化进程中产业经济布局不合理，城镇职能缺失、功能弱化，城镇产业经济结构和一些城镇缺乏产业经济支撑的问题；二是有利于各级政府制定和实施更加符合当地实际的城镇化政策和产业经济布局政策，促进城镇化、工业化和农业现代化协调发展。

2. 对部分省区因地制宜推进新型城镇化的经验总结

这类研究主要着重于对某些省区现有的新型城镇化发展举措及相应发展成效进行总结分析。例如，于澄、陈锦富总结了湖北省在建设"两型社会"试验区，以及推进资源和环境为导向的城镇化过程中采取的一些举措

---

① 杨迪裕：《广西北部湾经济区新型城镇化发展途径研究》，《学术论坛》2012年第6期。

和体制机制创新，并指出改革的切入点在于土地使用、户籍、行政管理、财税体制四个方面，改革的方向为促进湖北省城镇化数量的持续增长，质量的稳步提升，以此确定改革路径[1]。杜书云、高雅通过总结河南一些传统农区的经验，分析了新型城镇化带动城乡土地资源配置的经验[2]。王键、周润山从青岛市城镇化建设基本情况出发，分析了青岛市推进新型城镇化道路的科学路径，以及探索建立支持重点中心镇发展的财政政策体系[3]。

除了政策和体制机制方面的经验之外，还有一些研究关注一些县区、乡镇的具有自身特色的新型城镇化道路。例如，张敬燕总结了巩义市竹林镇以旅游业为产业支撑，建设新型农村社区，推进新型城镇化，探索三化协调之路的成功经验[4]。陈怡培等总结了江西省"世界自然遗产"三清山地区为了自然遗产保护进行生态移民，并以此为契机推进新型城镇化发展的方式和举措，是一个典型的案例[5]。

（七）关于新型城镇化测度指标体系的研究

通常，评价城镇化水平的方法主要是利用城镇化率，即一个地区城镇人口占地区总人口的比例。这反映了城镇化作为"人口向城市集中的过程"这一特征。有的学者曾对城镇人口占总人口的比重这一指标的计算方法作出修正，试图反映一个地区比较真实的城镇化水平。李文溥和陈永杰利用国民经济中从业人员的就业比重推算总人口中城市化人口比重，还采用非农业人口占总人口的比重作为城市化水平评价指标[6]。赵燕菁指出真正的城市化指标应当建立在分工的基础上。他根据恩格尔系数与商品化程

---

① 于澄、陈锦富：《重构制度支撑，推进新型城镇化——以湖北省为例》，《2012城市发展与规划大会论文集》，2012年。

② 杜书云、高雅：《新型城镇化带动城乡土地资源统筹配置——来自传统农区的经验》，《中国自然资源学会2011年学术年会论文集（上册）》，2011年。

③ 王键、周润山：《发展重点中心镇 降低农民进城门槛——青岛推进新型城镇化的路径探索》，《地方财政研究》2012年第4期。

④ 张敬燕：《以新型城镇化为引领 走"三化"协调发展之路——以巩义市竹林镇为例》，《中共郑州市委党校学报》2012年第1期。

⑤ 陈怡培、马家瑞、宫铭遥：《探究三清山生态移民的途径——基于政府扶持、自主创业与新型城镇化的方式》，《企业导报》2012年第3期。

⑥ 李文溥、陈永杰：《中国人口城市化水平与结构偏差》，《中国人口科学》2001年第5期。

度（分工水平）相关的特征，提出采用恩格尔系数测度城市规模"深度"的系数。总之，单一指标的角度从某个主要方面来描述城市化水平，而没有从系统和全面的角度来反映城市化发展水平[1]。

有些学者考虑到新型城镇化内涵非常丰富，不仅体现了一个地区人口性质的变化，还体现出该地区的经济发展水平、产业结构演变、文化、政治以及人民生活质量的提高等，因而主张采用复合指标法。复合指标法用来衡量城镇化水平的系统研究的著述并不多见，国外比较成熟的有以下几种：第一，联合国经济和社会事务部统计处建立的指标系统采用 19 个社会经济指标来考察各发达国家和发展中国家与经济、社会、人口统计变化之间的关系。第二，英国地理学家克劳克从人口、职业、居住及距离城市中心远近等 16 个指标进行分析，建立城市化的指标系统。第三，美国斯坦福大学社会学教授因克尔斯提出现代化指标体系，该标准作为现代化的标准体系在国际上较为通行。不少国内学者也利用复合指标法对城镇化水平进行研究。欧名豪等提出从空间、经济、人口、生活方式和生活质量方面来考察城市化水平[2]。孙锦和刘俊娥以我国 31 个省级行政区为研究对象，确定了城市化水平综合评价指标体系，共有经济城市化水平指标、人口城市化水平指标、生活方式城市化水平指标、地域环境城市化水平指标四个一级指标，12 个二级指标[3]。陈明星等建立了基于时序数据的城市化水平综合测度评价指标体系，从人口城市化、经济城市化、土地城市化和社会城市化四个方面建立了城市化水平评价指标体系[4]。孙雪从城市发展动力、城乡发展质量、城乡发展公平三个方面 15 个指标建立了新型城镇化指标体系[5]。

就现有研究来看，由于新型城镇化内涵比较丰富，除了人口向城镇集

① 赵燕菁：《专业分工与城市化：一个新的分析框架》，《城市规划》2000 年第 6 期。
② 欧名豪、李武艳、刘向南：《区域城市化水平的综合测试研究——以江苏省为例》，《长江流域资源与环境》2004 年第 5 期。
③ 孙锦、刘俊娥：《中国城市化水平综合评价研究》，《河北建筑科技学院学报》2004 年第 3 期。
④ 陈明星、陆大道、张华：《中国城市化水平的综合测度及其动力因子分析》，《地理学报》2009 年第 4 期。
⑤ 孙雪：《新型城镇化测评指标体系的建立研究》，《地下水》2012 年第 2 期。

中的趋势以外，还包含了以人为本、节约集约、城市文明、城乡统筹、产业协调、生态环境等多方面的特征，因此对于新型城镇化难以确立一个统一的评价标准。其次，相关方面很多数据难以获取，只能进行模糊的评价和测算。再次，在包含了小城镇和新型农村社区的新型城镇化体系之下，如何评价新型城镇化水平也是有待研究的一个问题。

二、新型城镇化研究成果述评

综上所述，尽管近年来我国学者在新型城镇化相关研究方面已经取得大量成果，有了前所未有的突破与成绩，但目前仍然存在着一些不足和缺陷，还有一些问题有待深入分析和解答，这其中主要包括以下几个方面的内容：

1. 学术界关于新型城镇化的理论研究较多，而对于新型城镇化发展实践的调研和案例分析相对较少。这可能与新型城镇化推进时间较短，实地考察对象相对较少有关。已经有一些学者发表了部分研究成果，论述了新型城镇化的发展，及对提升城市综合竞争力的作用等问题[1]。但是对于新型城镇化与城市软实力、城市居民、城市文化、政治结构等多方面的相互影响作用，还有待进一步分析探讨。

2. 对于新型城镇化的发生、发展以及完善、提升的多学科综合研究目前少见报道，现有研究多是从经济学或地理学等单一学科为主来展开，而城镇化是一个涉及经济学、社会学、人口学、地理学等多学科的复杂进程，影响到城乡的经济、社会、文化、生产生活方式等多个方面，相关系统分析和综合研究还有待完善。

3. 针对新型城镇化过程中如何打破城乡二元结构的束缚，如何突破在户籍制度、社会保障、医疗卫生等方面的诸多体制机制障碍等研究成果相对较少，尤其是现实发展急需的、可操作性强的相关政策建议依然缺乏。

4. 新型城镇化和新型工业化、新型农业现代化三化之间的关系还有待

---

① 王永昌：《坚持走新型城市化道路　合力提升城市综合竞争力》，《中国发展》2007年第1期。

深入探讨。国内外有关传统工业化、城镇化和农业发展之间关系的研究已经有了大量的成果，然而，当工业化、城镇化和农业现代化发展到新阶段以后，它们之间的联系和互动会不会出现新的"化学反应"？诸多难题等待解答。

5. 关于新型城镇化定量测度、评价的理论研究与实证分析都比较缺乏。目前，绝大多数现有研究和论著都是定性分析，缺乏定量分析，更少见专门的实证分析。这可能是由于一些指标难以获取，尤其是新农村社区建设等一些工作还在进行中，数据无法获得。此外，新型城镇化内涵当中的一些例如社会文化、生态和谐、政治民主等方面的指标难以准确定量分析。

第三章
新型城镇化与全面建设小康社会

　　全面建设小康社会是我国 21 世纪头 20 年的奋斗目标，也是我国社会主义现代化建设的必经阶段。新型城镇化作为推动经济社会快速发展的强大引擎，作为我国全面建设小康社会和现代化建设的重要途径，在全面建设小康社会和实现现代化进程中，占据着十分重要的位置，发挥着极其重要的作用。当前，在距离实现全面建设小康目标不到八年的时间里，就更需要充分发挥新型城镇化的战略作用，全力推进新型城镇化进程，为全面建设小康目标的实现提供充足动力和重要支撑。

第一节　新型城镇化在全面建设小康社会中的战略地位

　　新型城镇化是我国全面建设小康社会的重要途径，也是全面实现现代化的重要内容。全面小康建设目标能否实现，关键在于新型城镇化的推进程度和实施力度。实施新型城镇化战略，加快新型城镇化进程，对于全面建设小康社会、加快推进我国现代化进程具有重大的现实意义和深远的历史意义。

一、全面建设小康社会的提出

（一）小康社会的提出

　　"小康社会"的概念最早由邓小平同志提出。1979 年 12 月，邓小平在会见日本时任首相大平正芳时说："我们要实现的四个现代化，是中国式的四个现代化。我们的四个现代化的概念，不是像你们那样的现代化的概念，而是'小康之家'。到本世纪末，中国的四个现代化即使达到了某种目标，我们的国民生产总值人均水平也还是很低的。要达到第三世界中比较富裕一点的国家的水平，比如国民生产总值人均一千美元，也还得付出很大的努力……中国到那时也还是一个小康的状态。"1982 年 9 月，党的十二大确定"从 1981 年到本世纪末的 20 年，我国经济建设总的奋斗目标是，在不断提高经济效益的前提下，力争使全国工农业总产值翻两番……实现这个目标，城乡人民的收入将成倍增长，人民物质生活可以达到小康水平"。这是党的全国代表大会首次使用"小康"概念，并将其作为主要奋斗目标和我国国民经济和社会发展的阶段性标志。1984 年 3 月，邓小平在接见日本时任首相中曾根康弘时说："翻两番，国民生产总值人均达到八百美元，就是到本世纪末在中国建立一个小康社会。这个小康社会，叫做中国式的现代化。""小康社会"的概念正式提出。

1987 年 10 月，党的十三大正式将实现小康列为"三步走"发展战略的第二步目标。同时指出，我国现代化建设将取得新的巨大进展，人民群众将能过上比较殷实的小康生活，人民普遍丰衣足食，安居乐业。1990 年 12 月，党的十三届七中全会审议并通过《中共中央关于制定国民经济和社会发展十年规划和"八五"计划的建议》，对小康的内涵进行了详细的描述："所谓小康水平，是指在温饱的基础上，生活质量进一步提高，达到丰衣足食。"在中国共产党的领导下，经过改革开放二十多年的奋斗，到 2000 年我国顺利实现了经济社会发展"三步走"战略的第一、二步目标，一个十二亿多人口的发展中大国不但解决了人民的温饱问题，而且使人民生活总体上达到了小康水平。

（二）全面建设小康社会的提出

面对经济社会发展的新阶段和人民过上更好生活的新期待，2002 年，党的十六大报告进一步提出了"全面建设小康社会"的战略任务。十六大报告指出，"经过全党和全国各族人民的共同努力，我们胜利实现了现代化建设'三步走'战略的第一步、第二步目标，人民生活总体上达到小康水平"。但"必须看到，我国正处于并将长期处于社会主义初级阶段，现在达到的小康还是低水平的、不全面的、发展很不平衡的小康"，因此，必须抓住21世纪头20年这个可以大有作为的重要战略机遇期，"集中力量，全面建设惠及十几亿人口的更高水平的小康社会，使经济更加发展、民主更加健全、科教更加进步、文化更加繁荣、社会更加和谐、人民生活更加殷实"。

同时，党的十六大报告进一步提出了全面建设小康社会的目标：(1) 在优化结构和提高效益的基础上，国内生产总值到2020年力争比2000年翻两番，综合国力和国际竞争力明显增强。基本实现工业化，建成完善的社会主义市场经济体制和更具活力、更加开放的经济体系。城镇人口的比重较大幅度提高，工农差别、城乡差别和地区差别扩大的趋势逐步扭转。社会保障体系比较健全，社会就业比较充分，家庭财产普遍增加，人民过上更加富足的生活。(2) 社会主义民主更加完善，社会主义法制更加完备，依法治国基本方略得到全面落实，人民的政治、经济和文化权益得到切实尊重和保障。基层民主更加健全，社会秩序良好，人民安居乐业。(3) 全民族的思想道德素质、科学文化素质和健康素质明显提高，形成比较完善的现代国民教育体系、科技和文化创新体系、全民健身和医疗卫生体系。人民享有接受良好教育的机会，基本普及高中阶段教育，消除文盲。形成全民学习、终身学习的学习型社会，促进人的全面发展。(4) 可持续发展能力不断增强，生态环境得到改善，资源利用效率显著提高，促进人与自然的和谐，推动整个社会走上生产发展、生活富裕、生态良好的文明发展道路。

(三) 全面建设小康社会的新要求

在党的十六大提出"全面建设小康社会"的基础上，十七大进一步丰富和完善了全面建设小康的内涵，对全面建设小康社会的目标提出了新的更高要求。一是增强发展协调性，努力实现经济又好又快发展。转变发展方式取得重大进展，在优化结构、提高效益、降低消耗、保护环境的基础上，实现人均国内生产总值到2020年比2000年翻两番。社会主义市场经济体制更加完善。自主创新能力显著提高，科技进步对经济增长的贡献率大幅上升，进入创新型国家行列。居民消费率稳步提高，形成消费、投资、出口协调拉动的增长格局。城乡、区域协调互动发展机制和主体功能区布局基本形成。社会主义新农村建设取得重大进展。城镇人口比重明显增加。二是扩大社会主义民主，更好保障人民权益和社会公平正义。公民政治参与有序扩大。依法治国基本方略深入落实，全社会法制观念进一步增强，法治政府建设取得新成效。基层民主制度更加完善。政府提供基本公共服务能力显著增强。三是加强文化建设，明显提高全民族文明素质。社会主义核心价值体系深入人心，良好思想道德风尚进一步弘扬。覆盖全社会的公共文化服务体系基本建立，文化产业占国民经济比重明显提高、国际竞争力显著增强，适应人民需要的文化产品更加丰富。四是加快发展社会事业，全面改善人民生活。现代国民教育体系更加完善，终身教育体系基本形成，全民受教育程度和创新人才培养水平明显提高。社会就业更加充分。覆盖城乡居民的社会保障体系基本建立，人人享有基本生活保障。合理有序的收入分配格局基本形成，中等收入者占多数，绝对贫困现象基本消除。人人享有基本医疗卫生服务。社会管理体系更加健全。五是建设生态文明，基本形成节约能源资源和保护生态环境的产业结构、增长方式、消费格局。循环经济形成较大规模，可再生能源比重显著上升。主要污染物排放得到有效控制，生态环境质量明显改善。生态文明观念在全社会牢固树立。

从此，"建设更高水平的小康社会"成为党和国家的宏伟奋斗目标。当然，这也是党和国家新时期新阶段顺应国内外发展形势新变化、顺应人民群众过上美好生活新期待而作出的重大战略调整。

二、当前全面建设小康社会面临的突出难题

（一）发展不平衡问题较为突出

改革开放以来，虽然我国经济社会发展取得巨大成就，但发展不平衡问题还较为突出，直接影响和制约着全面建设小康社会目标的实现程度与效果。当前，我国发展不平衡问题主要集中体现在两个方面：一是城乡发展的不平衡；二是区域发展的不平衡。从城乡发展看，城乡差距仍然较为显著，突出表现在城乡居民的收入差距、城乡居民的消费差距、城乡基础设施和公共服务的差距。城乡收入差距方面，2010年，农民人均纯

收入与城市居民人均可支配收入之比为 1 : 3.23，而 2000 年二者之比仅为 1 : 2.79，差距又扩大了 0.44 个百分点；如果扣除农民收入中的实物部分、次年投入生产的部分以及将城市居民的福利保障考虑在内，全国城乡居民收入的实际差距为六倍左右。城乡消费差距方面，2010 年，全国农民人均生活消费支出为 4 382 元，比上年增长了 389 元；而同期城镇居民人均消费支出 13 471 元，比上年增加了 1 206 元；两者相差 817 元，差距明显。城乡公共服务方面，新中国成立以后，由于我国实施的城乡二元分割体制，重城市建设，而轻农村建设，再加上农村地域宽广，投资相对较少，导致农村基础设施和公共服务设施建设相对滞后。虽然近年来农村地区基础设施和公共服务设施有所改善，但与城镇之间的差距依然较大。从区域发展来看，2010 年，我国东部、中部、西部和东北地区人均 GDP 分别为 46 354 元、24 242 元、22 476 元和 34 303 元，中部、西部和东北地区仅为东部地区的 52.3%、48.5% 和 74.0%，差距较为显著。同时，四大区域内部差距也很明显，以东部地区为例，2010 年，上海、北京、天津三大直辖市人均 GDP 为 76 074 元、75 943 元和 72 994 元，而河北、海南的人均 GDP 仅为 28 668 元和 23 831 元，差距较为明显。

（二）"三农"问题比较显著

"三农"问题，一直是困扰我国经济社会发展、实现现代化的核心问题。全面建设小康社会战略目标能否实现，关键取决于"三农"问题的解决程度。当前，解决我国"三农"问题还面临诸多难题。其中最为突出的是农民的增收问题、农村的发展问题和农业的现代化问题。从农民增收来看，虽然进入 21 世纪以来，国家相继实施了一系列支农惠农政策，农民的收入有所增加，但增长的幅度一直较低。2000—2010 年间，农民人均纯收入增加了 3 666 元，远低于城镇居民可支配收入的 12 819 元。同时，由于近年来生产资料价格的大幅上涨，农民的农业种植收入增长尤其缓慢，甚至是负增长。此外，虽然近年来农民进城务工收入有所增加，但是这种收入是不可持续的，同时还存在歧视"农民工"、拖欠工资等现象，直接影响农民收入的增加。从农村发展来看，虽然近年来随着社会主义新农村的建设以及投入力度的不断增大，农村的生产生活条件有所改善，但农村发展滞后的问题仍然较为突出，尤其是中西部地区的农村，基础设施和公共服务设施建设滞后、脏乱差等现象特别突出，直接制约着农村的发展和全面建设小康社会目标的实现。从农业现代化来看，虽然国家每年对农业的投入不断增大，但相对于广大农村地区而言，这种投入稍显不足，我国农业基础设施滞后、农业综合生产能力较低、农业产业结构不合理等问题依然突出。因此，在未来不到八年的时间里，有效地解决好"三农"问题，是全面建设小康社会的关键所在。

（三）资源环境约束日益凸显

近年来，随着经济社会的快速发展、城镇化工业化进程的加速推进，我国资源环境的约束日益凸显，直接制约着经济社会的可持续发展和全面建设小康社会的实现。从资源约束来看，伴随着我国经济总量的不断扩大，资源消耗呈刚性增长。但是，从资源储量看，与世界人均水平相比，我国重要资源人均占有量低，淡水、耕地、森林、石油、铁矿石和铝土矿等资源，仅为世界人均水平的28%、43%、25%、7.7%、17%和11%；从国内资源供应看，保障能力有限，"十二五"时期，我国新增能源供给量约八亿吨标准煤，2015年总量约41亿吨标准煤，与各地需求相比有很大差距；从利用国外资源看，一些重要矿产资源对外依存度大幅上升，石油达54.9%，铁矿石达63%，铝矿产达48%，铜精矿达63%；从资源利用效率看，我国矿产资源总回收率只有30%，比发达国家低约20个百分点，单位GDP能耗是日本的4.5倍、美国的2.9倍、世界平均水平的2.5倍。从环境约束来看，目前，我国生态环境总体恶化趋势没有得到根本扭转，一些地方生态环境承载能力已接近极限，水、大气、土壤等污染严重，固体废弃物、汽车尾气、持久性有机物、重金属等污染持续增加。2009年年底，七大水系国控监测断面中，劣五类水质比例为18.4%；国控重点湖泊（水库）中劣五类占34.6%，中度和重度富氧占69.2%；近岸海域中四类、劣四类占17.1%。地级以上城市中空气质量未达到二级标准的城市比例为20.4%；酸雨面积占国土面积的1/3；工业密集区、工矿开采区及污灌区等土壤污染严重。中国环境宏观战略研究显示，我国环境压力比世界上任何一个国家都大，我国环境问题比世界上任何一个国家都突出，我国环境问题的解决比世界上任何一个国家都难。因此，如何破解资源环境约束，有效缓解经济发展与资源短缺的矛盾，有效处理好生产发展与生态环境保护的关系，是当前和未来一个时期值得关注的重大问题。

（四）发展方式转变难度较大

确立将加快发展方式转变作为主线，是关系中国发展全局的战略抉择。能否顺利实现经济发展方式的转变，直接影响和制约着全面小康社会的建设和国家现代化的实现。虽然近年来我国在推进经济发展方式转变方面取得一定成效，但经济发展总体上仍呈粗放发展状态。"GDP 崇拜"在一些地方仍驱之不散，重速度轻效益、重国际市场轻国内需求、重财富增长轻民生投入的现象还在一些领域存在。尤其是，在当前世界经济持续低迷、国内经济增长乏力的情况下，加快经济发展方式转变这个时代的命题、发展的课题、现实的难题，面临前所未有的考验。一是当前我国人均GDP 已超 4 000 美元，从国际经验来看，这个阶段既拥有继续发展的有利条件，也处于发展转型的关键时期和各种矛盾集中爆发的时期，如果不能有效实现经济发展方式的转变，经济增长有可能停滞，进而陷入"中等收入陷阱"。二是在当前国内经济增长比较困难的情况下，国内各地在"保增长"的驱使下，转变发展方式有可能成为一句"口号"。三是在片面追求增长速度的体制机制下，那些经济总量大、增长速度快的地区，自然会受到某种激励，尽管这些地区发展效益、质量并不显著，甚至环境污染严重，但是，在价格形成机制不能真正反映资源稀缺程度和环境代价的背景下，企业总是能够轻易获得廉价生产要素并赚取高额利润，自然不会去想办法转变经济发展方式；在以发展速度和规模论成败的干部考核评价体系下，一些地方表面上把转变经济发展方式摆得再高，也有可能还是紧盯速度，"好"让位于"快"。因此，在当前情况下，加快经济发展方式转变，急需寻找破解之道。

（五）社会事业发展比较滞后

长期以来，相对于经济建设，我国社会事业建设比较滞后，从而产生了一些诸如"上学难、看病难、住房难"等社会问题。这些问题产生的原因主要在于资金投入的严重不足和重视程度的高度不够。目前，全国用于教育、医疗、社保的公共服务支出占财政总支出的比重尽管已经达到了 30% 左右，但与世界上人均 GDP 3 000 美元和人均 GDP 3 000 美元—6 000 美元的国家相比，仍分别低 13 个百分点和 24 个百分点。据卫生部财务统计，政府给各级医院的投入占整个医院收入的比例不足 14%，大多都在 7%—10% 之间，远远不能满足医院发展的需要。同时，一些地方政府重经济建设而轻社会事业发展、重经济发展而轻社会建设的现象依然存在，这直接影响社会事业的发展，从而导致社会事业发展长期滞后于经济发展。尤其是广大农村地区，虽然近年来随着新农合、农村教育补助等措施相继实施，农村社会事业发展状况有所改善，但总体上农村地区的医疗卫生、科技、文化、教育、社会保障等各项社会事业发展水平还普遍较低。此外，我国社会事业发展不平衡问题也比较突出。以文化投入为例，过去的十年间，文化事业费占国家财政支出总额的比重从未超过 0.5%，低于世界上一般国家 1% 左右的水平。而就是这些有限的资金，70% 以上也投向了城市文化建设。而这些投向城市的资金被一些地方政府用于建设大型文化设施，有的成了地方政府的形象工程、面子工程，老百姓很难从中得到实惠。社会事业发展滞后不仅会影响经济的平稳较快发展，而且会带来一些更为严重的社会问题，激发深层次的社会矛盾，给全面建设小康社会和现代化事业带来严重影响，应引起全社会足够的重视。

三、新型城镇化促进全面建设小康社会的重要作用

（一）新型城镇化是破解我国"三农"难题的基本途径

全面建设小康社会的难点和重点在"三农"。"三农"问题始终是我国经济社会发展中迫切需要解决的难题，而解决我国"三农"问题的关键在于推进新型城镇化。加快推进新型城镇化，有利于加快农村剩余劳动力的转移，推动农民的市民化进程，推进土地依法合理流转，实现土地等农业生产资源的整合，提升农业的生产效率，推动农业现代化进程；有利于建立和完善劳动力市场，带动企业向城镇集中，发展第三产业，拓宽农民的就业渠道，实现农民的增收致富；有利于控制人口数量，提高人口素质，促使农民思想观念的转变；有利于统筹推进城乡基础设施和公共服务设施建设，改善农村居住、交通等生活环境，发展农村公共事业，提高农村公共产品供给水平，加快推进农村地区的发展；有利于破解用地刚性需求与保护耕地硬性约束难题，拓宽工业发展与城镇建设的空间，统筹推进工业

化、城镇化和农业现代化的协调发展。因此，加快新型城镇化建设，既是从根本上解决"三农"问题的必然选择，也是全面建设小康社会、加快推进社会主义现代化的必由之路。

（二）新型城镇化是扩大内需的动力引擎

新型城镇化蕴含巨大内需。工业化创造供给，城镇化创造需求。发展新型城镇化，尤其是加快发展中小城市、县城和新型农村社区的城镇化战略是我国最大的内需所在。首先，新型城镇化可以引发消费需求。推进新型城镇化发展，有利于推进农民的市民化进程，变农民消费为市民消费。同时，新型城镇化的发展能够加速农村剩余劳动力的转移，通过农业规模化经营提高农民收入水平，使农村潜在的消费需求变为现实的有效需求。其次，新型城镇化可以刺激投资需求。新型城镇化的发展，有利于加快城镇的交通、供水、供电、通信、文化娱乐等基础设施建设，激发建筑、房地产市场巨大需求，并带动多个相关产业的发展。第三，新型城镇化有利于服务业的快速发展。新型城镇化的发展不仅能够推动以教育、医疗、社保、就业等为主要内容的公共服务发展，也能够推动以商贸、餐饮、旅游等为主要内容的消费型服务业和以金融、保险、物流等为主要内容的生产型服务业的发展。有分析表明，城镇化率每提高 1 个百分点，就能拉动GDP 增长 1.5 个百分点；每增加 1 个城镇人口，可带动 10 万元以上固定资产投资，带动 3 倍于农民的消费支出。因而，新型城镇化是扩大内需的巨大引擎，是全面建设小康社会、加快现代化进程的重要途径。

（三）新型城镇化是促进发展方式转变的强大动力

改革开放三十多年来，我国经济社会发展取得巨大成效，但经济社会发展中仍存在产业结构不合理、过分依靠投资拉动、企业技术创新能力不强、消费需求不旺、资源环境约束日益突出等问题，这些已成为经济发展面临诸多困难的根源。因此，转变经济发展方式已刻不容缓。加快经济发展方式转变，要强化新型城镇化的重要作用。这是因为加快新型城镇化，可以有效提升工业化水平，着力推动现代服务业发展，加快推进农业现代化进程，促进产业结构优化升级，实现经济增长主要由第二产业带动向第一、第二、第三产业协同带动转变；可以切实扩大消费需求，激发投资需求，拉动内需增长，实现经济增长主要由投资拉动向消费、投资、出口协

惠济区长兴路街道南阳寨村新近落成的农民社区

美景天城小区

调拉动转变；可以有效推动技术进步，提高劳动者素质，促进管理创新，实现经济增长主要由增加物质资源消耗向主要依靠科技进步、劳动者素质提高、管理创新转变。同时，新型城镇化蕴含着生态文明的发展理念、包含着绿色发展的重要内容。推进新型城镇化，对于走绿色、低碳、生态发展的路子，实现经济发展方式的实质性转变，加快全面建设小康的进程，具有重要的战略意义。

（四）新型城镇化是推动三化协调发展的重要支撑

工业化、城镇化和农业现代化是全面建设小康的重要途径，也是我国现代化建设的重要内容。推进三化协调科学发展，要发挥新型城镇化的重要作用。这是因为在三化协调发展中，新型城镇化发挥着一头连着新型工业化、一头连着新型农业现代化的纽带作用。加快推进新型城镇化，不仅有利于城镇的内涵式发展，促进城镇的转型升级，提升城镇发展的质量和效益；而且有利于充分发挥城镇集中、集聚、集约效应，吸引和壮大一批能够带动产业升级的龙头项目和骨干企业，吸引和集聚一批科技要素和科技人才，加快和促进金融、现代物流、信息服务等现代服务业的发展，为新型工业化发展提供重要支撑和动力；有利于有效转移农村剩余劳动力，实现由分散家庭经营向适度规模经营转变，促进现代农业生产技术的推广运用，促进农业生产管理方式的转变，增强粮食综合生产能力，推进农业生产的专业化、标准化和规模化，促进农业的现代化进程；有利于以新型城镇化推动新型工业化、带动新型农业现代化，以新型工业化促进新型城镇化、促进新型农业现代化，以新型农业现代化为新型城镇化和新型工业化提供发展空间。因此，推进新型城镇化，对于三化的协调科学发展、对于全面小康社会的建设和现代化进程的推进，具有重大的现实意义和深远的历史意义。

（五）新型城镇化是构建和谐社会的必由之路

城镇化不仅是空间结构转变的过程，而且是社会结构转变的过程；不仅是一种经济现象，也是一种社会现象，具有丰富的社会内涵，是促进社会繁荣稳定的必由之路。加快推进新型城镇化，有利于推进社会主义和谐社会建设。具体来讲，推进新型城镇化，有利于缩小城乡之间发展差距，解决城乡二元结构矛盾，加速推进城乡一体化进程；有利于破解经济社会发展中的诸多难题，促进经济结构转型升级，推进发展方式转变，提升经济发展的质量和效益；有利于优化区域的空间布局，合理划分功能分区，统筹推进城镇建设、人口布局、产业发展和生态环境建设，实现人与自然的和谐发展，提升可持续发展能力；有利于统筹推进经济建设、社会发展、生态环境建设，促进经济、社会、生态和环境的协调发展；有利于统筹推进基础设施和公共设施建设，统筹推进城乡社会事业发展，有效解决"上学难、就医难、住房难、就业难"等民生问题，完善社会公平保障体系和机制，改善居民生产生活条件，实现安居乐业，促进社会和谐稳定。因此，加快新型城镇化，顺应了人民过上更好生活的热切期盼，反映了社会和谐的强烈诉求，是推动社会进步与繁荣、构建和谐社会的重要力量。

第二节　新型城镇化的实践探索

城镇化战略作为推动经济社会发展的重大战略，在我国现代化事业建设中起了至关重要的作用。进入 21 世纪以来，在"走中国特色的城镇化道路"的指引下，全国各地立足自身实际，积极推进城镇化发展道路和方式的创新，相继提出了新型城镇化战略，并取得了一定的成效和经验，为其他地区新型城镇化的发展和我国新型城镇化战略的实施，提供了重要参考和有益借鉴。

一、中国城镇化战略的历史演进

城镇化是推动我国经济社会快速发展的重大战略，是全面建设小康社会和现代化建设的重要内容。然而，在新中国成立以来至改革开放前这段时间，我国城镇化发展是被动地适应经济社会发展的要求，以工业化促进和带动城镇发展的城镇化，是一种"被动型"的城镇化。改革开放后，我国逐渐认识到城镇化战略的重要作用，积极把城镇化发展作为国民经济和社会发展的重大战略，加以重点推进。梳理改革开放以来中央所制定的一些重要文件及相关政策可以发现，我国的城镇化发展主要是以"小城镇战略"为主，直至"十一五"时期，相应的城镇化战略才开始凸显大城市的作用并积极倡导城市群的发展[①]。

（一）改革开放之初至 20 世纪 80 年代的城镇化战略

1978 年，在北京召开的第三次全国城市会议制定了我国城镇化发展的指导方针，即"控制大城市规模，多搞小城镇"。随后，1980 年召开的全国城市规划工作会议第一次明确提出了"控制大城市规模，合理发展中等城市，积极发展小城市"的国家城市发展总方针，并补充了发展中等城市的对策。此后，以小城镇为主导的城镇化战略，正式成为我国经济社会发展的重大战略。"六五"时期，中央又进一步强调，"认真执行控制大城市规模，合理发展中等城市，积极发展小城市的方针"，"新建大中型工业项目，一般不要放在大城市，尽量放到中小城市或郊区"，"特大城市和部分有条件的大城市，要有计划地建设卫星城镇"。"七五"时期，中央提出，"应当根据我国实际情况，对城市发展的结构和布局进行合理规划"但其城镇化的核心，仍然是小城镇战略，即"坚决防止大城市过度膨胀，重点发展中小城市和城镇"。不过，"鉴于我国地域广阔，交通不便，信息不灵"的实际情况，"中小城市的发展也不应当过于分散，应当以大城市为中心和交通要道为依托，形成规模不等、分布合理、各有特色的城市网络"。

总体上来看，这一时期，中国城镇化战略是以"小城镇"为主导的发展战略。这主要是基于两方面的考虑：一是避免城镇化带来的所谓"城市病"问题；二是基于我国的特殊国情，由于当时我国城市基础设施和公共服务设施建设比较滞后，城镇承载能力不高，如果盲目地将人口向中心城市聚集，势必带来严重的城市问题和社会问题。这一时期，以小城镇为主导的城镇化战略，对我国城镇的发展和城镇化进程的加速推进起了至关重要的作用。我国城镇人口由 1978 年的 17 245 万人增加到 1990 年的 30 191 万人，增长了 12 946 万人；城镇化水平也由 1978 年的 17.92% 上升到 1990 年的 26.41%，增长了 8.49 个百分点。同时，这一时期，关于我国实施什么样的城镇化战略，在学界也引起了广泛讨论。

[①] 高云虹：《中国改革以来的城市化战略演变及相关思考》，《当代财经》2009 年第 3 期。

（二）20世纪90年代的城镇化战略

20世纪90年代，随着城镇化进程的加速推进、乡镇企业的迅速兴起以及县改市等政策的相继实施，我国城镇获得了快速发展，大中小城市以及小城镇呈现出快速发展的态势。然而，这一时期，我国城镇化仍然是沿袭20世纪80年代的城镇化发展方针，即"控制大城市规模，合理发展中等城市，积极发展小城市"。比如，1990年4月1日开始正式实施的《中华人民共和国城市规划法》中明确提出，"严格控制大城市规模、合理发展中等城市，积极发展小城市"的战略方针。同时，这一时期，由于乡镇企业的迅猛发展，在我国城镇化战略中也开始凸显乡镇的作用。中央在"八五"计划中提出："严格控制大城市的规模，合理发展中等城市和小城市，以乡镇企业为依托建设一批布局合理、交通方便、具有地方特色的新型乡镇。"随后，在1993年11月召开的十四届三中全会通过的《中共中央关于建立社会主义市场经济体制若干问题的决定》中又进一步指出："加强规划，引导乡镇企业适当集中，充分利用和改造现有小城镇，建设新的小城镇。"

同时，这一时期，随着改革开放的深入发展、工业化城镇化进程的加速推进，大城市在吸引外资等生产要素方面的综合效益逐步显现出来。为了充分发挥大城市的综合效益，国家在"九五"计划中彻底放弃此前"控制大城市规模"的提法，倡导"逐步形成大中小城市和城镇规模适度，布局和结构合理的城镇体系"。但是，这一时期我国城镇化的战略核心，仍然是以小城镇为主，强调"加强乡村基础设施建设，有序地发展一批小城镇，引导少数基础较好的小城镇发展成为小城市，其他小城镇向交通方便、设施配套、功能齐全、环境优美的方向发展"。而且，这一阶段的小城镇发展仍被当作是带动农村经济和社会发展的重要途径。1998年10月，十五届三中全会通过的《中共中央关于农业和农村工作若干重大问题的决定》中指出，"发展小城镇，是带动农村经济和社会发展的一个大战略"；十五届四中全会又进一步强调，"实施西部大开发和加快小城镇建设，都是关系我国经济和社会发展的重大战略问题"；2000年7月，国务院颁布的《中共中央关于促进小城镇健康发展的意见》中指出，"加快城镇化进程的时机和条件已经成熟，抓住机遇，适时引导小城镇健康发展，应当成为当前和今后较长时期农村改革与发展的一项重要任务"；2000 年 10 月，十五届五中全会通过了《中共中央关于制定国民经济和社会发展第十个五年计划的建议》，其中指出，"发展小城镇是推进我国城镇化的重要途径"。当然，由于"我国不同地区的经济发展水平和市场发育程度差异很大"，所以"要从各地的实际情况出发推进城镇化，逐步形成合理的城镇体系"，"注意发展城市间的经济联系，发挥中小城市对小城镇发展的带动作用。在着重发展小城镇的同时，积极发展中小城市，完善区域性中心城市功能，发挥大城市的辐射带动作用，提高各类城市的规划、建设和综合管理水平，走出一条符合我国国情、大中小城市和小城镇协调发展的城镇化道路"。

（三）21 世纪以来的城镇化战略

进入 21 世纪以来，中国城镇发展呈现出快速推进的态势，城镇化也已进入快速发展阶段。鉴于各级各类城镇快速发展的需要，这一时期，我国城镇化战略也由原来的"小城镇战略"逐步演变为"大中小城市和小城镇协调发展战略"，但这一时期小城镇发展仍是我国城镇化发展的重要内容。在《中华人民共和国国民经济和社会发展第十个五年计划纲要》"实施城镇化战略，促进城乡共同进步"一章中，仍然将发展小城镇和中小城市作为我国城市化的重点内容。同时，该纲要一方面提出，"推进城镇化要遵循客观规律，与经济发展水平和市场发育程度相适应，循序渐进，走符合我国国情、大中小城市和小城镇协调发展的多样化城镇化道路，逐步形成合理的城镇体系"；另一方面，则又强调"有重点地发展小城镇，积极发展中小城市，完善区域性中心城市功能，发挥大城市的辐射带动作用，引导城镇密集区有序发展"。为了突出"小城镇发展"这一重点，纲要还提出了要"防止盲目扩大城市规模"。

2002 年 11 月，党的十六大报告提出了"逐步提高城镇化水平，坚持大中小城市和小城镇协调发展，走中国特色的城镇化道路"的论断。我国城镇化战略的"协调发展论"再次被提出，并成为专家学者研究的热点问题。同时，由于党的十六大报告中并没有提"防止盲目扩大城市规模"之说，全国各地在推进城镇化过程中，纷纷突出大城市的战略作用，把大中城市作为城镇化发展的战略重点，着力加以推进，大中城市规模扩张表现出极大的活力，与此相应的城市建设开始加速，大城市经济持续活跃。此后，针对城镇发展集群化趋势以及城市群（圈）在地区经济发展和区域竞争中的重要作用，城市群发展成为我国城镇化战略的重要内容。2005年10月，党的十六届五中全会通过《中共中央关于制定国民经济和社会发展第十一个五年规划的建议》，首次明确提出"增强城市群的整体竞争力"，以及"有条件的区域，以特大城市和大城市为龙头，通过统筹规划，形成若干用地少、就业多、要素集聚能力强、人口分布合理的新城市群"。

到了"十一五"时期，我国城镇化战略进一步强调推进"大中小城市和小城镇协调发展"，并积极倡导城市群的建设。在《中华人民共和国国民经济和社会发展第十一个五年规划纲要》第二十一章"促进城镇化健康发展"中指出，"要把城市群作为推进城镇化的主体形态，逐步形成以沿海及京广京哈线为纵轴，长江及陇海线为横轴，若干城市群为主体，其他城市和小城镇点状分布，永久耕地和生态功能区相间隔，高效协调可持续的城镇化空间格局"。同时，又对城市群发展提出了具体指导意见："已形成城市群发展格局的京津冀、长江三角洲和珠江三角洲等区域，要继续发挥带动和辐射作用，加强城市群内各城市的分工协作和优势互补，增强城市群的整体竞争力"；"具备城市群发展条件的区域，要加强统筹规划，以特大城市和大城市为龙头，发挥中心城市作用，形成若干用地少、就业多，要素集聚能力强，人口分布合理的新城市群"；"人口分散、资源条件较差、不具备城市群发展条件的区域，要重点发展现有城市、县城及有条件的建制镇，成为本地区集聚经济、人口和提供公共服务的中心"。2007年10月，党的十七大报告又进一步强调，"走中国特色城镇化道路，按照统筹城乡、布局合理、节约土地、功能完善、以大带小的原则，促进大中小城市和小城镇协调发展。以增强综合承载能力为重点，以特大城市为依托，形成辐射作用大的城市群，培育新的经济增长极"。

"十二五"时期，国家又一步强调"走中国特色城镇化道路"，"促进大中小城市和小城镇协调发展"，"以大城市为依托，以中小城市为重点，逐步形成辐射作用大的城市群"。中小城市和城市群成为国家城镇化战略的发展重点。2010年10月，十七届五中全会通过的《中共中央关于制定国民经济和社会发展第十二个五年规划的建议》指出，"按照统筹规划、合理布局、完善功能、以大带小的原则，遵循城市发展客观规律，以大城市为依托，以中小城市为重点，逐步形成辐射作用大的城市群，促进大中小城市和小城镇协调发展"，要"科学规划城市群内各城市功能定位和产业布局，缓解特大城市中心城区压力，强化中小城市产业功能，增强小城镇公共服务和居住功能"。在《中华人民共和国国民经济和社会发展第十二个五年规划纲要》第二十章"积极稳妥推进城镇化"中又进一步指出，"以大城市为依托，以中小城市为重点，逐步形成辐射作用大的城市群，促进大中小城市和小城镇协调发展"，着力"构建以陆桥通道、沿长江通道为两条横轴，以沿海、京哈京广、包昆通道为三条纵轴，以轴线上若干城市群为依托、其他城市化地区和城市为重要组成部分的城市化战略格局"；要着力推进城市群快速发展，"在东部地区逐步打造更具国际竞争力的城市群，在中西部有条件的地区培育壮大若干城市群"。同时，又进一步强调，加快中小城市和小城镇的发展，"积极挖掘现有中小城市发展潜力，优先发展区位优势明显、资源环境承载能力较强的中小城市"，"有重点地发展小城镇，把有条件的东部地区中心镇、中西部地区县城和重要边境口岸逐步发展成为中小城市"。

二、新型城镇化区域实践探索

21 世纪以来，在"走中国特色城镇化道路"的大背景下，全国各地在结合地方实际，加快推进城镇化发展的创新实践中，相继提出了新型城镇化发展战略，如广西、浙江、四川、江西、山东等省份。这些省份新型城镇化战略的实践探索，为我国城镇化的发展和新型城镇化战略的实施，提供了宝贵的经验和有益的启示。

(一) 广西省对新型城镇化的实践探索

2006 年 11 月 15 日，中国共产党广西壮族自治区第九次代表大会提出了广西城镇化要坚持走新型城镇化道路的构想："围绕统筹城乡经济社会发展，坚持高起点规划、高质量建设、高效能管理，走布局科学、结构合理、功能完善、资源节约、集约发展、以人为本理念得到充分体现的多样化有特色的城镇化道路。"这就提出了进一步优化城镇布局，加快培育和形成南北钦防、桂北、桂中、桂东南城镇群和黔桂走廊、右江走廊、桂东北、桂西南城镇带等"四群四带"的城镇发展格局。2008 年 1 月 19 日，在广西壮族自治区第十一届人民代表大会第一次会议上，广西再次强调：要突出发展大中城市，加快发展小城镇，形成城镇群和城镇带。要加快发展一批县城和重点镇，进一步优化城镇布局。

随后，广西壮族自治区"十二五"规划纲要进一步强调，"坚持走新型城镇化道路，以统筹城乡发展和扩权强县为抓手，以加快产业和人口集聚为基础，以推进工业化为支撑，以体制机制创新为动力，做大做强中心城市，培育发展辐射作用大的城市群，推进大中小城市和小城镇协调发展，形成重点突出、定位明确、功能完善、特色鲜明的城镇体系新格局"，并提出着力发展以南宁为核心的北部湾城市群、桂中城镇群、桂东南城镇群、桂北城镇群和右江河谷走廊、黔桂走廊、桂西南及桂东北城镇带，形成"四群四带"新型城镇战略格局。在 2011 年 11 月 11 日召开的中共广西壮族自治区第十次代表大会上，广西进一步提出了"加快新型城镇化跨越发展"的新思路，并把"深入实施中心城市带动战略"、"加快发展县城和重点镇，建设特色城镇带"等，作为推进新型城镇化的战略重点。新型城镇化道路和"四群四带"城镇发展新格局的提出，对于突出广西大中城市的作用、集约发展小城镇、加快形成城镇群和城镇带、促进城镇化健康发展和城镇化发展水平的提高、打造富有特色的现代化城市等，均具有重要的战略意义。

（二）浙江省对新型城镇化的实践探索

2006 年 9 月浙江省委、省政府下发的《关于进一步加强城市工作走新型城市化道路的意见》明确提出：以邓小平理论和"三个代表"重要思想为指导，全面落实科学发展观，致力于构建社会主义和谐社会，按照深入实施"八八战略"、全面建设"平安浙江"、加快建设文化大省和努力建设"法治浙江"的战略部署，围绕统筹城乡经济社会发展，促进社会主义新农村建设，进一步优化城镇体系，完善城乡规划，提升城市功能，加强城市管理，创新发展机制，走资源节约、环境友好、经济高效、社会和谐，大中小城市和小城镇协调发展，城乡互促共进的新型城市化道路。并提出走新型城市化道路要坚持统筹发展、集约发展、和谐发展、创新发展的基本原则。

浙江省"十二五"规划纲要进一步指出,"坚持走新型城市化道路,深入推进社会主义新农村建设,实施主体功能区战略,逐步形成区域经济优势互补、主体功能定位清晰、国土空间高效利用、人与自然和谐相处的区域发展格局"。同时,又进一步强调,要"提升都市区和城市群功能","加强杭州、宁波、温州和金华—义乌都市区建设","加快形成杭、甬、温三大都市圈和浙中城市群的战略格局"。在 2012 年 6 月 6 日召开的中国共产党浙江省第十三次代表大会上强调,"新型城市化是统筹城乡发展的重大战略"。同时指出,推进新型城市化要以"深入推进杭州、宁波、温州以及金华—义乌等长三角区域中心城市建设,加快形成现代化都市区";"支持省域中心城市加快发展,推进与相邻都市区融合互动,不断提高杭州湾城市群、温台城市群、浙中城市群发展水平";"积极推进县域城镇化,鼓励和支持有条件的县城建设成为中等城市乃至大城市,积极培育小城市、中心镇,促进县域经济转型升级"等为战略重点。"一群三圈"的城镇发展格局,以及做强省域中心城市、提高县城集聚能力和培育中心镇、小城市的发展思路,为浙江省新型城镇化提供了重要动力和支撑。

(三)四川省对新型城镇化的实践探索

2009 年 11 月,四川省市长协会第三次代表大会暨市长论坛指出,四川省已进入城镇化加速推进的阶段,要正确处理城镇化与工业化、农业现代化的关系,全面推进新型城镇化持续健康发展。四川省"十二五"规划纲要强调,"坚持走新型城镇化发展道路,完善城镇体系,优化空间布局,增强城镇集聚产业、承载人口、辐射带动区域发展的能力,提升城镇化质量和水平"。并提出了"以大城市和区域性中心城市为依托、大中城市为骨干、小城镇为基础"、"加快培育四大城市群"、"促进大中小城市和小城镇协调发展"的新型城镇化发展思路。在 2012 年 5 月 16 日召开的中国共产党四川省第十次代表大会上,四川省进一步强调,"坚持走新型城镇化道路,以城乡统筹、产城融合、宜业宜居、集约高效、环境友好为方向,构建人口、经济、社会、资源与环境相协调的城镇化格局"。同时,又进一步指出,推进新型城镇化的战略重点,即"大力实施中心城市带动战略,突出发展大城市和区域性中心城市,促进大中小城市和小城镇协调发展"、

"把城市群作为推进城镇化的主体形态，率先发展成都平原城市群，推动成德绵同城化发展；加快发展川南城市群，推动自泸内宜一体化发展；依托区域性中心城市，积极培育川东北城市群，推动攀西城市群发展"、"集约发展小城镇，因地制宜发展一批特色鲜明的商贸镇、旅游镇和工业镇"。

四川省对新型城镇化的探索的主要内容：一是新型城镇化路径选择。四川省提出，推进新型城镇化，要按照率先发展成都平原城市群、加快发展川南和攀西城市群、积极培育川东北城市群的步骤，突出重点，分步推进。二是新型城镇化发展的途径。实施新型城镇化发展，要重点加快成都平原城市群、"成德绵"城市带以及川南和攀枝花的城镇化建设力度。重点部署成都平原都市圈和江油至峨眉山一条线经济建设规划，加快其城市群建设。三是努力构建合理的城镇体系。发挥中心城市的带动作用集中力量优先发展大城市，除继续壮大发展已有的四个大城市外，努力促使德阳、宜宾等六七个中等城市尽快跨入大城市行列。逐步形成以成都为核心，区域性大城市为骨干，其他中小城市和小城镇为基础的现代城镇体系。

（四）江西省对新型城镇化的实践探索

2007年江西省制订的《江西省新型城镇化"十一五"专项规划》中提出，按照产业集聚、功能完善，节约土地、集约发展，合理布局、各具特色的原则，积极稳妥地推进城镇化进程。统筹推进城乡和区域的协调发展，努力形成资源节约、环境友好、经济发展、社会和谐的城镇化发展新格局。在推进新型城镇化的过程中，江西省坚持大中小城市和小城镇有机结合、协调发展，积极培育城市群；坚持工业化与城镇化"双轮驱动"的发展战略。同时指出，大中城市要重点发展高新技术产业、高附加值和就业容量大的制造业以及其他都市型工业；小城市和小城镇要把加快发展第三产业作为城镇产业结构调整的着力点，大力发展有优势的劳动密集型工业和为中心城市配套的工业。根据规划，江西省提出通过加强各区域中心城市的合作与联系，以产业分工协作为基础，联动发展周边城镇，逐步形成以昌九景鹰饶为主的环鄱阳湖城市群，以赣吉抚为主的赣中南城市群，以新宜萍为主的赣西城市群。

2010年1月，江西省再次对走具有江西特色的新型城镇化道路进行了详细地阐述。一是应走集约型城镇化道路，以较小的土地资源来满足规模较大的城镇化需求；二是应当走环境友好型的城镇化发展道路，建设园林城市、生态城市、低碳城市；三是应注重以人为本、城乡统筹、社会和谐，有利于促进农村人口的城镇化，与经济社会又好又快发展相适应；四是城镇化发展路径也必然是多样化的。同时强调，要创新城镇化发展理念和思路，加快推动城镇化由粗放增长向集约高效发展转变，由城乡分割向城乡融合转变，由项目带动向统筹推动转变，使"扩容增速"与"提质增效"相同步，发展速度与发展质量相协调。在 2011 年 10 月 26 日召开的中国共产党江西省第十三次代表大会上，江西省进一步强调，要"完善城镇体系和空间布局，加快构建与长江中游城市群互通互连的鄱阳湖生态城市群和沿沪昆线、京九线两条城市带，建设一批各具特色的中小城市，形成中心城市与中小城市及小城镇分工明确、联系密切、布局合理、发展协调的城镇网络"。

（五）山东省对新型城镇化的探索

山东省 2009 年 10 月出台的《关于大力推进新型城镇化的意见》中提出，坚持新型工业化、农业现代化、新型城镇化协调推进，推动全省城镇化由偏重数量规模增加向注重质量内涵提升转变、由偏重经济发展向注重经济社会协调发展转变、由偏重城市发展向注重城乡一体化发展转变，走资源节约、环境友好、经济高效、文化繁荣、社会和谐，以城市群为主体，大中小城市和小城镇科学布局，城乡互促共进，区域协调发展的新型城镇化道路。

2010 年，山东省城镇化工作会议提出，加快新型城镇化，就是要形成资源节约、环境友好、经济高效、区域协调、文化繁荣、社会和谐的城镇发展新格局。同时强调，加快新型城镇化，要强化三个理念：一是城市集群发展的理念。把培育壮大城市群作为推进新型城镇化的战略重点，通过科学的规划安排和必要的行政调控，充分发挥市场机制的作用，引导各城市分工协作、优势互补，实现设施共建、资源共享、环境共保、经济共荣、社会共进，提升区域整体竞争力。二是城乡统筹发展的理念。要把城市发展与新农村建设有机结合起来，进一步加大公共财政对农村的倾斜力度，着力推动农村人口到城镇就业定居，不断促进城市基础设施向农村延伸、城市公共服务向农村覆盖、城市现代文明向农村辐射，实现城乡共同繁荣。三是城乡可持续发展的理念。要把可持续发展作为推进新型城镇化的基本准则，按照建设生态文明的要求，把城乡发展与提高资源利用效率、改善生态环境有机结合起来，更多地依靠制度创新、科技创新、内涵式增长推动节能减排，发展循环经济，建设低碳城市，促进资源节约型和环境友好型社会建设。在 2012 年 5 月 24 日召开的中国共产党山东省第十次代表大会上，山东省进一步提出了"加快构建以济南都市圈、胶东半岛城市群为主体，大中小城市和小城镇科学布局，城乡互促共进，区域协调发展的城镇体系"、"实施扩权强镇政策，引导中小城市加快发展，培育一批经济强镇、区域重镇和文化旅游名镇"、"规范有序建设新型农村社区"等新型城镇化发展思路。

第三节　新型城镇化发展的基本趋势

结合经济社会发展的阶段性特征和未来发展趋势，"十二五"期间或者今后较长一个时期内，我国新型城镇化发展，将呈现出发展理念人本化、发展方式集约化、发展形态集群化、城镇体系的合理化、发展方式多元化、发展道路生态化六大发展趋势。要正确认识和充分把握新型城镇化的发展趋势，制定科学化的发展战略和策略，提出合理化的政策和措施，为加快推进我国新型城镇化进程提供重要的决策参考和有益借鉴。

一、发展理念的人本化

发展理念是发展方向、价值追求、发展目标和发展方式等重要问题的综合体现[1]。发展理念是推进城镇化发展的根本性问题。有什么样的城镇化发展理念，就有什么样的城镇化发展战略、发展路径和推进方式。反思

---

[1]　胡守勇：《我国城市转型发展趋势探讨》，《延边大学学报（社会科学版）》2011 年第 4 期。

发达国家走过的城市化道路和中国城镇化发展的历程，长期以来，我国走的是以"物本化"为基本导向的传统城镇化道路。在这一理念的指导下，城镇化发展往往注重城市经济的快速增长、生产要素的大量投入、城市规模的盲目扩张，而常常忽视人的发展需要和居民合法权益的保护，从而产生一系列的突出问题和难以调和的矛盾，如贫富差距，城乡二元结构突出，区域发展不平衡，生态环境恶化，人与人之间不公平、不公正的矛盾加剧，人口与经济、社会、生态环境发展不协调等。尤其是近年来，一些极端天气充分暴露了在城镇化发展过程中存在的突出问题。这看似是城市规划、城市设计的问题，其实质是我国城镇化发展理念的问题。如果按照这一理念继续发展下去，我国城镇化发展将难以为继，经济社会发展将难以为继，生态环境将难以为继，人的全面发展也将无从谈起。因此，新时期，推进我国新型城镇化，要避免走传统城镇化"物本化"的老路，而应在科学发展的指引下，坚持以人为本，把人的全面发展作为根本出发点和最终归宿，全力推进"人"的城镇化。这也是未来我国新型城镇化发展的主要趋势。

当前就需要充分把握以"人本化"为基本导向的新型城镇化发展趋势，在推进新型城镇化发展过程中，切实尊重人民群众的主体地位，充分发挥人民群众的主体作用和首创精神，在强调物质财富增长的同时，注重人的全面发展，让城镇化的成果充分惠及人民群众。具体来讲：一是在新型城镇化推进过程中，尤其是在农村人口向城镇和新型农村社区转移过程中，充分保护农民的根本利益，维护农民的合法权益，让城镇化过程成为农民增收致富、改善生活环境、提升生活品质的过程；二是要在加快城镇经济快速发展和城镇规模快速扩张过程中，更加注重社会事业的发展，切实改善和有效解决城乡居民关注的"就学难、就医难、就业难、住房难"等突出难题，让人民群众更体面、更有尊严地生活；三是在加大基础设施和公共设施建设的同时，更加注重生态环境的建设，为城乡居民营造更加优越的生活居住环境；四是在物质文明建设的同时，更加注重社会主义精神文明的建设，不断提高居民的思想道德、科学文化、劳动技能和身体素质，促进人的全面发展。

二、发展方式的集约化

发展方式是生产要素的分配、投入、组合和使用的方式。有什么样的发展方式，就有什么样的发展道路和实施路径。长期以来，我国城镇化发展采取的是"粗放型"的发展方式，这一发展方式虽在特定时段有其合理性，但如果按照这一方式继续发展下去，我国资源环境的压力将日益突出，经济发展与资源环境的矛盾将日益尖锐，城镇化发展的可持续性将难以为继。这是因为，"粗放型"的城镇化发展方式是以"高投入、高消耗、高污染、低效益"为基本特征，以外延扩张、数量扩张为主要内容的发展方式。这种粗放型的城镇发展方式，过分追求城镇化的速度和规模，而忽视城镇化的质量和效益，造成城镇资源利用效率低，浪费严重，进一步加剧了我国资源短缺、环境恶化的严重程度，严重阻碍了城镇质量的提高和功能的正常发挥，降低了城镇的综合承载能力，制约和影响了城镇化的健康发展和可持续发展[①]。因此，转变城镇化的发展方式，实施集约化发展方式，已成为我国城镇化可持续发展的必然选择。

"集约化"是新型城镇化发展的必然趋势。在当前我国城镇发展面临人口、资源、增长、环境等多头矛盾的状况下，加快推进我国新型城镇化进程，必须加快城镇化发展方式的转变，着力实施发展方式集约化。这是因为：第一，这源于我国的特殊国情。城镇化过程是农村人口向城镇和新型农村社区转移的过程，其主要特征是农村人口的逐步减少和城镇居民的逐步增加。我国农村人口基数大，城镇化进程中要转移的农村居民较多。据预测，到2020年我国全面建成小康社会时，城镇化水平可达60%左右，如果以人口总量13.6亿计算，届时将转移农村人口约2.22亿。庞大的人口城镇化对资源供给提出了巨大挑战，有限的城镇如何吸纳众多的农村转移人口、如何节约土地等资源，并避免"城市病"等问题，已成为并将是伴随我国城镇化进程的基本矛盾。城镇化的快速推进对资源、产业提出了集约化要求。第二，这源于城镇化发展的本质要求。城镇化是人口、产业

---

① 盛广耀：《中国城市化模式的反思与转变》，《经济纵横》2009 年第 9 期。

和生产要素量变和质变的统一体，其中，质变是城镇化的高级形式，是城镇化科学发展的具体体现，而集约化发展正是城镇化质变的重要途径。因此，城镇化发展的本质，要求必须整合城镇内部的组成要素，完善其结构，提升其功能，走内涵式和集约化的发展道路。因此，实施发展方式的集约化，是未来我国新型城镇化发展的主要方向。

当前，需要深入把握新型城镇化这一发展方向，在能源资源节约集约利用上下工夫，切实走出一条"集约化"的新型城镇化发展路子。具体来讲：一是要探索和建立健全资源能源节约集约利用制度，形成有利于节约资源能源和保护生态环境的产业结构、增长方式、消费方式，完善促进资源节约、环境友好的体制机制。二是充分发挥城乡规划的引导调控作用，切实做好城镇总体规划、土地利用总体规划、能源利用规划和生态环境保护规划等相关规划，实现各类规划的衔接和结合。三是建设节约型和紧凑型城镇。加强土地资源的集约利用，合理有效利用城镇建设用地，集中建设一批紧凑型城镇；强化水资源的利用和保护工作，节约集约利用水资源，建设一批节水型城镇；大力实施节能减排，提高能源的利用效率，打造和建设一批低碳型城镇。四是发展低碳产业。大力发展高新技术产业和高附加值的先进制造业，加快发展现代服务业，使城镇化主要依靠工业带动转向工业、信息产业和服务业协同带动；加大对节能技术的投资力度，加强节能型技术、新工艺的研发力度，大力推广和应用节能型设备、工艺和技术。五是加强宣传教育，提高市民素质，在全社会贯彻资源节约理念，营造有利于城市集约化发展的舆论氛围。[1]

三、发展形态的集群化

发展形态是指城镇化发展过程中，城市与城市之间的整体空间布局所呈现出的一种形态。集群化已成为世界城镇化发展的主体形态。放眼全球，世界各国城镇发展呈现出一个共性的特征，那就是城镇化发展形态的集群化。所谓城镇发展的集群化，就是指一个区域以一个中心城市或者两

---

[1] 胡守勇：《我国城市转型发展趋势探讨》，《延边大学学报（社会科学版）》2011年第4期。

个中心城市为依托，以若干次中心城市为支撑，以众多中小城市和小城镇为基础，以交通通道和信息通道为纽带，承担不同功能，扮演不同角色，具有密切经济社会联系的城镇密集区。比较典型的如日本的东京、阪神、名古屋三大城市群，美国的大纽约区、大洛杉矶区、五大湖区三大城市群，以及我国的长三角城市群、珠三角城市群和京津唐城市圈等。这种集群化发展的最大好处在于：一是有利于区域资源共享，降低区域的经济和社会发展成本，提升整个区域的运行效率；二是有利于提高区域整体竞争能力，提升在国际分工中的地位，从而可以获取较多的生产要素和发展机会。随着世界各国城镇集群化发展的实践探索，这种发展形态又被衍生出不同的空间组织形式，如大都市区、都市连绵区、大都市带、巨型城市区域等，这些都是城镇化发展形态集群化的一种空间表现形式。

推进我国新型城镇化要充分把握集群化发展趋势。当前，推进城镇化发展形态的集群化已引起党和国家的高度重视，已成为推进我国城镇化发展的重要内容。国家《"十二五"规划纲要》明确指出，按照统筹规划、合理布局、完善功能、以大带小的原则，遵循城市发展客观规律，以大城市为依托，以中小城市为重点，逐步形成辐射作用大的城市群，促进大中小城市和小城镇协调发展；在东部地区逐步打造更具国际竞争力的城市群，在中西部有条件的地区培育壮大若干城市群；科学规划城市群内各城市功能定位和产业布局，缓解特大城市中心城区压力，强化中小城市产业功能，增强小城镇公共服务和居住功能，推进大中小城市基础设施一体化建设和网络化发展。因此，要深刻领会国家关于发展城镇化的有关指导精神，深入把握城镇化发展的集群化趋势，在推进新型城镇化过程中，要把培育和形成一批大都市区、城市群（圈）、都市连绵区、巨型城市区域作为城镇化发展的战略重点，予以重点支持和重点扶持。

具体来讲，当前顺应新型城镇化集群化发展趋势，要突出做好以下几个方面的工作：一是加大政策支持力度。在土地、财政、金融、税收等政策制定上，要向城市群地区倾斜，尤其是正在成长阶段的中西部地区的城市群，要实施更加优惠的政策措施，促使其迅速发展壮大起来。二是加强规划编制工作。在修编和完善国家城镇体系规划的基础上，加强重点地区的城镇体系和城市群（圈）的战略规划、空间发展规划以及建设规划等相关规划，以规划引导城镇空间布局、合理城镇的职能分工和等级规模结构，加快形成空间布局合理、职能分工明确、等级规模合理的城镇密集发展区。三是加大基础设施和公共服务设施的建设力度。加大资金支持力度，加快城市群地区基础设施和公共服务设施建设，尤其是关系城市群长远发展的重大基础设施建设项目和重大民生项目，要给予重点支持。四是要打破区域行政界线。各地在推进新型城镇化过程中，要树立区域经济发展理念，打破区域行政分割，主动融入区域一体化发展进程、融入区域城市群发展中。

四、城镇体系的合理化

城镇体系是指在一个相对完整的区域中，由不同职能分工、不同等级规模、空间分布有序联系密切、相互依存的城镇群体。合理有序的城镇体系有利于明确区域职能定位、整合区域优势资源、提高区域整体效能、提升区域整体竞争能力，对于促进区域整体发展具有重要的战略意义。新中国成立以来，随着城镇化战略的实施和推进，我国城镇获得了快速发展，城镇体系日趋完善，等级序列趋于完整，层级结构趋于分明，职能定位趋于清晰，空间结构趋于合理，初步形成了以大城市为中心、以中小城市为骨干、以小城镇为基础的结构优化、布局合理的现代城镇体系。但在取得这些成绩的同时，我国城镇体系也存在一些比较突出问题：一是城市数量较少，城镇体系发育不完善。目前，我国设市城市仅为655个，与美、日等人口较多国家城市总和 2 000 个相比，数量偏少。同时，在我国城镇体系中，人口介于 100 万至 200 万人口的城市数量偏少，而中等城市数量则偏多。二是城镇职能定位不明晰，同质化现象比较突出。在城镇体系建设中，一些城市职能定位不准确、不合理，导致城市间同质化严重，形成恶性竞争，无法形成分工合理的城市职能体系[1]。三是城镇功能不完善，承载能力不强。一些大中城市只注重经济功能的建设，而对于

---

[1] 别江波：《我国城镇体系建设中存在的问题及对策研究》，《中国软科学》2011 年第 S1 期。

社会功能、服务功能、生态功能重视不够，很难满足居民高品质生活的需求；一些城市"城市病"较为突出，城市发展质量和效益偏低，城市承载能力不强。四是大城市聚集能力较低，小城镇规模较小。与国际上一些大都市相比，我国特大型城市聚集能力不强，以人口集中度为例，中国特大型城市城区的人口密度大大低于巴黎、伦敦、东京和纽约等国际大都市[①]。同时，我国小城镇规模普遍较小，功能不完善，尤其是中西部一些小城镇。

走新型城镇化道路必须推进城镇体系的合理化。国家"十二五"规划纲要明确指出，坚持走中国特色城镇化道路，促进大中小城市和小城镇协调发展。新型城镇化的本质内涵也强调，要坚持走大中小城市和小城镇互促共进、协调发展的路子。因此，实施新型城镇化战略，要把"促进大中小城市和小城镇协调发展"、构建合理化的城镇体系作为战略重点，作为推进新型城镇化发展的重大战略任务。构建合理化的城镇体系，就是要逐步形成有序的等级规模结构、合理的职能结构和高效的空间布局结构。构建有序的等级规模结构，就是逐步形成大、中、小城市和小城镇等级序列完整、层级结构分明的"宝塔"型城镇体系规模结构；构建合理的职能结构，就是根据城市的现有基础、发展态势以及在区域发展中承担的主要任务，形成职能完备、分工合理、协作紧密、特色鲜明的城镇体系职能等级结构；构建高效的空间布局结构，就是按照"强化中心、壮大节点、圈层推进、轴带拓展"的思路，逐步形成联系紧密、功能协调，开放型、网络化的城镇体系空间结构。

当前，需要充分把握这一发展趋势，有针对性地采取一些政策措施，着力推进城镇体系合理化。具体来讲：一是实施差别化的发展政策。对于北京、上海、广州等国际大都市，应重点放在完善功能、优化结构、促进城市转型升级上，使其尽快融入国际分工体系和全球城市体系；对于天津、重庆、深圳、南京、杭州、武汉、青岛等特大城市，要进步一步提升城市发展质量和效益，提升城市品质和竞争能力，培育形成区域性中心城

---

① 安树伟：《近年来我国城镇体系的演变特点与结构优化》，《广东社会科学》2010 年第 6 期。

市；对于合肥、南昌、长沙、太原等大城市，要尽快做大城市规模，提升城市集聚度，打造成省域中心城市。同时，要加大中等城市的支持和扶持力度，促进其尽快成长为大城市和特大城市；要以县城和县级市发展为重点，尽快培育一批中等城市和小城市；要实施更加优惠的扶持政策和措施，加快发展一批重点镇和特色小城镇。二是合理职能分工。根据各城镇现有基础、发展态势以及在区域发展中承担的主要任务，按照"合理分工、发挥优势、形成合力、协调发展"的原则，合理定位各级各类城镇的职能，明确在区域中的职能分工，避免盲目竞争和重复建设。三是优化空间布局。要结合各地区的经济发展水平、资源条件、开发强度及整体空间发展秩序等，构建以路桥通道、沿长江通道为两条横轴，以沿海、京哈京广、包昆通道为三条纵轴，以轴线上若干城市群为依托、其他城市化地区和城市为重要组成部分的空间战略格局。

五、发展路径的多元化

发展路径的多元化是指由于各地区城镇化发展条件、发展基础、发展水平、发展阶段等不同，而应采取不同的城镇化发展道路。由于我国地域辽阔，各地区自然条件、发展水平、产业结构、区域发展战略与政策以及受全球化影响的程度等的不同，区域城镇化的发展水平、发展阶段等也不相同。东部地区城镇化发展较为成熟，城镇化水平较高，工业和服务业较为发达，大城市较多且人口密度较大，城镇体系较为完善，呈现出网络化发展的区域特征。中部地区城镇化发展较为滞后，城镇化水平低，工业化以重工业为主，服务业发展水平低，农村人口转移压力较大，城镇体系中特大城市较少、中等城市规模较小、小城镇发展不足，正处于城镇化、工业化加速发展阶段，呈现出"点轴"发展的区域特征。西部地区由于地域辽阔、生态环境较为脆弱，城镇发展受区域环境、地形地貌等条件影响较大，城镇化发展比较滞后，除了关中、成渝、滇池周边、河套、兰州周边、河西走廊、北疆铁路沿线等地区发展较好外，其他地区发展比较落后。同时，西部地区城市的首位度较高，除了几个超大城市以外，次一级的城市发育不甚健全，城市规模经济不能得到有效发挥，不利于集聚效应的形成①。目前，该区域呈现出"极点式"发展的区域特征。东北地区由于此前的工业基础、发展基础等较好，城镇化发展水平较高，城市数量多，但由于受体制机制改革滞后、市场化程度不高等的影响，一段时间以来，城镇化发展较为缓慢，城镇体系较为松散，城市整体竞争力较弱。同时，在这四大区域内部，城镇化发展也存在巨大的差异。以中部地区为例，中原城市群、武汉都市圈、长株潭城市群、皖江城市带、环鄱阳湖城市群等地区发展水平较高，而其他地区水平较低。因此，加快推进我国新型城镇化发展，要结合四大区域以及各区域内部城镇的发展水平、发展阶段，采取不同城镇化发展路径。这也是未来我国新型城镇化发展应把握的一大趋势。

当前，面对新型城镇化发展的这一趋势，需要未雨绸缪，谋而后动，据此制定符合各区域特征有差别的城镇化发展战略，构建形成多元化的城镇化发展路径。一是东部地区，由于城镇化水平较高，要以完善城镇功能、提高城镇化质量和效益为目标，以发展城市群、大都市区、都市连绵区、城市带等为重点，采取以网络型为主导的发展路径，尽快形成网络型现代城镇体系，加快融入全球城市体系和分工贸易体系。二是中部地区，由于正处于城镇化加速发展阶段，各地区发展条件和水平不同，应采取多元化的发展路径，对于中原城市群、武汉都市圈、长株潭城市群、皖江城市带、环鄱阳湖城市群等地区，要推动"网络化"发展；对于其他地区要通过做大中心城市规模、依托主要交通通道，推动"点轴式"发展。同时，这一地区也是我国农村人口较多的地区，"三农"问题、城乡二元结构问题等较为突出，因此推动新型城镇化的战略重点，要放在促进大中小城市、小城镇和新型农村社区协调发展上，应放在新型农村社区建设上，不断完善城镇功能，提升城镇综合承载能力，加速推进农村人口向城镇和新型农村社区转移。三是西部地区，由于受地理环境制约，城镇化发展较为滞后，今后应采取大城市与小城镇相结合的城镇化道路，将关中—天水地区、成渝地区的城市培育为大城市群，以"据点式"的城市化方式带动周

---

① 孙久文、李华香：《中国区域城市化模式研究》，《社会科学辑刊》2012 年第 1 期。

边区域的发展[①]，同时要积极创造条件，推进由"据点式"路径向"点轴式"路径转变。要注重加强省会城市建设和次一级中心城市的建设，加快小城镇发展，构筑形成各具特色现代城镇体系。四是东北地区，由于近年来城镇化发展缓慢，当前应重点实施中心城市带动方式和"轴带"拓展方式，以做大做强沈阳、长春、哈尔滨、大连等中心城市为重点，不断增强城市集聚和辐射能力，带动周边区域发展；要依托主要交通轴带，加快推进辽宁沿海经济带、辽中南城市群、哈大齐城市带、长吉图城市带等城市群、城市带的发展；要加快资源型城市转型升级，积极培育一批次中心城市，加快发展一批小城镇，加快新型城镇化发展的新格局。

六、发展道路的生态化

发展道路的生态化是指在城镇化推进过程中，注重生态环境治理与保护，强化生态环境建设和维护，实现"发展"的城镇化系统与"稳定"的生态环境系统之间和谐平衡，走出一条生态、低碳、人与自然和谐统一的城镇化发展路子。生态化是走新型城镇化道路的必然选择。生态环境是人类生存与发展的基本条件，也是实现城镇化可持续发展的基础保障。良好的生态环境是衡量人类生活品质的重要内容，也是度量城镇化发展质量和效益的重要标准。反观我国走过的城镇化道路，长期以来，由于只注重人口和生产要素向城镇集中集聚，只注重城镇的经济发展和经济效益，只注重城镇化发展的规模和速度，而忽视生态环境保护和治理，轻视生态环境的建设和营造，藐视生态环境对发展的重要价值和意义，导致耕地、林地、草地、湿地大量减少，水土流失，资源枯竭，环境污染，生态环境质量下降，从而对人类生存发展带来严重的危机，也使我国城镇化出现了一系列的问题。因此，推进我国新型城镇化，就不应再走传统城镇化发展的老路，也不能再走先污染后治理、先破坏后营造的弯路，而应在城镇化发展过程中，充分评估生态环境的承载能力，同步推进城镇化发展与生态环境保护、治理和建设，走生态化的新型城镇化发展路子。这也是未来中国

---

① 孙久文、李华香：《中国区域城市化模式研究》，《社会科学辑刊》2012年第1期。

实施新型城镇化战略，必须把握的方向和趋势。

当前，需要充分把握新型城镇化这一发展趋势，抓好当前，谋划长远，在推进新型城镇化发展中，着重做好以下几个方面的工作。一是强化规划编制工作。加快编制全国性主体功能区规划、流域治理规划、生态环境保护规划，以及重点地区的生态环境保护规划和各省生态环境保护规划；重点完善城镇体系规划、城镇总体规划、产业集聚区规划等各类规划的生态环境保护和建设内容。二是建立健全区域协调机制。对于跨省域的生态环境治理和保护，建立健全由中央部门牵头，各省（市）相关部门参与的区域协调机制；对于省级范围内的，建立由各省环保部门牵头，各省辖市相关部门参与的区域协调机制。三是发挥典型示范带动作用。加大资金、政策等支持力度，打造一批生态型城市、生态型城镇、生态型园区、生态型企业，并发挥其示范作用，带动其他区域和企业的生态化发展。四是发展低碳、生态产业。加大政策引导，加快循环经济、低碳经济和生态经济的发展，推动城镇低碳产业、生态产业的发展，促进城镇产业的转型升级。五是加强城乡生态环境治理和建设。加强城镇生态环境建设，强化城镇中心、道路河道、街区公园、住宅小区等绿化建设，加强城镇河流湖泊、湿地、风景名胜古迹等的保护；加快城镇污水处理、垃圾处理等设施建设，强化废气、废水、固体污染物等污染源治理，改善城镇生态环境质量，提升城镇化生态效率。

第四章
新型城镇化与中原崛起

"中原崛起"自提出以来，内涵与标准不断深化。在此推动下，经济社会发展取得巨大成就，呈现出好的趋势、好的态势、好的气势。但同时，中原地区人口多、底子薄、基础弱、人均水平低、发展不平衡的基本省情没有从根本上改变，经济社会发展面临诸多困难和问题。亟须实施城乡统筹、城乡一体、产城互动、节约集约、生态宜居、和谐发展，大中小城市、小城镇、新型农村社区协调发展、互促共进的新型城镇化战略，加快推进中原崛起。

第一节　中原崛起的实践、成效与问题

"崛起"不同于生存，也不是一般的发展，而是指一个国家或地区成长为具有世界影响的大国或对全局有重要影响力的强势地区。所谓中原崛起，简言之，就是经过长期努力，使河南成为与其历史传承、地理位置、人口数量相适应的中国经济强省、文化强省，区域综合竞争力显著提高，实现经济、社会、政治、文化、生态的全面、协调、可持续发展。

一、中原崛起的实践与探索历程

(一)"中原崛起"的提出与演进

从目前可以查到的文献看，最早提出"中原崛起"概念的是李长春同

志，时间是 1992 年 1 月。时任河南省省长的李长春以《加快改革开放，实现中原崛起》（收入 1997 年中共中央党校出版社出版的《团结奋进　振兴河南》一书）为题撰文提出，"从全国一盘棋的战略出发，为促进东、中、西部经济的协调发展，必须加快中原的振兴和崛起"，并指出，"在党的十四大精神指引下，中原一定能够再度崛起"。

2003 年 3 月，《人民日报》对时任河南省委书记李克强进行了题为《埋头苦干实现中原崛起》的访谈。李克强指出："目前我国经济正由东向西梯度推进，世界性产业转移也由我国沿海向内地延伸，河南这样一个中部省份要紧紧抓住这个机遇，充分发挥区位优势和比较优势，加快工业化和城镇化，推进农业现代化，努力实现在中原崛起。"

2003 年 7 月，河南省委七届五次全会召开，全会通过的《河南省全面建设小康社会规划纲要》对实现中原崛起的基本途径、发展布局、战略举措、政治建设和文化建设进行了系统阐述，并第一次以省委全会的名义和全会决议的形式，向全省人民发出"实现中原崛起"的号召。此后，河南省委、省政府对中原崛起的内涵和目标进行了进一步的梳理和凝练。2005 年 8 月，胡锦涛总书记在视察河南时充分肯定了实现中原崛起的奋斗目标和工作思路，指出中原崛起符合中央的精神、符合河南的实际、符合全省干部群众的愿望，要求聚精会神抓好落实，努力推动河南经济社会实现更大发展，在促进中部地区崛起中走在前列。2006 年 10 月，省八次党代会对新形势新阶段下加快中原崛起进行再动员再部署，提出全面贯彻落实科学发展观加快中原崛起的历史任务。2008 年 7 月，省委八届八次全会进一步阐释和丰富了中原崛起的内涵和总目标。

（二）中原崛起的内涵与标准

在所有表述河南发展和前景的"话语体系"中，"实现中原崛起"无疑是最为明晰、凝练和透彻的表达，最富有时代精神，最具有感召力、凝聚力和号召力，其内涵和标准呈现出随着实践的深化而不断拓展的动态特征。

1. 中原崛起的内涵

实现中原崛起，是关系河南历史定位和长远发展的战略构想和谋划，关乎河南改革开放发展的大局，关乎中国第一人口大省的历史走向，关乎全省广大人民群众的切身利益和福祉。这里从四个维度对中原崛起加以审视，可以发现它包含了四个要素：

首先，从河南自身所处的社会发展阶段审视，中原崛起意味着河南完成从农业社会到工业社会的转变，基本实现工业化；意味着建设经济强省的宏愿得以实现，多灾多难的中原大地重现历史的辉煌；意味着"全面小康"在中华文明的发祥地成为现实，中原儿女交出无愧于先人的合格答卷。这对一个传统农业大省来说，无疑是一场深刻的"社会革命"。

其次，从河南与同处于经济相对落后地位的中西部省份比较中来审视，中原崛起意味着河南的发展要走在中西部地区前列。当前，国际金融危机加速了世界经济格局的重构，推动了产业梯度转移和区域经济发展格局的调整，在包括中部崛起在内的多个区域经济发展总体战略部署基本完成的背景下，未来区域竞争将更趋激烈，中原崛起"不进则退"、"慢进亦退"。

再次，从河南面临的新形势、新任务、新要求来审视，中原崛起意味着河南的发展要有更强的稳定性、协调性和可持续性，通过经济发展方式的转变、发展路径的创新等途径，不仅要实现量的扩张与质的提升、大而强与富而美的统一，还要实现文化"软实力"与经济"硬实力"的统一；不仅要推进物质文明加快发展，还要推进政治文明、精神文明和生态文明共同发展；不仅要以发展生产力、实现共同富裕为目的，还要以提高人民素质、实现人的全面发展为最终目标。

最后，从作为经济区概念的角度审视，中原崛起意味着河南经济发展辐射力和带动力的增强，构筑起对全国区域经济协调发展具有全局意义的"中原平台"。从更为广义的外延出发，中原不仅包括河南省，还包括与河南地缘相亲、人缘相通的周边地区，如山西省的长治市、晋城市，河北省的邯郸市、邢台市，山东省的聊城市、菏泽市、临清市等。目前，这些地区已与河南省的新乡、安阳、焦作、濮阳、鹤壁、济源组成跨省区域性经济合作组织——中原地区经济技术协调会，并已展开不同层次的合作，有着进一步聚焦中原崛起的基础和条件。因此，从这一意义上说，中原崛起不仅仅是河南的崛起，更是中原经济板块的整体崛起。而作为其主体，河南有着更多的责任，也应有更大的作为。

2. 中原崛起是河南几届省委、省政府决策思路的继续和拓展

在经济发展的战略指向上，由提出"加快发展，缩小差距"、"把人口大省建设成经济强省"，到明确"实现人均国内生产总值到 2020 年比 2000 年翻两番以上，达到 3 000 美元，使全省的发展走在中西部地区前列"；在战略目标确定上，从提出"一高一低"，到强调"两个较高"；在发展战略上，经历了由实施"三大战略"（科教兴豫、开放带动、可持续发展），到"四大战略"（加上"城镇化战略"），再到"五大战略"（加上"中心城市带动战略"）；在发展途径上，从提出"围绕农业上工业、办好工业促农业"，到明确"以工业化为主导，以城镇化为支撑，以推进农业现代化为基础"；在发展布局上，从提出发展大城市、中小城市、小城镇"三头并举"，到明确"建设大郑州"，培育"中原城市群经济隆起带"，"形成若干个带动力强的省内区域性中心城市和新的经济增长极"。这一切，反映了认识不断深化的过程、思路不断聚焦的过程。

3. 中原崛起标准的不断深化

2003 年 7 月，河南省委七届五次全会通过的《河南省关于全面建设小康社会的规划纲要》，界定了中原崛起的标准，包括三层意思，即到 2020 年人均国内生产总值达到 3 000 美元、基本实现工业化、走在中西部地区前列。这显然是在经济层面并从与全国比较、与中西部其他比较和河南自身的社会嬗变三个维度，对中原崛起深刻而精辟的诠释。2003 年 12 月，在省委七届六次全会的讲话中，时任省委书记李克强进一步阐述了中原崛起的标准——"中原崛起的目标，核心是经济内容，也包括了人文指标和社会稳定的内容。实现中原崛起，加快经济发展是第一要务，同时，必须推进经济政治文化协调发展，必须改革发展稳定全面推进。"2006 年 10 月省八次党代会提出，实现中原崛起，就是要按照科学发展观的要求，经过坚持不懈的努力，基本实现工业化，人均生产总值等主要发展指标赶上或超过全国平均水平，建成惠及全省人民更高水平的小康社会，建成农业先进、工业发达、文化繁荣、环境优美、社会和谐、人民富裕的新河南。2003 年省委七届五次全会提出，中原崛起的核心标志是"到 2020 年人均国内生产总值赶上全国平均水平"；2006 年省八次党代会修改为"到 2020 年人均生产总值等主要发展指标赶上或超过全国平均水平"；2008 年

省委八届八次全会进一步修改为"到2020年人均生产总值等主要发展指标超过全国平均水平"。由"赶上"到"赶上或超过"再到"超过",是依据中原崛起的态势作出的必要调整。

(三)中原崛起的实践探索

"实现中原崛起",凝聚了河南决策层励精图治、在中原大地书写壮丽诗篇的坚定决心,道出了亿万中原儿女的共同心声,它不是一般的经济目标,而是立足省情,深思熟虑作出的政治决断。从目标的确立到思路的形成以及现实的实践过程,中原崛起经历了艰辛的历程。

1. 初步探索阶段(20世纪90年代初—2003年年初)

这一时期,省委、省政府明确了"团结奋进,振兴河南"的方针;确立了"一高一低"(经济增长高于全国水平,人口自然增长率低于全国水平)的目标;作出了"围绕农字上工业,上了工业促农业"的决策;提出了"中原城市群"理念;推动了县域经济"十八罗汉"闹中原;实施了高速公路、机场等重大基础设施建设。

2. 破题启动阶段(2003年年初—2004年年底)

这一时期,省委、省政府制定了《河南省关于全面建设小康社会的规划纲要》;提出中原崛起的目标(实现人均国内生产总值2020年比2000年翻两番以上,达到3000美元);明确"工业化、城镇化、农业现代化"的三化路径;确定了中原城市群等四个板块的区域布局;提出并实施了开放带动主战略;推动以郑东新区为核心的"大郑州"建设等。

3. 大力推进阶段(2005年—2009年年底)

省八次党代会明确提出"两大跨越"(由经济大省向经济强省跨越、由文化大省向文化强省跨越)、"两个建设"(和谐中原建设、党的建设)的任务。省委八届五次全体(扩大)会议,号召贯彻中央"坚持科学发展、着力改善民生、构建和谐社会"三项要求,奋力开创中原崛起新局面,主要包括推进工业强省建设、文化强省建设、和谐中原建设、新农村建设、平安河南建设、河南形象建设、党的建设。

4. 全面提升阶段(2010年以来)

虽然经过不懈努力,河南的发展已经站在新的历史起点上,但人口多,底子薄,基础弱,人均水平低,发展不平衡的基本省情仍然没有根本改变。在此认识基础上，河南省委省政府提出，以"四个重在"作为河南科学发展的总体要求与实践要领，重点解决钱从哪里来、人往哪里去、粮食怎么保、民生怎么办等问题。从 2010 年起，河南系统梳理历届省委确立的发展思路，持续、延伸、拓展、深化中原崛起战略，集中全省干部群众智慧，提出了建设中原经济区的战略构想。2011 年 9 月，国务院制定下发《关于支持河南省加快建设中原经济区的指导意见》，中原经济区正式上升为国家战略。省九次党代会提出，全面实施建设中原经济区、加快中原崛起河南振兴总体战略，持续探索不以牺牲农业和粮食、生态和环境为代价的新型城镇化、新型工业化、新型农业现代化三化协调科学发展的路子，切实用领导方式转变加快发展方式转变，着力推动务实发展、建设务实河南，统筹推进经济建设、政治建设、文化建设、社会建设以及生态文明建设。

二、中原崛起跃上了新起点

省第八次党代会以来，河南上下在党中央、国务院的正确领导下，深入贯彻落实科学发展观，紧紧围绕加快"两大跨越"、推进"两大建设"目标任务，坚持"四个重在"实践要领，加快转变经济发展方式，协调推进工业化、城镇化和农业现代化，有效应对国际金融危机冲击，经济社会发展总体持续、总体提升、总体协调、总体有效，呈现出好的趋势、好的态势、好的气势。

（一）综合经济实力跃上新台阶

国民经济持续较快增长。2011 年，河南省生产总值达到 2.72 万亿元，是 2006 年的两倍多，人均生产总值由 1 600 多美元增加到 4 000 多美元，财政总收入达到 2 851.22 亿元，比 2006 年翻了一番。全年全社会固定资产投资 17 766.78 亿元，比上年增长 25.8%，同比加快 4.8 个百分点。基础设施支撑更加有力，高速公路通车里程保持全国第一。生态建设成效比较明显，国家下达的节能减排任务全面完成。

（二）产业结构调整迈出新步伐

经济结构不断优化调整。2011 年，河南省三次产业结构调整为

12.9：58.3：28.8。农业基础地位得到加强，粮食生产核心区建设全面展开，粮食产量连年稳定在1 000亿斤以上，2011年突破1 100亿斤，为保障国家粮食安全、服务全国大局作出了重要贡献；畜牧和果蔬、花卉等特色高效农业快速发展。新兴工业大省地位进一步巩固，工业增加值预计达到1.44万亿元，集聚发展态势初步形成。服务业发展明显提速，现代物流体系建设加快推进，文化产业增加值五年翻一番以上，旅游总收入突破2 800亿元，金融业快速发展。

（三）城镇化发展呈现新局面

城镇化处于较快发展时期。2011年，河南省城镇化率达到40.6%，比"十五"末提高近十个百分点。中原城市群的柱石作用进一步增强，郑汴一体化深入发展，一批城市新区规划建设加快推进，中心城市之间快速通达能力明显提升，城际联系日益紧密。城市承载能力不断提升，城市服务功能进一步完善。新型城镇化发展思路日益明确，中心城市组团式发展开始试点，促进中小城市内涵式发展，把新型农村社区纳入现代城镇体系。新型农村社区建设积极稳妥推进，战略基点作用进一步显现。

（四）改革开放创新取得重大进展

重点领域改革逐步深化。国有企业战略重组和矿产资源整合取得阶段性成果，河南煤化集团、中平能化集团等一批大型国有企业集团成功组建。非公有制经济加快发展，民营经济占国民经济比重达60%以上、成为河南发展的强大支撑。要素保障机制不断完善，省、市、县三级政府投融资体系初步建立。农村综合改革和科技、教育、医药卫生等领域改革全面推进，服务型政府建设富有成效。开放型经济快速发展，2006—2011年，实际利用省外境外资金累计达到1.4万亿元，超过1979年到2006年的总和，2011年进出口总额达到326.42亿美元，是2006年的三倍，建立了中部地区首个综合保税区。自主创新体系不断完善，国家重点实验室建设实现重大突破，发明专利授权量翻两番，共有九项成果获国家科技进步一等奖。

（五）人民生活明显改善

城镇居民人均可支配收入、农民人均纯收入较快增长。2011年分别达到18194.80元和6604.03元。集中财力实施"十项民生工程"。城镇新增就业稳定增长。高校毕业生就业、"4050"人员等困难群体就业问题得到较好解决；农村劳动力转移就业突破 2 500 万人，就地就近转移就业大幅增加。城乡社会保障体系逐步健全，保障范围逐年扩大，保障水平不断提高。2011 年年末，参加城镇职工基本养老保险人数 1168.4 万人，参加城镇基本医疗保险人数 2122.26 万人；全年共发放城镇居民最低生活保障金 34.5 亿元，享受最低生活保障 141.9 万人。发放农村低保金 39.9 亿元，农村低保对象 365.8 万人。社会主义新农村建设和新型农村社区建设扎实推进，农村生产生活条件得到改善。开展更高标准的扶贫开发，农村贫困人口大幅减少。

（六）和谐社会建设成效显著

文化强省建设成效显著。中原文化影响力进一步增强，河南形象不断提升。免费义务教育全面实现，各级各类教育迅速发展；基本公共卫生服务逐步普及，基层医疗服务体系进一步健全，城乡基本医疗保险实现全覆盖；人口和计划生育工作富有成效，人口自然增长率控制在 5‰左右。广播电视、新闻出版、体育等社会事业全面进步，建成了河南省艺术中心、河南省广播电视发射塔、中国文字博物馆等一批标志性文化工程。精神文明和民主法制建设全面推进，社会大局保持稳定。

中原经济区上升为国家战略，中原崛起战略实现了新突破，建设中原经济区的气势正在形成、效应逐步显现。一个自强不息、务实发展的河南，一个开放包容、和谐文明的河南，一个日新月异、充满生机的河南，正以崭新的姿态展现在世人面前，加快中原崛起已经站在一个新的历史起点上。

三、实现中原崛起面临的突出难题

中原崛起取得了巨大的成就，但同时我们也清醒地认识到，人民日益增长的物质文化需要同落后的社会生产之间的矛盾这一社会主要矛盾没有从根本上改变，人口多、底子薄、基础弱、人均水平低、发展不平衡的基本省情没有从根本上改变，"钱从哪里来、人往哪里去、粮食怎么保、民生怎么办"四道难题需要破解的局面没有从根本上改变。促进经济社会发展、实现中原崛起还面临着一系列难题。

（一）经济结构性矛盾依然突出

目前，河南三次产业结构不合理，产业发展不协调，突出表现为现代农业尚未形成规模，工业技术层次低，总体竞争力不强，第三产业发展滞后。2010年，河南省三次产业结构为 14.1∶57.3∶28.6，而全国同期的产业结构为 10.1∶46.8∶43.1。河南省第三产业增加值占地区生产总值的比重为 28.6%，低于全国 14.5 个百分点，居全国倒数第一，可见河南第三产业发展滞后。从三次产业内部结构看，农业内部结构单一；工业多处于产业链前端和价值链低端，以资源开发型产业为主，能源、原材料基础产业和以农产品为原料的初级加工业的比重过大，而电子信息、生物制药、新材料等新型制造产业发展较弱。大多数工业产品技术含量不高，附加价值偏低、能耗却偏高。服务业仍以传统服务产业为主，现代服务业比重较小。

（二）"三农"问题突出

由于长期以农业这个弱势产业为主，河南省的"三农"问题更加凸显，城乡二元结构的矛盾更加突出。农村人口非农化和城镇化进程缓慢，农民比重过大，导致农业相对劳动生产率过低，"三农"问题突出。从农业问题来看，农业基础设施滞后，农业生产的基础还比较脆弱。从农村问题看，农村基础设施和公共服务设施滞后，与城市相比存在较大差距。从农民问题来看，农民收入水平低，河南省 2010 年农民人均纯收入比全国平均水平低 395 元。城乡差距过大，必然引发种种社会问题，导致不稳定因素增加。

此外，保持粮食增产与提高农民收入又陷入了两难困境。一方面，保持粮食稳定增产的难度不断增大。目前靠提高粮食单产实现增收的空间不断缩小，而种粮收益远远低于外出打工的工资性收入，导致农民种粮的积极性不高，大批青壮年农民弃农从工，出现了种粮面积减少和农地撂荒抛荒现象，直接影响到粮食的稳定增产。另一方面，"粮食增产不增收"的矛盾越发凸显。粮食大县多是财政穷县，粮食主产区粮食增产并不一定带来农民增收。随着农业生产资料价格不断上涨，农民种粮成本不断加大，同时小麦收购价格持续低迷，仅依靠种粮提高农民收入的难度和风险越来越大。如何既保持粮食增产又提高农民尤其是粮农收入是促进中原崛起面临的重要难题。

（三）城镇化发展水平滞后

长期以来，河南省城镇化水平一直低于全国平均水平十个百分点左右，虽然近几年呈现出较快的发展速度，保持了较好的发展态势，但是与全国和经济发达地区相比，河南省的城镇化水平仍然偏低，已成为制约全省经济社会发展的主要矛盾。2010 年年底，河南省城镇常住人口达到3 651 万人，城镇化水平达到 38.8%，较全国 49.95% 的平均水平低 11.15个百分点。城镇化水平最高的地区主要集中在中原城市群和安阳、鹤壁、三门峡等地，其中郑州市的城镇化率最高 66.4%；城镇化水平低的地区集中在黄淮地区，主要包括商丘、周口、驻马店和信阳等市，其城镇化率低于全省平均值。虽然河南城市数量较多，但从城市规模看，中等城市较多，缺乏在全国具有较强竞争力和影响力的特大城市。2010 年年底，全省 18 个省辖市中只有郑州市辖区人口接近 300 万人，为 293.98 万人，其他城市 17 个省辖市的人口都不超过 200 万人。各城市之间差异比较大，除了郑州与周边城市如开封、洛阳、许昌、新乡等联系比较紧密以外，其他城市之间的联系不甚紧密，区域内的城市存在着各自为政、城市发展的目标大体相似，产业结构雷同，产业层次较低，经济实力不强，综合竞争力弱，对周围地区要素的聚集力、带动力和辐射力不强，对农村富余劳动力的吸纳力较弱，融合度差等问题。

（四）经济增长内生动力不足

经济长期增长不是由于外部力量，而是经济体系内部力量作用的结果。长期以来，河南省内需尤其是消费需求不足，民间投资不旺，科技创新能力不强，体制机制改革滞后等造成经济发展内生动力和活力匮乏，由此制约着河南省经济的持续性发展、均衡型发展和创新型发展。

一是消费需求不足。投资、消费和出口是拉动经济发展的"三驾马车"，而河南的经济增长主要依靠内需，特别是投资的快速增长来实现的。由于河南地处内陆，尽管近几年的进出口总额等得到高速增长，但是由于基数较低，与东部地区相比，河南外贸指标还很低，外向型经济发展还很滞后，出口对经济的拉动作用还比较弱。从内需来看，"十一五"期间，

河南省地区生产总值年均增长 12.9%，全社会固定资产投资总额年均增长
32.3%，社会消费品零售总额年均增长 18.8%，城镇居民人均消费性支出
和农民人均生活消费支出年均分别增长 12.4% 和 14.3%。显示出固定资产
投资的增长速度远远高于地区生产总值的增长速度，而居民消费支出低于
地区生产总值的增长速度。由此可见，投资是当前拉动河南经济增长的主
导力量。

二是自主创新能力不强。近年来，河南省创新成果数量持续增长，高
新技术产业迅速发展，自主创新能力不断增强，但也应该看到，河南省
城市创新基础总体还比较薄弱，缺乏核心技术和自主知识产权，自主创
新能力不强。首先，河南高技术制造业比重过低。而且，高科技产业技
术含量不高，市场竞争力不强。许多高技术企业仍然只具有高技术产品
加工功能，缺少核心技术。其次，河南企业缺乏自主创新意识，创新投
入、创新产出等指标与先进省份都存在较大差距。2010 年，河南大中型
工业企业研发（R&D）经费 148.59 亿元，仅占全国的 3.7%，分别为广东、
江苏、山东的 23.6%、27.0% 和 28.2%；大中型工业企业新产品销售收
入 1828.74 亿元，仅占全国的 2.5%，分别为广东、江苏、山东的 16.2%、
19.5%、20.5%。

三是部分重点领域和环节的改革滞后，一些体制机制性障碍影响着河
南经济可持续发展内生动力的形成。例如，垄断行业、城市公用事业改革
滞后；政策对民间投资领域存在很多限制；对民间投资政策扶持不足；国
民收入分配制度改革滞后；对个体民营经济和中小企业金融服务体系不健
全。市场体系不健全；鼓励自主创新的政策不完善；城乡二元结构突出，
户籍等制度限制高层次人才流动；社会保障体系不完善等。另外，一些领
域的配套改革措施落实不够，存在"政策棚架"现象。各种体制壁垒都制
约了消费需求扩大、民营经济发展、自主创新能力提高等，对经济增长内
生动力的培育和增强形成了一种制度束缚。

（五）土地、资源、环境的制约日益凸显

随着中原经济区战略的实施，资源供需紧张将进入大发展的高峰期，
土地、资源、环境的制约日益凸显。据测算，"十二五"时期，全省年均
建设用地需求量在八十万亩左右，而预计国家下达和直接配备的计划指标

每年顶多三十万亩，缺口超过 60%，土地资源不足已成为制约中原崛起的重要瓶颈。同时，由于人口基数大，河南省人均资源占有量较少：人均矿产资源占有量仅为全国平均水平的 1/4，人均水资源仅为全国平均水平的 1/5、世界平均水平的 1/20。在已探明的矿产资源储量中，石油已消耗 67%，天然气已消耗 53%，铝土矿仅满足 14 年—17 年的开发需求。这些数据表明，过去长期以来的强力开发，使得河南省目前主打的能源原材料工业很快将无以为继。此外，河南省生态环境承载能力不断下降，化学需氧量（COD）年排放量居全国第五位，二氧化硫排放量居全国第二位；四类以上水质河段占全省河段的比例达 40%以上，一千多万人面临饮水不安全问题等。此外，农村环境污染问题日趋突出，垃圾废物乱堆乱放，生产生活污水随意排放，农业面源污染等问题突出。建设中原经济区，实现中原崛起河南振兴面临着巨大的土地资源环境制约。

（六）和谐社会建设任务艰巨

今后一段时期，河南省将进入经济社会结构和各种利益格局深度调整时期，这一时期也是社会矛盾凸显期，社会矛盾和风险因素日益增多。河南省社会事业发展滞后，公共服务体系不健全，教育、医疗、社会保障等一些领域还比较薄弱，就业和社会保障压力大、居民收入增长缓慢，已成为河南发展的"短板"。特别是看病难、上学难、住房难等问题，不仅群众反映强烈，而且成为制约居民消费、影响居民健康和素质的根本性问题。河南社会事业发展的投入仍然不足，尤其是农村义务教育资源严重不足，基本医疗卫生服务，体育教育，文化基础设施建设不足，农村的社会事业相对薄弱，发展不平衡。农民难以享有均等化公共服务的矛盾较为突出。同时，广大群众日益增长的个性化、多层次、多样化社会服务需求还难以得到有效满足，构建和谐社会的任务还比较重。

第二节　河南城镇化战略的历史考察

河南在提出实现中原崛起的目标后，城镇化战略不断发展完善，逐渐探索和形成了一条符合本地实际的新型城镇化道路，促进了河南省城镇化的快速发展，城镇化进程快速推进、现代城镇体系初步形成，城镇综合经济实力显著增强、推进城镇化的载体体系日趋完善等，但与此同时，也存在城镇化水平低、城镇体系不甚合理、产业支撑能力不强、城镇承载能力较弱等问题。

一、河南省城镇化战略演变

进入 21 世纪以来，河南在提出实现中原崛起的目标后，城镇化战略不断发展完善，逐渐探索和形成了一条实现中原崛起的新型城镇化之路。

2003 年，河南省政府在《关于加快城镇化进程的决定》中提出，"坚持大型中心城市、中小城市和小城镇三头并举"的基本方针，以实现工业化、城镇化和农业现代化协调发展。并确定了 26 个试点县（市）和 123 个重点镇予以扶持，增强城镇可持续发展能力。

2005 年 12 月，结合全省城镇化发展实际，省委、省政府《关于进一步促进城镇化快速健康发展的若干意见》明确提出，把"实施中心城市带动战略，突出发展中原城市群，重点建设省辖市和县城"作为"十一五"及今后一个时期全省城镇化发展的战略重点。

2006 年，《河南省人民政府关于加快推进城乡一体化试点工作的指导意见》出台，选择鹤壁、济源、巩义、义马、舞钢、偃师、新郑七个市为试点，为全省推进城乡一体化取得经验，提供示范。《指导意见》提出，以加快城镇化为核心，以构建城乡统一的基础设施、公共服务体系为着力点，打破城乡二元结构，统筹城乡发展，推进农村生产、生活方式转变，使农村和城市共享现代文明。

2006 年，河南省八次党代会报告首次明确提出"坚持走新型城镇化道路，努力在促进城乡区域协调发展上取得新突破"，要适应城镇化发展趋势，走城乡互动、区域协调、体系合理、发展集约、以人为本理念得到充分体现的新型城镇化路子。

2007 年 10 月，河南省政府召开全省城市发展与管理工作会议，提出要走新型城镇化道路，即以科学发展观统领全局，不断创新城市发展理念和思路，加快推动城市由"重建设、轻管理"向"建管并重"转变，由城乡分割向城乡一体化转变，由外延、粗放式发展向内涵、集约式发展转变，由注重经济增长向统筹协调发展转变，全面提升城市综合素质和竞争力，走符合河南实际的新型城镇化道路。

2008 年以来，省委、省政府提出进一步完善中原城市群规划，着力构建以郑州为中心的"一极两圈三层"现代城镇体系，促进全省城市功能互补、向心发展、共同繁荣。

2010 年，为推进城乡建设，加快城镇化进程，带动三化（工业化、城镇化、农业现代化）协调科学发展，河南省人民政府出台了《关于推进城乡建设加快城镇化进程的指导意见》，明确提出，把加快城镇化进程作为带动三化协调科学发展的着力点，全面加强城镇建设，积极稳妥建设新农村，努力走出一条全面开放、城乡统筹、经济高效、资源节约、环境友好、社会和谐，以中原城市群为主体形态，大中小城市与小城镇、农村社区协调发展、互促共进的新型城镇化道路。

2011 年，河南省委九次党代会提出，强化新型城镇化引领，统筹城乡发展、推进城乡一体。新型城镇化是以城乡统筹、城乡一体、产城互动、节约集约、生态宜居、和谐发展为基本特征的城镇化，是大中小城市、小城镇、新型农村社区协调发展、互促共进的城镇化。要着力增强中心城市辐射带动作用，增强县域城镇承载承接作用，增强新型农村社区战略基点作用，构建城乡一体化发展新格局。

由此可见，进入 21 世纪以来，河南省新型城镇化发展道路不断完善。在发展战略上，从"城镇化战略"到"中心城市带动战略"到"新型城镇化战略"；在发展布局上，从提出发展大城市、中小城市、小城镇"三头并举"，到明确"建设大郑州"，培育"中原城市群经济隆起带"，"形成若干个带动力强的省内区域性中心城市和新的经济增长极"，"统筹推进大中小城市、小城镇和新型农村社区建设，加快构建符合河南实际、具有河南特色的现代城镇体系"。可见，河南省已初步探索出了一条城乡统筹、城乡一体、产城互动、节约集约、生态宜居、和谐发展，大中小城市、小城镇、新型农村社区协调发展、互促共进的新型城镇化道路。

二、河南省城镇化发展历程

新中国成立以来，受全国政治经济制度和本身固有的自然、社会经济条件等多因素的综合影响，河南城镇化呈现出不平衡发展的特点，大致可以分为起步发展、震荡发展、复兴发展、转型发展和加速发展五个阶段。

（一）起步发展阶段（1949—1957年）

新中国成立之初，河南工业十分落后，工业化程度十分低下。1949年全省城镇人口为265万人，城镇化率仅为6.3%。当时，河南仅有12个城市，其中，10万人以上的城市只有开封一个，5万—10万人的城市6个。新中国成立后，伴随着社会主义经济建设的全面展开，河南城镇化在一个起点极低的基础上逐步展开。"一五"计划期间，全国有156项重点工程在各大中城市布点和实施，其中河南省是国家重点工程布点的主要省份，156个重点项目有十个安排在河南，洛阳、郑州、新乡、平顶山、焦作等是当时重点建设的工业城市。工业化的发展带动了城镇化，工业建设和城市建设齐头并进，这期间，新建了平顶山、三门峡、焦作（由矿区改为市）、鹤壁四座新城，重点建设了洛阳市，扩建了郑州、新乡二个城市，其余城市也都有程度不同的扩建。到1957年年底，全省城市由1949年的12个增加到16个；城市人口增加到270万人，占全省总人口的比重达到5.6%，分别比1949年增长1.8倍和3.3个百分点；河南城镇化水平达到9.3%，比1949年提高了3个百分点，年均提高0.38个百分点。

（二）震荡发展阶段（1958—1978年）

这一时期，河南省经济发展大起大落，经历了"大跃进"工业建设的遍地开花，三年困难时期的经济调整和"文化大革命"时期经济的严重受挫。城镇化建设也一波三折，先是"大跃进"时期的"过度城镇化"，接着是三年困难时期的"逆城镇化"，然后是"文革"初期的第二次"逆城镇化"，"文化大革命"后期知青返城，城镇化水平又全面回升。1978年，河南的城镇化率仅为13.6%，与1957年相比，21年间城镇化率只提高了4.3个百分点。

1."大跃进"时期出现"过度城镇化"

1958—1960年的"大跃进"期间，河南在贯彻中央工业与地方工并举、土洋结合以及"以钢为纲"的方针中，出现了县县办工业、乡乡办工厂的前所未有的局面。随着工业生产的异常发展，大量农村劳动力流向城镇，城镇人口骤然膨胀，到1960年，城镇人口由"一五"期末1957年的270万人发展到407万人，增长了50.7%。

2. 三年困难时期首次出现"逆城镇化"

受1959年到1961年期间自然灾害的影响，1961年中国开始进入国民经济调整时期。在党中央提出的"调整、巩固、充实、提高"方针指导下，全省全面调整经济发展政策，压缩基建投资规模，"关、停、并、转"了一批盲目发展起来的工业企业，城镇实行"精兵简政"，压缩城镇数量和城镇人口，精简职工，出现第一次"逆城镇化"现象。1965年，河南省城镇化水平仅为11.2%。

3. "文化大革命"初期出现第二次"逆城镇化"

1966年到1977年，受"文化大革命"及其经济工作指导思想的失误影响，国民经济濒临崩溃，城镇化进程止步不前，大批城市知识青年及其他城市人口上山下乡，不少干部被下放到农村，导致城市经济明显衰退，城市人口机械增长已成负值，出现第二次"逆城镇化"现象。十多年间，河南城市发展缓慢，城镇人口增长缓慢，全省城镇化水平增长不到两个点，基本处于停滞阶段。"文化大革命"后期，随着大批知青返城，城镇化水平才开始有所回升。

（三）农村体制改革推动城镇化发展阶段（1979—1983年）

1978年，党的十一届三中全会确立了以经济建设为中心，坚持四项基本原则，坚持改革开放的指导方针，经济和城镇化建设才真正步入持续稳定的发展阶段。1980年，国务院制定了"严格控制大城市发展规模，合理发展中等城市，积极发展小城镇"的城镇化发展方针，河南确定了优先发展小城镇的改革政策。这一时期，人们对小城镇的积极作用与地位有了进一步的充分认识，观念上的误区基本得到克服。但这一时期基本上沿袭了传统计划经济时代的做法，建设用地无偿划拨，进镇人口严格控制，建设资金直接来源于地方财政。农村工业的发展以乡镇工业"遍地开花"的分散布局为基本特征，这种布局不仅不利于中心城镇的建设，制约了城镇化水平的提高，而且还强化了农民兼业化现象。因此，这一期间小城镇数量增加并不多。到 1983 年年底，全省城镇化水平只有 14.6%，较 1978 年提高了 1 个百分点，年均增长 0.2 个百分点。

（四）城市经济体制改革推动城镇化阶段（1984—1992 年）

1984 年，我国经济体制改革的重点由农村转向城市，进行经济结构调整，建立了适合我国经济发展和国情的劳动密集型轻工业。其中，轻工业非常适合广大具有原料优势、劳动力优势的农村乡镇企业的发展。而乡镇企业的发展又通过"以工补农、以工建农"的形式，加快了农业现代化进程，为农业富余劳动力的转移进一步提供了条件。同年，中央颁布了新的户籍管理政策，允许农民自带粮食进城务工经商，并且调整了 20 世纪 60 年代以来的市镇建制标准，从而使城镇数量迅速增加。在这一时期迅猛发展的乡镇企业在资金上大力支持了小城镇的快速发展。但在制度上，由于家庭联产承包责任制并不是为促进农村城镇化进程设计的，在 80 年代中期后的改革中，也没有及时从政策和体制上解决农村剩余劳动力转移问题，河南大量的农村人口仍然被禁锢在土地上，城镇化向前发展速度缓慢。到 1992 年年底，全省城镇化水平为 16.2%，较 1984 年提高 1.5 个百分点。

（五）快速发展阶段（1993—2001 年）

党的十四大以来，我国进入了建设社会主义市场经济体制的新时期，相继对财税、金融、外贸、投资等体制进行了改革，构建了社会主义市场经济体制的基本框架。现代企业制度的改革从理论研讨进入实施阶段，国有企业从计划经济体制下解脱出来，以独立市场主体身份参与市场竞争，所有制实现形式可以而且应当多样化，非公有制经济是我国社会主义市场经济的重要组成部分。这一时期，全省经济发展明显加快，国内生产总值的增长速度连续五年都在 12% 以上。城市随着市带县体制的逐步完善，综合实力进一步增强，城镇化进程步入了快速发展时期。到 2001 年年底，河南省城市数量增加到 38 个，在全国各省区排序中位居第四；城镇化率达到 24.4%，较 1992 年提高 8.2 个百分点。

（六）统筹城乡发展阶段（2002 年至今）

党的十六大确立了全面建设小康社会的奋斗目标，明确提出要加快城镇化进程，逐步提高城镇化水平，坚持大中小城市和小城镇协调发展，走中国特色的城镇化道路。党的十七大以科学发展观统领经济社会发展全局，提出走中国特色城镇化道路，按照统筹城乡、布局合理、节约土地、功能完善、以大带小的原则，促进大中小城市和小城镇协调发展。河南早在 2001 年的政府工作报告中，就提出调整城乡结构，坚持大型中心城市、中小城市和小城镇三头并举的方针，积极稳妥地推进城镇化。之后，河南先后提出了大中小城市"三头并举"的方针，构建中原城市群，规划建设郑东新区和洛南新区，统筹城乡一体化，实施中心城市带动战略，完善城镇体系，构建郑汴新区增长极等一系列战略措施。特别是省委、省政府立足省情，围绕全面建设小康社会、奋力实现中原崛起的总体目标，先后制定了《加快城镇化进程的决定》、《关于进一步促进城镇化快速健康发展的若干意见》等文件，明确了推进城镇化的指导思想、主要目标和发展重点。2008 年以来，省委、省政府提出进一步完善中原城市群规划，着力构建以郑州为中心的"一极两圈三层"现代城镇体系，促进全省城市功能互补、向心发展、共同繁荣。2011 年，河南省九次党代会提出了强化新型城镇化引领，统筹城乡发展、推进城乡一体，并把新型农村社区纳入现代城镇体系。这一时期，全省城镇化呈现加速发展态势，城市规划、建设和管理水平不断提高，城市基础设施建设投入不断加大，城市发展环境逐步得到改善，各项改革积极推进，城镇化体制性障碍逐步消除。2011 年，全省城镇化率达到 40.6%，比 2001 年提高了 16.2 个百分点，年均提高 1.6 个百分点。这一时期成为河南省历史上城镇化进程最快的时期。

三、河南省推进新型城镇化面临的主要问题

（一）城镇化发展水平仍然偏低

长期以来，河南省城镇化水平一直低于全国平均水平十个百分点左右，虽然近几年呈现出较快的发展速度，保持了较好的发展态势，但是与全国平均水平和经济发达地区相比，河南省的城镇化水平仍然偏低，已成为制约全省经济社会发展的主要矛盾。由于各省市 2010 年的城镇化率在《中国统计年鉴—2011》没有统计，在此采用 2009 年的数据进行比较分析。2009 年，河南省城镇化率仅为 37.7%，低于全国平均水平 8.89 个百分点，

不仅在中部地区六省排倒数第一,在全国 31 个省级地区排倒数第五,仅略高于甘肃、西藏、云南和贵州。(详见图 4—1)

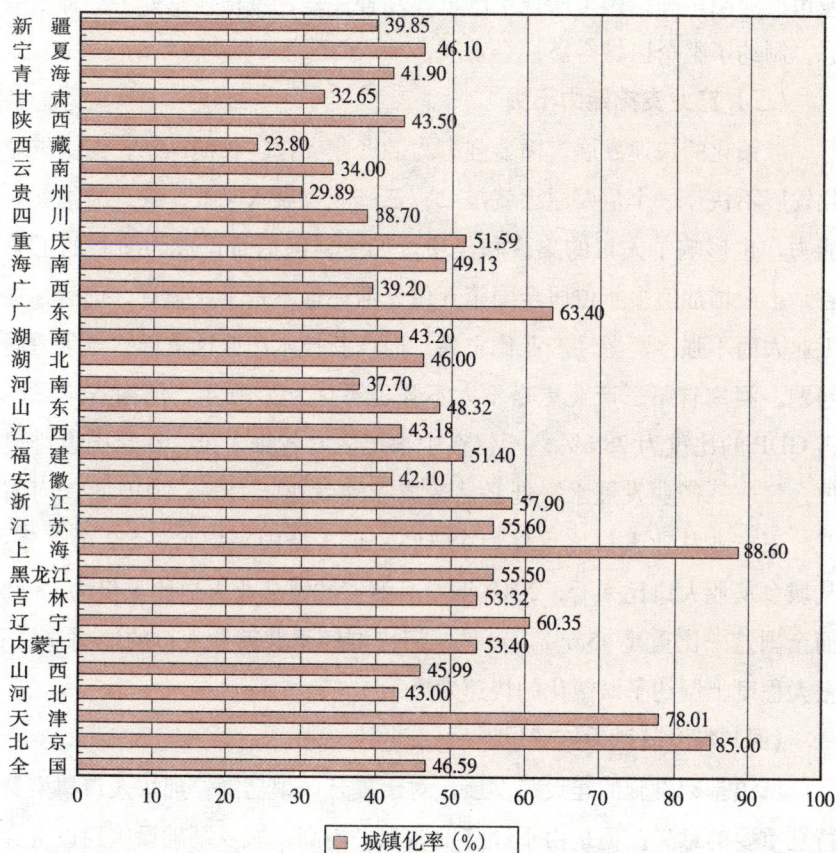

新疆 39.85
宁夏 46.10
青海 41.90
甘肃 32.65
陕西 43.50
西藏 23.80
云南 34.00
贵州 29.89
四川 38.70
重庆 51.59
海南 49.13
广西 39.20
广东 63.40
湖南 43.20
湖北 46.00
河南 37.70
山东 48.32
江西 43.18
福建 51.40
安徽 42.10
浙江 57.90
江苏 55.60
上海 88.60
黑龙江 55.50
吉林 53.32
辽宁 60.35
内蒙古 53.40
山西 45.99
河北 43.00
天津 78.01
北京 85.00
全国 46.59

城镇化率(%)

图 4—1

数据来源:《中国统计年鉴—2010》。

(二)城镇体系不甚合理

河南省城镇体系还不尽合理,突出表现在以下几个方面:第一,核心城市辐射带动能力不强。郑州首位度较低,经济实力不强,集聚和辐射能力较弱,对全省城镇的辐射带动作用尚未发挥出来,在全国城镇体系中的等级地位不高。第二,中小城市规模偏小。表现在全省中等城市数量较少,承上启下的节点作用不够突出,一些省辖市市域人口已超过一千万,但中心城区人口却不足一百万,有的甚至不足五十万,难以有效辐射带动周边地区发展；小城镇数量众多，但是规模小、功能不全，服务带动乡村地区发展的功能较弱。第三，职能分工不尽合理，专业化职能不突出。各城市产业同构和结构雷同现象严重，互补性差，城镇体系处于一种松散状态，制约了整个区域经济社会发展。

（三）产业支撑能力不强

城镇化的快速发展，需要强有力的产业支撑。长期以来，河南省城镇化发展不快，一个重要原因就是二、三产业发展水平低，缺乏吸纳就业的能力，也影响了人口的集聚和集中。如今，河南省已成为新兴的工业大省，工业增加值多年位居全国第五位，但还远不是工业强省，仍然存在着工业大而不强、资源性产业比重高，而高新技术产业比重低、竞争力弱等问题。河南省第三产业更是不大不强也不优。2010 年，河南省第三产业占 GDP 的比重为 28.6%，不仅在中部地区六省排末位，在全国也排最末位。二、三产业发展水平低必然造成吸纳就业能力弱，2010 年，河南省二、三产业从业人口比重仅为 55.1%，低于全国平均水平 8.2 个百分点。从城乡从业人口比来看，2010 年，河南省城镇从业人口比重仅为 18.7%，而全国这一比重是 45.6%。可见，河南城镇承载就业人口的能力非常弱，很大程度上制约了城镇化的快速发展。

（四）城乡基础设施建设滞后

城镇基础设施的建设与发展，对于提升城镇功能，加快人口集聚具有特别重要的意义。但是由于经济发展水平不高，城乡基础设施建设资金不足等原因，目前河南省城乡基础设施和公共服务设施不完善。一是城市设施水平较为落后。河南城市基础设施水平与部分省份乃至全国平均城市基础设施水平相比，存在较大差距（详见表4—1）。在表4—1所列六项指标中，除每万人拥有公共厕所指标外，其余五项指标均低于全国平均水平。由于基础设施落后，一些城市出现了交通拥堵、道路积水、城市管网老化、垃圾围城等"城市病"，制约了城市的快速健康发展和人居环境的改变。二是农村水、电、路、气等基础设施和教育、文化、医疗卫生等公共服务设施建设欠账较多，农村设施建设落后状况亟待改善。三是城乡建设投资匮乏，"城中村"和旧城改造难度较大。"城中村"存在着环境、消防、治安等严重问题，为获高额补偿抢建风盛行，改造难度不断加大，保障性住房建设不能满足群众需求。

表4—1　2010年河南与全国及东中西部分省份城市设施水平比较

指标 地区	城市用水 普及率 （％）	城市燃气 普及率 （％）	每万人拥有 公共交通车 辆（标台）	人均城市 道路面积 （平方米）	人均公园 绿地面积 （平方米）	每万人拥有 公共厕所 （座）
河南	91.03	73.43	7.58	10.25	8.65	3.32
山东	99.57	99.30	10.18	22.23	15.84	2.05
河北	99.97	99.07	9.53	17.35	14.23	4.22
山西	97.26	89.94	6.83	10.66	9.36	3.32
陕西	99.39	90.39	12.64	12.86	9.34	2.92
湖北	97.59	91.75	9.47	14.08	9.62	2.91
安徽	96.06	90.52	7.73	16.01	10.95	2.55
全国	96.68	92.04	9.71	13.21	11.18	3.02

数据来源：《中国统计年鉴—2011》。

（五）城镇发展方式粗放

当前，河南城镇建设与发展取得了巨大成就，城镇经济实力显著增强，城镇体系不断优化，城镇化水平快速提高，城镇建设日新月异，城镇功能逐步完善，但是在城镇经济发展、规划建设、生态环境、城镇管理、社会发展等方面也暴露出了发展方式粗放的问题。一是经济实力显著增强，但是产业结构层次偏低；投资快速增长，而消费需求明显不足；科技进步明显，但总体自主创新能力不强。二是城镇规划建设取得巨大成就，但大部分是依靠盲目追求数量而忽视质量，单纯靠规模扩张、外延式发展的传统模式，内涵式发展不足。三是城镇绿化和环保工作逐步加强，但随着城镇化进程加速，城市人口密集、交通拥挤、资源短缺、环境污染、生态恶化等问题仍十分严峻。四是城镇管理水平有所提高，但总体上重建设轻管理现象仍然严重，科学的管理机制尚没有形成。五是社会事业健康发展，但仍存在着居民收入增长缓慢，就业和社会保障体系不健全，教育、医疗、住房等关系群众切身利益的一些民生问题亟待解决。

（六）制度体系亟须进一步完善

河南省就促进新型城镇化已出台了一系列法规政策，但由于长期形成的城乡"二元"分割的政策体系和管理体制，城乡之间在就业、教育、医疗、福利、保险等各个领域，都存在着制度上和政策上的不公平。目前河南省城乡二元结构问题突出，城乡结构仍处于不平衡状态。例如，以户籍为分界的不公平的社会管理制度，使得农民工自身的合法权益难以得到保护，进城落户融入城市困难；现有的土地使用权制度，阻碍了合理扩大城市空间和提高土地使用效率，不利于土地集聚；就业和社会保障制度不完善，在一定程度上阻碍了劳动力的流动，使得城市的发展缺乏人力资源的支持。这些都形成了制约新型城镇化发展的制度障碍，加快新型城镇化进程亟须进一步完善制度体系。

第三节　新型城镇化是实现中原崛起的必然选择

河南省提出的新型城镇化战略以更加注重粮食和农业、产城融合、集约节约、城乡统筹、民生改善、政策引导等为基本特征，是提升城镇化水平与质量的内在要求，是破解新、老"四难"的有效途径，是增强内需动力的迫切需要，是转变经济发展方式的重要突破口，是全面提高城乡居民生活水平的重大举措，是实现中原崛起的必然选择。

一、新型城镇化是提升城镇化水平与质量的内在要求

城镇化是经济和社会发展的产物，是工业化和现代化发展的必然结果。城镇化水平是衡量一个国家或地区经济社会发展水平的重要标志。按照国际通行标准，当前河南已进入工业化城镇化加速推进时期，然而目前河南城镇化率仅为40.6%，与相应的城镇化率55%左右的国际标准相比，滞后近15个百分点，与全国平均水平相比，也滞后近11个百分点。城镇化水平偏低、与工业化和经济发展不协调，已成为制约河南经济社会发展的主要障碍。2010年，河南工业化率为51.8%，高于全国平均水平11.7个百分点，而同期城镇化率为38.8%，落后全国平均水平11.15个百分点，城镇化发展明显滞后于工业化发展，难以为传统工业化向新型工业化的演

进积累规模效应、集聚效应，难以形成创新、人才、信息等高端要素流动平台，也难以为实现农业规模经营以及农业机械化、电气化、信息化等农业现代化的发展需求提供支撑。

此外，长期以来，河南省走的是以高消耗、高排放、高扩张为特征的传统城镇化发展道路，城镇化发展质量不高，突出表现为：城镇产业支撑能力不强，城镇基础设施和公共服务设施建设滞后，城镇功能不完善，城镇综合承载力较弱，城镇的内涵式发展不足。随着城镇化进程加速，城市人口密集、交通拥挤、资源短缺、环境污染、生态恶化等问题严峻。

显然，城镇化水平低已成为河南经济社会发展的突出"短板"和各种矛盾的聚焦点。目前，加快城镇化进程已成为理论界及各级政府和部门的共识。但是，城镇化是一个由传统的农村社会向现代城市社会转变的自然历史过程，在这个过程中，不仅有量的转变，更有质的转变，二者是相互协调发展的过程。实施以城乡统筹、城乡一体为核心内涵，以产城互动、节约集约、生态宜居、和谐发展为基本特征的新型城镇化战略，是提升河南城镇化水平与质量的内在要求。

二、新型城镇化是破解新老"四难"的有效途径

当前，河南经济社会发展面临着诸多矛盾和问题。"钱从哪里来、人往哪里去、粮食怎么保、民生怎么办"的老"四难"问题，尚未得到有效解决，"土地哪里来、减排哪里去、要素怎么保、物价怎么办"的新"四难"问题又迫在眉睫。坚持新型城镇化是破解新、老"四难"的迫切需要和有效途径。

只有坚持新型城镇化，才能不断完善城镇功能，优化发展环境，促进企业集中、要素集聚，形成集群优势和交易成本优势，进而吸引更多的投资、项目进得来、留得住、发展快、带动强，解决"钱从哪里来"的问题；才能有效破解现有城市承接吸纳能力远不能满足大量农村人口向城市转移的需要，因为新型五级城镇体系建设为人口转移提供了多元选择和更大的容量，让广大农民可以不必离土离乡就能安居乐业，解决"人往哪里去"的问题；才能以社区化发展促进耕地流转，推动农业规模化、组织化、标

准化、现代化，在耕地不减少的同时提高农业生产效率和综合生产能力，解决"粮食怎么保"的问题；才能通过要素集约利用、功能集合构建、服务整体提升，不断完善城乡基础设施和公共服务设施，破除城乡二元结构，尤其是新型农村社区建设，让农村居民不出家门就能过上城市生活，解决"民生怎么办"的问题。

只有坚持新型城镇化，才能不断优化城市布局和形态，避免城市"摊大饼"式的无序蔓延，同时推动农村土地挖潜、整治、复耕，更好地促进城乡土地资源集约节约利用，缓解建设用地刚性需求与保护耕地硬性约束的矛盾，解决"土地哪里来"的问题；才能促进企业集中布局、产业集群发展，进而形成循环经济发展链条，深入推进清洁生产，通过污染物减量和污染综合治理并举，解决"减排哪里去"的问题；才能促进资源合理流动、优化配置，提高资源投入产出效率，推进节约集约利用，解决"要素怎么保"的问题；才能一方面通过加快农业发展方式转变，提高农业生产能力和生产效率来实现保供给，另一方面通过城乡统筹、融合发展促进产需之间有效衔接，减少中间环节，有效降低流通成本，平抑市场物价，解决"物价怎么办"的问题。

可见，只有坚持新型城镇化，才能有效破解河南经济社会发展中的现实难题，进而促进人力资源和消费潜力释放，加快生产方式和生活方式转变，促进经济结构和社会结构转型，实现经济社会全面协调可持续发展。

三、新型城镇化是增强内需动力的迫切需要

增加出口、扩大投资和刺激消费是推动一个国家或地区实现经济增长的"三驾马车"。近年来，河南省经济高速增长主要是依靠以政府为主导的投资的快速增长拉动，而支撑经济增长的内生动力不强。从目前国内外及河南经济运行情况看，经济增速回落苗头正在显现，其根源在于有效需求不足，国外需求疲软，国内需求乏力。因此，"后危机"时代最大的难题是：怎样才能为经济增长找到新的需求平台？新型城镇化战略无疑将为解决这一难题提供更大的战略空间。

这是由于，城镇化是激活内需潜力的原动力和主引擎。分析表明，城

镇化率每提高 1 个百分点，就能拉动 GDP 增长 1.5 个百分点；每增加 1 个城镇人口，可带动 10 万元以上固定资产投资，带动 3 倍于农民的消费支出。同时，城镇化的推进，可以为基础设施、公共服务建设投资带来巨大的空间。河南是人口大省，有 6 000 万农村人口，市场空间广，内需潜力大，然而河南城镇化水平低在很大程度上抑制了扩大内需的潜能。

因此，加快推进新型城镇化是促进消费升级、刺激内需增长、增强经济增长内需动力的迫切需要。坚持新型城镇化，尤其把新型农村社区纳入五级城镇体系中，不仅为农业、农村发展带来新机遇，还将有利于消化河南诸多行业富余的生产能力，为产业升级提供战略空间，也能够释放农村消费市场的巨大潜力。同时，坚持新型城镇化，推动消费观念和生活方式的深刻转变，促进消费群体扩大、消费水平提高，可以为经济发展提供最强大、最持久的内生动力。

四、新型城镇化是转变经济发展方式的重要突破口

改革开放三十多年来，河南经济社会发展取得了显著成效，但经济社会发展中仍存在着产业结构不合理，过分依靠投资拉动、企业技术创新能力不强、消费需求不旺、资源环境约束日益突出等问题，已成为经济发展面临诸多困难的根源。因此，转变经济发展方式已刻不容缓。在当前河南已经进入"以转型促发展"的历史时期的关键当口，实施新型城镇化战略是加快经济发展方式转变的必然选择。

首先，新型城镇化推动工业发展由粗放向集约转型。新型城镇化能够提高经济集聚度，加快城市经济向服务性经济的转型，促进高端生产要素集聚，推进生产性服务业加快发展步伐，提高现代工业的服务增值能力，降低工业发展的资源消耗与要素投入，减少对环境的损害。其次，新型城镇化推动城镇发展由外延向内涵转型。河南特色的新型城镇化包括了从大城市到农村社区五个层次，形成分工合理、功能清晰的城镇结构，对于提高大城市、中心城市、小城镇以及农村的内涵发展水平，均具有较大的推动作用。从大中城市看，城镇化将推动公共服务业（教育、医疗、社保、就业）、消费性服务业（商贸、餐饮、旅游）和生产性服务业（金融、保险、

物流）的发展，提高城市发展质量，促进一般性产业向周边小城镇和外围组团转移，带动中小城镇与农村社区提高发展水平。再次，新型城镇化推动农业发展由传统向现代转型。河南特色的新型城镇化以新型农村社区促进农村人口聚集，实现就地转移与就业，可以为农村留下人才，同时加快提高农业生产规模，改善农业基础设施，加快农业发展方式转变。

由此可见，新型城镇化通过带动工业、城镇、农业发展转型，促进三化协调发展，实现不以牺牲农业和粮食、生态和环境为代价的目标。从这一意义上讲，对于城镇化滞后于全国水平的河南来说，推进新型城镇化，不仅其本身是加快经济发展方式转变的重要内容，而且，以城镇化作为引擎和载体，对经济发展方式转变具有明显的现实带动作用。因此，推进新型城镇化是加快经济发展方式转变的重要突破口。

五、新型城镇化是全面提高城乡居民生活水平的重大举措

人民群众生活水平和质量显著提高，是河南省全面建设小康社会的重要目标。近年来，随着经济社会的快速发展，河南省城乡居民生活水平也不断提高，但与全国平均水平相比，还存在着较大的差距。2010 年，河南省城镇居民人均可支配收入和农民人均纯收入分别达到了 15 930 元和 5 524 元，比全国平均水平分别低了 3 179 元和 395 元；河南省城镇居民和农村居民家庭平均每人全年消费性支出分别为 10 838 元和 3 682 元，分别比全国平均水平低了 2 633 元和 700 元。全面提高城乡居民生活水平，与全国实现同步小康，坚持新型城镇化是核心动力的重大举措。

首先，推进新型城镇化能够直接提高城乡居民生活水平。城镇化水平与居民生活水平直接相关。有研究表明，城镇化率与城乡居民收入和城乡居民人均消费性支出之间均存在显著的正的直线相关关系。城镇化率每提高一个百分点，农村居民的人均纯收入增加 52.91 元；而城镇居民的人均可支配收入会增加 178.15 元；农村居民的人均消费性支出增加 40.29 元；而城镇居民的人均消费性支出会增加 129.89 元。[1] 其次，新型城镇化通过

---

① 林秀清：《城镇化水平与农村居民消费关系研究》，《商业时代》2011 年第 3 期。

首届"河南文化遗产日"开幕式在洛阳龙门石窟景区举行

黄河牧场奶牛养殖基地

推进城乡统筹、城乡一体提高农民群众的生活水平。长期以来，城乡二元结构是造成城乡居民生活水平差距的一道鸿沟。新型城镇化突出城乡统筹、城乡一体，尤其是把新型农村社区纳入五级城镇体系，第一次把城市规划、城市文明及社会公共服务全面推进到农村，把城镇的文化、教育、医疗等基本公共服务同步向农村延伸，提升农村人居环境，提高农民群众的生活水平和整体素质。再次，新型城镇化通过推进产城互动解决城乡居民就业问题，增加城乡居民收入，从而提高城乡居民的生活水平。河南省大力推进产业集聚区、商务中心区和特色商业区为工业、服务业发展提供了载体，产业发展能够有效解决城市居民的就业问题。同时在新型农村社区规划建设中强调产业支撑和带动，主要解决了农民的就业问题，实现农民"离土不离乡、就业不离家、进厂不进城"，就地城镇化。

第五章
新型城镇化引领的河南实践

要建设中原经济区，走好一条不以牺牲农业和粮食、生态和环境为代价的新型三化协调科学发展之路，新型城镇化是引领。近年来，河南立足于自身发展定位和发展阶段，把新型农村社区建设纳入城镇化范畴，推动中心城市组团式发展、县城和重点镇内涵式发展、新型农村社区集聚式发展，积极构建现代城镇体系，持续探索以新型城镇化为引领的三化协调科学发展的路子。新型农村社区、城市新区、都市区、城市组团、产业集聚区、中心商务区和特色商业区等建设如火如荼，呈现出好的趋势、好的态势、好的气势。新型城镇化引领三化协调科学发展的格局初步形成。

第一节　新型城镇化引领的内涵与特征

新型城镇化引领蕴含着丰富而深刻的科学内涵，是新的发展阶段河南贯彻落实科学发展观的具体实践，是河南在"三农"问题上创造性地落实科学发展观的有力举措，是河南经济发展战略、发展方式和发展重点的重大转变。准确理解和充分把握新型城镇化引领的科学内涵和特征，对于探索"两不三新"、三化协调科学发展的路子，对于实现三化协调科学发展，都具有重要的现实意义和实践价值。

一、新型城镇化引领的内涵

新型城镇化是以城乡统筹、城乡一体为核心内涵，以产城互动、节约集约、生态宜居、和谐发展为基本特征，以大中小城市、小城镇、新型农村社区协调发展、互促共进为基本取向的城镇化。新型城镇化引领的核心在于不以牺牲农业和粮食、生态和环境为代价，着眼农民，涵盖农村，实现城乡基础设施一体化和公共服务均等化，促进经济社会发展，实现共同富裕。科学领会和把握新型城镇化引领的科学内涵，需要回答好新型城镇化引领的三个核心问题，即"新"在哪里、什么是"引领"、怎样"引领"。

（一）"新"在哪里

河南坚持新型城镇化引领，关键在"新"上。所谓"新"，第一表现在内涵上，就是以城乡统筹、城乡一体为核心，以产城互动、节约集约、生态宜居、和谐发展为主要特征，大中小城市、小城镇、新型农村社区协调发展、互促共进；第二表现在发展路径上，由国家区域性中心城市、省域中心城市、中小城市、中心镇、新型农村社区组成的五级城镇体系，创造性地将新型农村社区纳入城镇体系；第三表现在人口转移路径上，新型城镇化突出了新型农村社区建设的地位与作用，实现了农民由单一进城转移方式到农民多维转移方式的转换；第四表现在功能定位上，强调以郑州为龙头重心，省域中心城市为辐射带动，中小城市为承载承接，中心镇为重要节点，新型农村社区为战略基点的系统协同式分工格局；第五表现在城市形态上，是以内涵式紧凑型生态化可持续发展为方向的新型城市形态。

（二）什么是"引领"

"引领"的含义可以从三个层面来理解：一是优先发展。三化协调所面临的问题都集中在城镇化上，工业化推进所需要的土地和相应的基础设施及现代公共服务体系需要城镇化来提供，农业现代化的应有之意是土地规模经营，实现规模经营的前提是要有更多的农民从土地上解放出来。因此，要进一步推进工业化和农业现代化，实现三化协调发展，就必须优先发展新型城镇化。二是走在前面。工业化是现代化的起点和原动力，城镇化是工业化的结果，这也是很多人质疑新型城镇化引领三化协调的重要原因。实际上，工业化和城镇化在现代化过程中的重要性及先后次序是分阶段的，在现代化初期，工业化自然居于主导地位，但进入中期以后，城镇化就会扮演越来越重要的角色。就河南目前的情况来说，城镇化需要走在前面，不仅是工业化已到了中期阶段，更重要的是工业发展的技术条件和制度条件都与工业化起步阶段相比发生了很大变化，没有先行的城镇化，工业化很难向前推进了。三是把滞后的补上。城镇化滞后于工业化是中国现代化进程中一直存在的问题，河南也不例外，除了城市建设水平低，功能弱之外，最典型的表现是农民工身份转变问题。尽管大批农民的就业非农化了，生活方式和生活空间也基本城市化了，但农民的身份却没有改变，没有真正实现从农村向城市的迁徙，成为"候鸟族"。河南这样的农民工就有两千多万，这不仅影响工业化的质量和效率，也与以人为本的理念相悖。新型城镇化引领，有助于推动这些滞后的问题尽快解决。①

（三）怎样"引领"

"引领"，就是要着力解决两大问题：一是农村到底怎么办。实施多年的新农村建设进展不大，广大农村有新房无新村，基础设施和公共服务严重滞后，农民生活条件没有得到根本改善，现在的问题是下一步农村到底应该怎么办。二是农民应该向何处去。传统的城镇化强调人口向城市集中，强调农民进城。然而，由于户籍制度的限制，很多进城农民无法真正融入城市，农民工面临的住房、就业、养老、医疗、教育等社会身份和社会保障问题十分突出。同时，过多的人口涌入城市，给城市的资源、环境形成挑战，不可避免地带来"城市病"。

新型城镇化引领的切入点就是新型农村社区。新型农村社区是新型城镇化引领题目中的题眼。②建设新型农村社区，农村的基础设施和公共服务得到了完善，农民得以就地城镇化，既解决了农村怎么发

---

① 耿明斋：《新型城镇化引领"三化"协调发展的几点认识》，《经济经纬》2012年第1期。
② 李颖华：《探索一条特色之路 共谋引领"三化"大计——曹维新为我市领导干部作专题报告》，《新乡日报》2012年6月29日。

展的问题，也解决了农民何处去的问题，是河南群众的伟大创造。同时，通过新型农村社区建设，还可以为新型工业化提供土地、劳动力等要素支撑，可以为工业化提供市场，为农业规模经营和农业现代化提供条件，从而促进新型城镇化、新型工业化和新型农业现代化三化协调发展。

二、新型城镇化引领的特征

河南新型城镇化引领的特征表述就是 24 个字：城乡统筹、城乡一体、产城互动、节约集约、生态宜居、和谐发展。这 24 个字，是一个完整、浓缩的表述。河南对于新型城镇化的表述的基本取向是大中小城市、小城镇新型农村社区协调发展、互促共进。

（一）城乡统筹

从本质上讲，新型城镇化就是城乡两个系统在经济、社会、人口、空间、生态等诸多基本要素方面相互交叉且协调发展的过程。过去的城镇化仅仅限于城镇范围，其触角伸不到农村去，也不包括农村。以农民进城为标志的城镇化路径强调农民离乡不离土，基于小城镇和乡镇工业的城镇化路径强调农民离土不离乡，现在提出的新型城镇化可以说既不离土也不离乡，是把广大的农村彻底地涵盖进去了，把新型农村社区纳入了现代的城镇体系。它突出了城乡统筹、城乡一体化的发展理念，突出了对新型工业化、新型农业现代化的服务，突出了农民整体素质的提升，突出了农村生产、生活方式的转变。

（二）城乡一体

新型城镇化强调把工业与农业、城市与乡村、城镇居民与农村居民作为一个整体，统筹谋划、综合研究，通过体制改革和政策调整，促进城乡在规划建设、产业发展、市场信息、政策措施、生态环境保护、社会事业发展的一体化，改变长期形成的城乡二元经济结构，实现城乡在政策上的平等、产业发展上的互补、国民待遇上的一致，让农民享受到与城镇居民同样的文明和实惠，使整个城乡经济社会全面、协调、可持续发展。

（三）产城互动

城市发展的动因是产业集聚，产业和城市是不可分割的。新型城镇化强调以产兴城、依城促产、产城融合，就是以产业集聚区为依托培育壮大优势产业和特色产业集群，把中小城镇和新型农村社区一道作为有效载体，有力地促进产业发展，推动城镇和农村社区向数字化、信息化、智能化、知识化方向发展，从而实现更多的农民转移就业，享受现代化发展的成果。

（四）节约集约

新型城镇化建设就是要避免"摊大饼"式的发展思路，避免虽然有规模但是很不经济的问题出现。新型城镇化突出的是内涵式、紧凑型的城市发展方式，强调的是集约型城镇化的发展方式。在新型城镇化引领下，城市建设更加注重经济、生态、人居等功能的复合，城市发展由空间扩张转向内涵提升，由注重速度转为提升质量，从而实现资源利用集约化，城镇功能完善化，发展机制良性化，公共服务配套化。

（五）生态宜居

新型城镇化强调把惠民作为出发点和落脚点，着力打造一个人民安居乐业的城与乡。对于进城的农民来说要坚持以人为本的原则，切实解决好农民的就业、土地流转、社会保障等实际问题，使进城农民真正进得来、留得住、住得下。对于不进城的农民来说，要优化人居环境，推进社区建设，建立能够满足居民物质和精神生活需求，适宜人类工作、生活和居住的新型社区。

（六）和谐发展

和谐发展是科学发展观以人为本理念的集中体现，其主旨是关注民生，促进社会公平正义，让全体人民共享改革发展成果。在新型城镇化进程中，要以加快和谐社会建设为目标，积极主动正视矛盾、化解矛盾，最大限度增加和谐因素，按照"民主法治、公平正义、诚信友爱、充满活力、安定有序、人与自然和谐相处"的总要求，解决人民群众最关心、最直接、最现实的问题，着力发展社会事业、促进社会公平正义、建设和谐文化、完善社会管理、增强社会创造活力、走共同富裕道路，推动经济、社会、文化等协调发展。

三、新型城镇化引领的内在逻辑

以新型城镇化引领，厘清了城镇化、工业化和农业现代化之间的关系，是对河南持续探索发展路子的创新与提升，其内在逻辑极为严密。

（一）新型城镇化引领为三化协调发展提供了新的动力来源

首先，新型城镇化引领为产业升级提供了新动力，新型城镇化提高了经济集聚度，加快了城市向服务性经济的转型，促进高端生产要素集聚，提高现代工业的服务增值能力，降低工业发展的资源消耗与要素投入。其次，新型城镇化引领为城市内涵发展提供了新动力，将推动公共服务业（教育、医疗、社保、就业）、消费性服务业（商贸、餐饮、旅游）和生产性服务业（金融、保险、物流）的发展，提高城市发展质量，促进一般性产业由中心城市向周边小城镇和外围组团转移，带动小城镇与新型农村社区提高发展水平。最后，新型城镇化引领为农业现代化提供了新动力。河南特色的新型城镇化以新型农村社区建设促进农村生产要素和人口聚集，可以显著提高农业生产规模，实现就地转移与就业，为农村留下人才，为提高农业现代化水平提供新动力。

（二）新型城镇化引领为三化协调发展创造了新的条件组合

首先，新型城镇化为三化协调发展注入了新的理念，新型城镇化更加关注资源节约与环境保护，更加强调经济质量，更加侧重提高发展内涵，更加重视区域与城乡协调，将为三化协调发展的路径探索提供强力支撑。其次，新型城镇化为三化协调发展提供了新的要素支撑，在五级城镇体系中，土地、人才、产业、资源的相对集聚提供了新的要素条件，尤其是在最为重要的人才方面，大城市和中心城市内涵提升为高端人才集聚提供了基础，新型农村社区建设将会引导农民工回乡创业，把农民转变为产业工人，为农村发展提供人才支撑。最后，新型城镇化为三化协调发展创造了新的政策组合，新型城镇化涉及土地制度、户籍制度、现代服务业发展等诸多领域，这些方面的改革发展需要更好的制度环境，对产业政策与宏观政策提出了高要求，政策介入方式与政府服务方式均需要发生根本性变化，将有力推动政府管理转型与服务型政府建设，为三化协调发展带来政策创新。

（三）新型城镇化引领为三化协调发展带来了新的空间格局

首先，以产城融合为特征的新型城镇化为三化协调发展带来了新的城乡一体化发展格局，以"四集一转"（即项目集中布局、产业集群发展、资源集约利用、功能集合构建，带动农民向产业集聚区融合转移）为主要内容的产业集聚区建设吸引了大批的人口集聚，产城融合发展态势进一步强化，城镇与产业、农村的布局将更加协调。其次，把新型农村社区纳入新型城镇化体系改变了农业发展的格局，显著提高了农业规模化、产业化水平，推进了农田集中规模化生产。最后，以要素集中集约利用为目的的新型城镇化为三化协调发展带来了新的产业空间格局，土地、资源、人口的集聚将促进产业空间布局的优化，高端产业向中心地区集聚、一般产业向外围组团扩散的趋势更加明显，新型城镇化引领将促进产业空间布局优化和区域协调发展，支撑三化协调发展新格局。

第二节　新型城镇化引领的时代背景

《国务院关于支持河南省加快建设中原经济区的指导意见》指出，河南是国家重要的粮食生产和现代农业基地，担负着保障国家粮食安全的重任。这一定位集中反映了中央对河南发展的要求，也是河南经济社会发展的重要指引。在此背景下，河南探索不以牺牲农业和粮食、生态和环境为代价的新型城镇化、新型工业化、新型农业现代化协调科学发展之路。新型城镇化引领是"两不牺牲"倒逼机制作用的结果，是河南经济社会发展进入新阶段的客观要求，也是扩大内需的重要来源。

一、中原经济区上升为国家战略

中原经济区成为国家战略带来诸多优惠政策。《国务院关于支持河南省加快建设中原经济区的指导意见》（以下简称《指导意见》）提出，允许在中原经济区范围内采取更加灵活的政策措施，在城乡资源要素配置、土地节约集约利用、农村人口有序转移、行政管理体制改革等方面先行先试。这一政策赋予中原经济区在土地、户籍、行政管理体制等方面"先行先试"的权利，对于解决长期以来困扰河南发展的土地、人口、体制等问题具有重大意义。用足用好这一政策，有利于河南在确保农业和粮食生产的大前提下，实现城镇化、工业化的快速发展，从而推动河南跨越式发展。

政策先行先试为新型城镇化引领提供了条件。《指导意见》指出，在严格执行土地利用总体规划和土地整治规划的基础上，探索开展城乡之间、地区之间人地挂钩政策试点，实行城镇建设用地增加规模与吸纳农村人口进入城市定居规模挂钩、城市化地区建设用地增加规模与吸纳外来人口进入城市定居规模挂钩。这一政策赋予河南在城乡之间、地区之间优化配置土地要素的权利，为新型城镇化引领三化协调发展，特别是新型农村社区建设提供了便利。《指导意见》提出加快农村土地管理制度改革试点，为现有的土地制度的调整提供了依据，为新型农村社区宅基地和住房依法核发土地使用证和房屋产权证探索了新路。同时，《指导意见》还指出，创新农民进城落户的社会保障、住房、技能培训、就业创业、子女就学等制度安排，探索建立农村人口向城镇就地就近有序转移机制，妥善解决农民工流动中的社会问题，健全农民工权益保障机制。这一政策保障了农民工的权益，加快了土地流转的步伐，为农民职业化和农业现代化扫清了障碍，也为新型工业化提供了大量劳动力。

新型城镇化引领中原经济区三化协调科学发展。国务院在《指导意见》中提出，要积极探索不以牺牲农业和粮食、生态和环境为代价的三化协调发展的路子，这为中原经济区建设提出了科学发展的方向和路径。以新型城镇化为突破口引领三化协调发展，可以作为河南省经济社会发展的重大战略，并以此走出一条以城镇化带动产业聚集和经济转型、以产业聚集带动人口转移、以人口转移促进农业现代化的三化互动互促协同发展道路，为加快中原经济区建设、实现中原崛起河南振兴提供强力支撑。

二、"两不牺牲"的倒逼机制

"两不牺牲"是河南的历史担当。目前,河南是全国 13 个粮食主产省区和 6 个粮食净调出省区之一,粮食总产量连续六年超千亿斤,占全国的 1/10,特别是作为"国人口粮"的小麦占全国的 1/4,在保障国家粮食安全方面承担着重要的责任。胡锦涛总书记指出:"能不能保障国家的粮食安全,河南的同志肩上是有责任的。"温家宝总理连续九年九次到河南,每次视察的重点都是粮食生产。同时,"两不牺牲"也是河南自身发展的需要。河南有近一亿人口,是全国第一人口大省,"粮食怎么保"始终是绕不开、躲不过的政治问题、经济问题、社会问题和民生问题。

然而,"两不牺牲"也带来明显的问题。粮食不减产耕地就不能减少,耕地不减少,城市化、工业化怎么搞?事实上,随着中原经济区建设的全面展开和招商引资、承接产业转移力度的持续加大,结构调整、城乡建设、社会发展等各方面都需要大量建设用地,未来建设用地需求必将继续刚性增加,土地供求矛盾越发突出。目前,国家下达河南的年度土地利用计划指标仅 20 万亩左右,不足河南实际用地需求的 1/3,供需矛盾非常突出、前所未有,土地保障的压力也越来越大。[1] 这就要求必须彻底扭转以往那种重点依靠增量指标来满足用地需求的认识和做法,把主要精力放在对内挖潜上来。如何在不减少耕地的情况下,满足工业和城镇化建设用地需求,成为摆在全省人民面前的一道难题。

在此背景下,新型农村社区建设应运而生。新型农村社区以农民集中居住为特征,大大降低了农民住房的土地占用。当前,河南农村人均建设用地是 248 平方米,如果能把农村建设用地从 248 平方米降低到 200 平方米,那么从理论上说,可以节约出 400 万亩地来,如果压缩到 150 平方米,节约的空间就更多。[2] 根据新乡、舞钢等地区的经验,建设新型农村社区,

---

[1] 《张大卫副省长在全省规范推进城乡建设用地增减挂钩试点工作现场会上的讲话》,2011 年 5 月 30 日,见 http://www.linzhou.gov.cn/government/news_info.jsp?id=15379。

[2] 《郭庚茂省长在全省规范推进城乡建设用地增减挂钩试点工作现场会上的讲话》,2011 年 5 月 30 日,见 http://www.linzhou.gov.cn/government/news_info.jsp?id=15379。

可以节约 50% 左右的土地。[①] 根据这一比率，全省通过新型农村社区建设，至少可以腾出的土地是 700 万亩[②]，这些土地通过"增减挂钩"转换为城市建设用地，可以保证河南"十二五"甚至"十三五"的建设用地。这样，通过新型农村社区建设，把农村建设用地压缩到一个较为合理的水平，地就出来了，不用再新占土地。既能保证土地不减少，保住粮食生产必要的耕地，又为工业化、城镇化获得了长足的发展空间。

三、经济社会发展进入新阶段

坚持新型城镇化引领的持续探索。20 世纪 90 年代初，河南作为传统农业大省、工业小省、财政穷省，如何在不牺牲农业的同时，推进工业化和城镇化，成为当时摆在全省人民面前的重要课题。"八五"之初，河南提出了"工业、农业两篇文章一起做"和"两道难题（工业化缓慢、农民增收困难）一起解"的发展思路。2003 年《河南省全面建设小康社会规划纲要》进一步明确提出，"要坚持以工业化为主导，以城镇化为支撑，以推进农业现代化为基础，统筹城乡经济社会协调发展"。2006 年，河南省八次党代会明确了要坚持以工促农、以城带乡的指导思想。2011 年，河南省九次党代会提出，要走好"两不三新"这条路子，必须充分发挥新型城镇化的引领作用、新型工业化的主导作用、新型农业现代化的基础作用。

传统城镇化道路不适应河南基本省情。以农民进城为特征的传统城镇化道路，无法从根本上解决城乡统筹问题，因而无法从根本上改变城乡二元结构问题。传统城镇化条件下，城市扩张需要占用周边的耕地，但是却没有补偿机制，无法做到不牺牲耕地，那实质上是一条牺牲农业和粮食的城镇化道路。[③] 传统的城镇化，往往只是城乡结合部以及城市周边的城市

---

① 何平：《"两不牺牲"的庄严承诺——再论用领导方式转变加快发展方式转变之二》，《河南日报》2012 年 7 月 10 日。

② 李颖华：《探索一条特色之路 共谋引领"三化"大计——曹维新为我市领导干部作专题报告》，《新乡日报》2012 年 6 月 29 日。

③ 《卢展工书记在省社科理论界茶叙会上的讲话》，2012 年 7 月 27 日。

化，覆盖不了整个农村，特别是纯农区，这与河南农村人口多、农业比重大、农村地区广的省情不相适应。而且，农民进城以后，虽然在城市工作、生活，子女在城市上学、成长，但受城乡二元户籍制度的分割，却依然是农民身份，享受不到城市的配套福利，在利益和情感上都与城市隔膜重重，无法真正融入城市。而且，农民的大量进城，对城市生态和环境带来了挑战，导致"城市病"越来越严重。因此，以农民进城为特征的传统城镇化道路在河南行不通。

新的发展阶段客观需要新型城镇化引领。在现代化发展的不同阶段，工业化和城镇化对现代化的推动作用不一样。一般来说，在现代化的初期，工业化肯定是第一推动力，但是到了现代化更高阶段以后，城镇化就会取代工业化成为第一推动力。现在河南就到了这样一个阶段，就是城镇化取代工业化成为第一推动力的时期。通过新型城镇化引领，能够促进相当一部分农民就地转化、就近转移，有效地解决农村劳动力亟待转移和城镇承载能力不强的矛盾，进一步延伸城镇吸纳包容的广度；能够促进人才、产业、土地、资金等要素在农业和非农产业之间，在城市和乡村之间的优化配置，进一步增加资源流动融合的程度；能够破除城乡壁垒，改善农村生活条件，逐步解决城乡差别大、二元结构矛盾突出的问题，进一步加大体制改革创新的深度。可以说，新型城镇化是一座桥梁，一头连着工业化，一头连着农业现代化，抓住了新型城镇化引领，就等于抓住了三化协调科学发展的牛鼻子。

四、扩大内需战略持续推进

中央关于"十二五"规划的建议中，将扩大内需由工作方针提升到发展战略的高度，凸显了扩大内需在国民经济和社会发展中的地位。调整经济结构需要扩大内需，转变经济发展方式需要扩大内需，提高人们生活水平需要扩大内需。河南正处在工业化、城镇化加速时期，发展机会多，回旋余地大，消费水平快速成长，市场空间广阔，内需潜力巨大。2011年河南农村居民消费水平为4319.55元，城镇居民为12336.47元，城镇居民消费水平是农村居民的2.9倍。按此测算，一个农民转化为城镇居民，消费需求将会增加八千多元。城镇化率每年提高一个百分点，可以吸纳一千多万农村人口进城，进而带动八百多亿元的消费需求，而相应增加的投资需求也会更多。

扩大内需的最大潜力在于城镇化。[①] 目前河南正在进行的新型城镇化，不仅可以扩大投资，而且能够促进消费，对扩大内需具有重要的推动作用。根据新乡市的调查，以1 500户左右规模的新社区概算，基础设施建设投入约519亿，公共服务配套设施投入约434万元，共投入约950亿元；平均每户建房、装修、家具消费约16万元，共拉动消费约24 000万元，大约可起到1∶24的投资拉动效果。[②] 以此推算，全省实现城镇化，将形成推动经济增长的巨量内需，形成河南未来经济增长的重要支撑。

新型城镇化引领是扩大内需的总开关。新型城镇化过程除了本身创造出的投资和消费需求外，还通过促进工业化和农业现代化的投资，间接推动了内需增长。通过新型农村社区建设，为工业置换出大量的建设用地，为工业项目落地提供了空间，从而促进了工业投资增长，形成扩大内需的一个重要来源。同样，通过新型农村社区建设，推动了农村土地流转和规模经营，促进了农业投资增长，也形成扩大内需的一个来源。因此，在河南探索"两不三新"、三化协调科学发展之路的过程中，必须发挥新型城镇化的引领作用，推动河南经济社会持续、快速、全面发展。

五、沿海地区产业加快向中西部转移

承接产业转移的区域竞争日趋激烈。产业转移是优化生产力空间布局、形成合理产业分工体系的有效途径，是推进产业结构调整、加快经济发展方式转变的必然要求。当前，国际国内产业分工深刻调整，我国东部沿海地区产业向中西部地区转移步伐加快。与此同时，中西部各省市纷纷抢抓这一机遇，大力承接产业转移，招商引资竞争日趋激烈。土地、劳动

---

① 李克强：《在改革开放进程中深入实施扩大内需战略》，《求是》2012年第4期。
② 侯宗宾：《破茧化蝶——河南省新乡市推进新型农村社区建设实践调查》，《红旗文稿》2009年第24期。

力、环境、服务业等要素的优劣已经成为各地招商引资的重要条件。作为中西部经济第一大省，河南具有承东启西的区位优势、便利的交通条件、丰富的劳动力资源、良好的生产配套能力，是中西部地区承接产业转移的桥头堡。同时，也应该看到，河南目前也存在用地难、用工难等问题，发展环境和配套服务也存在诸多不足。新型城镇化引领，能够有效解决这些问题，为承接沿海发达地区产业转移，加快河南工业化和农业现代化进程提供重要保障。

新型城镇化引领是承接产业转移的现实需要。一是新型城镇化引领为承接产业转移注入动力。现代产业尤其是现代工业发展更加依托的是信息、研发、配套服务这样的环境，更加依赖教育、金融、技术指导这些生产性服务业，工业化、农业现代化发展的动力越来越多地来自于服务业，尤其是现代服务业。通过新型城镇化引领，能够为承接产业转移提供良好的环境和服务，为新型工业化和新型农业现代化注入动力。二是新型城镇化引领为承接产业转移提供土地。当前，用地难已成为河南承接产业转移的最大障碍，通过招商引资引进的很多项目因缺乏土地而无法落地，客观上制约着经济社会的发展。新型农村社区建设，节约出大量农村建设用地，可以有效缓解工业化中的用地难问题，为招商引资项目落地提供了条件。三是新型城镇化引领为承接产业转移提供劳动力。当前，民工荒持续发酵，用工难已成为企业发展的主要瓶颈。通过新型城镇化引领，把农民从土地上解放出来，为工业化提供了众多人力资源，为承接产业转移提供了动力。

第三节　新型城镇化引领的现实意义

持续探索不以牺牲农业和粮食、生态和环境为代价的新型城镇化、新型工业化、新型农业现代化三化协调科学发展的路子，必须充分发挥新型城镇化的引领作用，以引领推动难题破解，以引领带动转型升级，以引领促进协调发展。走新型城镇化引领三化协调科学发展的路子，既体现了省委、省政府对三化协调科学发展的深度认知与准确把握，也反映了中原崛起河南振兴的阶段性特点和规律。

一、坚持新型城镇化引领是重大的理论与实践创新

以新型城镇化引领三化协调发展，不是一时的主观臆想，而是河南在实践探索中发展思路的持续提升和不断创新。"八五"之初，河南提出了"工业、农业两篇文章一起做"和"两道难题（工业化缓慢、农民增收困难）一起解"的思路。2003年《河南省全面建设小康社会规划纲要》进一步明确："要坚持以工业化为主导，以城镇化为支撑，以推进农业现代化为基础，统筹城乡经济社会协调发展。"省八次党代会提出"坚持以工促农、以城带乡"的指导思想。随着河南发展思路的不断提升和完善，发展成效日益明显，工业连续多年保持两位数增长，并于2007年跻身全国前五，粮食产量从2004年起连续三年跨过800亿斤、900亿斤和千亿斤台阶。然而，城镇化率低始终是河南发展的短板，2011年河南城镇化率仅为40.58%，低于全国平均水平10.7个百分点。进入转型发展的新阶段，如何破解新老"四难"问题，成为河南经济社会持续发展的关键，而城镇化支撑乏力又成为破解新老"四难"的主要瓶颈。为此，省九次党代会明确提出，要走好"两不三新"三化协调科学发展的路子，必须充分发挥新型城镇化的引领作用、新型工业化的主导作用、新型农业现代化的基础作用。从工业化初期以强农兴工为主要任务，选择工业化主导为先，到现在省委提出城镇化引领三化协调发展，这既体现了弥补短板、增强动力、拓展空间、激活潜力的客观要求，也是准确把握阶段性特征，不断深化对规律的认识，不断提升区域发展理念的科学抉择。

河南坚持新型城镇化引领的路子，是城镇化发展路径的重大创新，是"谋河南的事，解发展的题"的有益探索。由国家区域性中心城市、省域中心城市、中小城市、中心镇、新型农村社区构成的现代五级城镇体系，不是简单的由过去的四级构成拓展为五级，而是创造性地将新型农村社区纳入城镇体系，以延及整个农村的多维转移路径替代农民进城的单一转移路径，实现了农民就地城镇化，打破了过去城乡二元分割和要素单向流动的被动局面，推动了城乡统筹、城乡一体，体现了科学发展、和谐发展、

可持续发展的要求。特别是在新型城镇化引领中着力增强新型农村社区的战略基点作用，极大地丰富了新时期推进城镇化的内涵，拓展了城镇化对经济社会发展的引领和带动作用。新型农村社区作为统筹城乡发展的结合点、推进城乡一体化的切入点和促进农村发展的增长点，有利于推动土地集约利用、农业规模经营、农民多元就业；有利于推动城镇生产要素和产业链条向农村延伸，基础设施和公共服务向农村覆盖，现代文明和科学技术向农村传播；有利于提高农业现代化水平和综合效益，切实改善农村生产生活条件。以新型农村社区建设推动城乡一体化、均等化发展，形成新型三化协调发展的有效载体，增强经济社会发展的内生动力。由此可见，新型城镇化引领在三化协调发展中起着战略性、全局性和关键性的作用。

二、坚持新型城镇化引领是实现三化协调发展的内在要求

强化新型工业化主导作用需要新型城镇化引领。2011年，河南三次产业比例为12.9∶58.2∶28.9，二产比全国平均水平高出17个百分点。从产业结构演进状况来看，河南正处于工业化中期阶段，加快推进工业化进程，以新型工业化为主导仍然是富民强省重中之重的任务。但同时也要看到，在工业化的初期，河南工业虽然实现了由小到大的快速发展，但主要是建立在劳动力和资源成本优势的基础上，能源、原材料等上游产业比重大，高加工度、高科技含量、高附加值的产业发展不足。进入工业化中期后，要实现负重爬坡、持续发展，就必须实现从劳动密集型、资源密集型向资本密集型、技术密集型和知识密集型转型升级。实现这一目标，必须借助城镇发展环境优化、综合功能完善的优势，吸引和壮大一批能够带动产业升级的龙头项目和骨干企业；必须发挥城镇集中、集聚、集约效应，吸引和集聚大批科技要素，为产业转型升级提供必要的创新支撑与人才支撑；必须依托城镇发展信息、物流、金融等现代服务业，加快新型工业化进程。而现实的情况却是，河南的城镇化明显滞后于工业化，城镇化滞后就难以为传统工业向现代工业演进积累规模效应和集聚效应，难以为新型工业化发展提供创新、人才、信息等高端要素集聚平台。显然，没有新型

城镇化的引领作用，新型工业化的主导作用就无从谈起，两者互促共进、并行不悖。

强化新型农业现代化基础作用需要新型城镇化引领。从河南农村发展现实看，一家一户粗放经营的小农生产方式是农业现代化的主要障碍，也是在高基点上稳粮保粮必须解决的根本问题。加快推进新型城镇化，通过城镇化有效转移农村剩余劳动力，实现由分散家庭经营向适度规模经营转变；通过城镇化推动现代科学技术向农村传播推广，以现代科学知识提高农民素质，建立绿色、优质、高产、高效农业生产体系；通过城镇化推动农业生产管理方式转变，提升专业化和标准化水平，增强粮食综合生产能力，提高农业综合效益。然而，河南目前的城镇化水平难以为农业现代化提供必要支持，已成为现代农业发展的制约因素。只有坚持新型城镇化引领，才能促进资金、技术、人才、信息等生产要素在城乡之间自由流动，进而加速新型农业现代化进程并强化其基础性作用。

实现新型三化协调发展需要新型城镇化引领。新型三化协调发展的重要标志是产城协调、产业协调和城乡协调。推动产城、产业和城乡协调发展，需要以新型城镇化引领城市功能完善、生产要素集聚和农村劳动力加快转移，使现代城镇体系成为培育现代产业体系的土壤和高地，推动依城促产、以产兴城，实现产城协调发展；以新型城镇化引领企业集中、产业集群和人口集聚，进而拉动生产、生活性服务业加快发展，为工业化和农业现代化注入新的内在动力；以新型城镇化引领，加快城乡分割向城乡统筹、城乡一体转变，推动大中小城市、小城镇和新型农村社区互动融合，实现城乡协调发展。

总之，持续探索"两不三新"、三化协调科学发展路子，必须充分发挥新型城镇化的引领作用，以引领推动难题破解，以引领带动转型升级，以引领促进协调发展。

三、坚持新型城镇化引领是保持河南经济社会持续发展的现实选择

新型城镇化引领可为经济发展提供持久动力。从当前经济发展的趋势

看，扩大内需是转变发展方式的首要任务和基本支撑，而城镇化是激活内需潜力的原动力和主引擎。从投资来看，新型城镇化本身创造了巨量的投资需求。新型农村社区、城市新区、都市区、城市组团、产业集聚区等建设，推动了城镇基础设施、公共服务设施、房地产以及相关产业投资的增长。同时，通过新型农村社区建设，为工业项目置换出大量建设用地，推动着招商引资和工业投资的增长。从消费看，河南城镇化水平低在很大程度上抑制了扩大内需的潜能。河南省城镇居民消费水平是农村居民的2.9倍，城镇化过程中农民身份的转换可带来消费需求数倍的增长。只有坚持新型城镇化引领，进而推动消费观念和生活方式的深刻变化，促进消费群体扩大、消费水平提高，才能为经济发展提供最强大、最持久的内生动力。

新型城镇化引领为转变发展方式提供现实可能。从产业发展普遍规律看，服务业作为最大的就业容纳器和科技创新重要的驱动力量，是产业结构升级、发展方式转变的重要影响因素，同时，服务业发展水平与城镇化率成正相关。2011年，河南第三产业在生产总值中的比重为28.8%，低于全国平均水平14.3个百分点。究其原因，主要是城镇化水平低，对服务业发展带动弱。此外，对外开放水平低也是河南发展的短板。而新型城镇化引领有利于全面提升城市新区、产业集聚区的功能，为大开放、大招商提供平台和载体。这也正是富士康等一批重大项目能够落地河南，进而使河南外经外贸出现井喷效应、外贸出口对经济增长拉动作用显著增强的根本原因。

新型城镇化引领是破解发展难题的必然要求。以新型城镇化引领破解"三农"难题。五级城镇体系为农村人口有效、有序转移提供了更大的容量和多元选择；新型农村社区让农村居民不出家门就能过上城里人生活，有利于实现城乡统筹、消除城乡差距的目标；通过社区化发展促进耕地流转，实现土地规模经营，有利于提高农业生产效率和综合生产能力。以新型城镇化引领破解土地资源瓶颈制约。通过不断优化城市布局和形态，避免城市"摊大饼"式的无序蔓延，同时推动农村土地挖潜、整治、复耕，更好地促进城乡土地资源集约节约利用，缓解建设用地刚性需求与保护耕地硬性约束的矛盾。以新型城镇化引领破解资源与环境瓶颈制约。通过产业集群发展、要素集约利用、功能集合构建，提高资源投入产出效率，形成循环经济发展链条，协调推进资源节约集约利用、污染物减量和环境综合治理。

第四节　新型城镇化引领的河南实践及成效

"两不三新"、三化协调科学发展，新型城镇化是引领。近年来，河南以新型农村社区建设为切入点和突破口，强力实施新型城镇化引领战略，推进城市新区和都市区建设，推进中心商务区和特色商业区建设，加快产业集聚区建设，促进中心城市组团式发展、县城和重点镇内涵式发展。目前，新型农村社区、城市新区、城市组团、都市区、产业集聚区、中心商务区和特色商业区建设正在稳步推进，城镇化布局和城镇体系不断完善，城镇化水平明显提升，新型城镇化引领三化协调科学发展的格局初步形成。

一、新型农村社区建设

新型农村社区在河南一些地方出现，反映了广大农民群众提高生活水平、提升生活质量的内在要求，是新形势下统筹城乡协调发展的新探索，是广大农民谋求美好生活的新创造。探索新型三化协调科学发展路子，发挥好新型城镇化的引领作用，新型农村社区建设至关重要。

新型农村社区承载着广大农民希望过上美好生活的梦想。"楼上楼下、电灯电话"，曾经形象地表达了 20 世纪五六十年代农民群众期盼过上好日子的梦想。20 世纪 50 年代，在史来贺的带领下，新乡县刘庄村就开始了建设社会主义新刘庄的探索。当 21 世纪的曙光刚刚普照牧野大地时，刘庄已经开始规划建设全框架式的花园式别墅区。卫辉市唐庄镇的群众大多也在十年前就住上了花园式别墅。一个基本的事实是，经过三十多年的改革发展，农民期望像城里人一样，方便地、体面地、有尊严地生活。而在农村人口不可能大量融入城市的情况下，农民群众开始了就地城镇化的探索。多年来，农民有了钱就攀比盖房子，虽然房子越盖越好、越盖越大，但由于缺乏统一组织，没有整体规划和设计，造成房屋建设混乱，道路狭窄，生活环境脏乱差，群众称之为"有新房，无新村"。基于此，新乡等地的基层干部和农民开始了建设新型农村社区的探索，并得到了当地党委、政府的支持，寻求在户籍管理、产权改革、社区服务等方面取得突破。预计到2015年，新乡全市1/3的农村人口将住进城市化的新型农村社区。

在此前后，郑州、平顶山、焦作、许昌、安阳、鹤壁等地各类新型农村社区也雨后春笋般涌现出来。在郑州的新密市，社区的建设不仅注重完善公共设施，让农村居民享受到现代化生活的便利，而且注重保留历史文化名村，通过村容村貌、路容路貌的综合治理，着力保护、维持和塑造独特的田园风光和乡土特色。洛阳、平顶山、许昌等地还在盘活土地、产权制度改革等方面进行了探索，舞钢市、汝阳县一些入住新型农村社区的农民领到了"集体土地"性质的房屋所有权证和集体土地使用证，部分农民以房产证作抵押拿到了贷款，农民手中的房产变成了"活资本"。通过抵押贷款，农民致富更有盼头，创业的前景也更加广阔。

新型农村社区在河南已出现多种建设路径，即：城镇开发改造方式、郊区联村集聚方式、多村整合联建方式、园区带动方式、强村兼并方式、村企共建方式。这些方式各具特色、各有优势，适合于各地不同的具体情况。应当特别指出的是，新型农村社区是根本不同于传统自然村落的一种新的社会形态，体现了新的社会发展理念。新型农村社区不是一般意义上的新农村，而是具有一定规模和良好生产生活环境、并对周边区域具有一定经济辐射作用的新型社会生活共同体，其特点是统一规划设计新址，统一基础设施建设，统一提供教育、医疗等社会公共服务，实现农村基础设施城镇化、生活服务社区化、生活方式市民化。

河南省委、省政府敏锐地发现了新型农村社区这一农村干部群众创造的意义所在，认识到这是一种新的城镇化发展路径，对破解"三农"难题、统筹城乡发展、助推三化协调意义重大，因而给予了强有力的支持和引导。省九次党代会进一步把新型农村社区纳入新型城镇体系，作为战略基点加快推进新型城镇化进程。

总体来看，河南建设新型农村社区的时间虽然不长，但已取得了初步的成效。截至目前，全省已经规划新型农村社区近万个，启动试点近2 000 个，初步建成 400 个左右。在城乡统筹中保护了耕地，加强了工业，富裕了农民，繁荣了农村，城镇化水平也得到明显提升，基本实现了三化协调科学发展的目标。

二、城市新区建设

城市新区是指在旧有城区之外规划新建的具备相对的独立性和完整性，具有新型城市景观，以某一个或某几个城市功能为主导的新城区。加快推进城市新区建设，是河南把握城市发展的规律性、阶段性特征，加快推进新型城镇化的战略举措，对于建设中原经济区、加快中原崛起河南振兴具有十分重要的现实意义。

河南城市新区建设的序幕是在本世纪初拉开的。2001 年 9 月，郑州市通过国际招标的方式，委托日本黑川纪章事务所编制郑东新区远景总体概念规划，标志着河南城市新区开始起步。2003 年 1 月 20 日，郑州国际会展中心奠基，标志着郑东新区建设正式拉开帷幕，示范并带动全省各市新区发展。2009 年年初，河南省委、省政府提出依托"郑汴一体化"，规划建设"郑汴新区"，内含郑州新区和开封新区，培育全省经济发展的核心增长极。此后，河南各地先后设立了洛阳、平原、焦作、许昌、漯河、南阳、安阳、商丘、平顶山、三门峡、鹤壁、濮阳等 14 个城市新区。

按照城市总体规划关于城市新区功能的定位，河南城市新区大致可分为行政文化中心带动型、商贸中心带动型、工业中心带动型和混合型等几种类型。各地根据自身的特点，城市新区定位各有侧重。郑州新区的目标定位是全省经济社会发展的核心增长极和改革发展的综合试验区，洛阳新区提出建成中原经济区的副中心和全省经济社会发展的重要增长极，新乡平原新区提出要建成郑州、新乡的新型卫星城区，许昌新区要着力推进中原电气谷建设，焦作新区侧重的是成为老工业基地振兴和资源型城市转型示范区，平顶山新区提出建立豫中南现代化综合交通枢纽和区域物流中心等。同时，全省大多数县城的新城区建设也正在迅速推进当中，比如长垣、新安、固始、渑池等。值得注意的是，复合型城市已成为众多城市新区发展的核心理念。郑州早在新区建设之初，就率先提出"复合城区"理念，即通过功能、产业、生态、空间以及体制的复合，形成促进城乡一体化发展的现代复合型新区。其他城市新区建设规划中均提出了"复合型城市"的建设理念。

中原经济上升为国家战略，为城市新区发展提供了新的动能，河南城市新区建设如火如荼。一是城市新区基础设施建设稳步推进。郑州新区龙湖、绿博园、航空城等重点功能区综合开发全面铺开，引黄灌溉龙湖蓄水工程将于近期蓄水成湖。平原新区中央生态湖和城市水系景观带建设稳步推进，开封新区运粮河组团、南阳新区迎宾片区等重点功能区综合开发也已全面展开。截至目前，全省城市新区累计完成基础设施投资1 174亿元，综合交通、污水垃圾处理、供排水、供热供气、生态等基础设施建设进展顺利，功能逐步完善，承载产业和人口集聚的能力明显提升。二是城市新区招商择资力度持续加大。各城市新区围绕主导产业定位，开展集群招商、区域招商和对口招商，强力推进项目建设。富士康、奇瑞汽车产业园、可口可乐等一批旗舰型项目落户新区，截至目前，全省城市新区累计签约招商引资项目622个，签约总金额达4 260亿元。三是城市新区城乡一体化快速推进。郑州新区正稳步推进新区内各区县合村并城；洛阳新区城乡一体化建设区域已累计实施各类项目114个，完成投资23.7亿元；漯河新区规划建设新型农村社区八个，目前四个已开工项目完成投资2.2亿元。以城乡户籍、建设用地、社会管理等为主的河南省城市新区综合配套改革全面推进，全省已先后成立了18个投融资平台，累计融资规模达130亿元。

河南城市新区建设已经取得了初步的成效。作为全省城市新区的先驱，郑东新区建成区面积累计达到五十余平方公里，累计完成固定资产投资550.7亿元，累计开工项目406个，在建和建成房屋面积累计突破1 800万平方米，入住人口突破24万人，一座特色鲜明、环境优美、生机勃勃、独具魅力的新城区迅速崛起。洛阳、开封、平顶山、新乡、焦作等城市新区也已出形象、成规模，已成为引领产业转型升级的重要载体，成为中原崛起的重要支撑。

三、都市区建设

都市区的概念起源于美国。城市的发展带来空间上的蔓延和郊区化，使得居住和就业发生了空间的分离，形成所称的"都市区"这种空间组织形态。美国都市区的概念提出于 1910 年，并于 1949 年正式设立了具体的统计标准。西方各国也仿效美国建立了相类似的概念，并设立了大体相同又有细微差别的划分标准。

都市区构成的基本单元有两个，一个是中心市，一个是外围地区。都市区的形成必须具备两个条件：一是有一个中心市，是都市区的就业中心。英国具体提出了中心市必须具备的就业岗位指标；日本则明确指出中心市的白天人口要大于夜间人口，也说明是就业中心；美国虽没有明确的说明，但外围地区到中心工作的通勤率指标间接反映了中心为外围地区提供就业岗位。二是外围地区有一定比例的通勤人口，即有一定数量居民每天到中心市去上班。通勤率是每一个国家都具有的指标，从 15% 到 40%，说明其对定义都市区的重要性。其他的指标，如非农劳动力比重和人口密度，只反映地方的属性，不能反映中心和外围地区的经济联系，唯有通勤指标反映了中心与外围的关系。所以如果没有足够的通勤人口，就不能称之都市区，只能是一种空间临近或连绵成片的城镇密集区或城镇群而已。

郑州都市区建设经历了一个持续探索的过程。改革开放以来，围绕城市发展，郑州市进行了积极的探索，建设中心城市的思路不断清晰，目标日益明确。2003 年 7 月，河南省委七届五次全会通过的《河南全面建设小康社会规划纲要》，提出要"实施中心城市带动战略，建设大郑州，把郑州建设成为中原城市群经济隆起带发展的龙头"，做大做强郑州，构筑中原城市群的核心城市。2006 年郑州市在"十一五"规划中提出，要"把郑州建设成为国家区域性中心城市"。2008 年郑州市委九届九次全会提出，要经过 10 年—15 年时间，把郑州建设成为"三化两型"城市，用 10 年—20 年时间使郑州跨入全国先进城市和世界重要城市行列。2010 年郑州市委九届二十次全会提出，要加快建设郑州都市区、持续推进跨越式发展、形成中原经济区核心增长极、使郑州真正成为国家区域性中心城市的总体思路。至此，郑州都市区建设正式拉开序幕。

郑州都市区建设反映了未来河南发展的要求。按照郑州都市区建设纲要，郑州都市区的范围包括郑州市中心城区、周边县市区、乡镇等，总面积约 1 700 平方公里，其战略定位是"一区两城"，即中原经济区的核心增长区、全国最佳人居城市、全国重要的区域性中心城市。郑州都市区建设将坚持组团发展、产城互动、复合型和生态型的发展理念，按照"核心、组团、多点"的布局，构筑"两核六城十组团"的发展格局。"两核"即中心城区和郑州新区；"六城"即航空城、新郑新城、中牟新城、巩义新城、新密（曲梁）新城、登封新城等；"十组团"即宜居教育城、宜居健康城、宜居职教城、新商城、中原宜居商贸城、金水科教新城、惠济高端服务业新城、二七生态文化新城、先进制造业新城和高新城等。

下大力气稳妥推进郑州都市区建设。坚持规划先行，突出中心城区和郑州新区核心带动作用，加快推进综合交通、现代产业、生态环境、基础设施等支撑体系建设。按照"城乡统筹、城乡一体、产城互动、节约集约、生态宜居、和谐发展"的要求，以新型城镇化为引领，以交通道路和生态廊道建设为切入点，以新型农村社区为战略基点，统筹推进"两核六城十组团"规划建设，构建郑州都市区空间发展格局。以复合城市建设理念，加快推进"六城"向中心城区融城发展，按照中心城区标准规划建设航空城、新郑新城、中牟新城、巩义新城、新密（曲梁）新城、登封新城，加快建设主导功能突出的现代化宜居新城区。加快中心城区连接"六城十组团"的快速通道建设，打造生态廊道和水系景观。依托新城和组团建设，为县域经济发展注入新的活力。按照政府主导的拆迁安置方式，有序开展城中村改造和旧城改造，实施城郊村合村并城。

郑州都市区建设取得初步成效。郑州都市区启动时间不长，但氛围浓、决心大、劲头足、成效好。目前，全市拆迁总量突破 6 000 万平方米，相当于过去几年的总和。"两环十七放射"、十条市域快速通道和生态廊道建设快马加鞭、成效初显，合村并点、城中村改造、新型农村社区建设日新月异，形势喜人。

四、城市组团发展

城市组团是指距离省辖市中心城区 30 公里左右，空间相对独立、基本服务功能完善、与中心城区分工合理、联系密切的城区，包括中心城区周边基础较好的县城、县级市市区和符合条件的特定功能区。其基本内涵主要包括：一是具备基本的城市功能。能够满足城市居民衣、食、住、行、购物、娱乐和就业、就医及学生入学等基本需要。与中心城区的区别在于层级功能的不同和空间上的相对独立。二是具备完整的社会管理职能。城市组团一般是规范的、能够独立运行的行政单元，具备社会管理职能，而围绕经济职能设立的城市新区、产业集聚区、经济技术开发区等特定功能区，一般不具备社会管理职能。有条件的特定功能区可以发展成为城市组团。三是具备一定的城市规模。为实现资源高效配置和城市综合效能有效发挥，城市组团一般应达到 30 万—50 万人的规模。

城市组团式发展是中心城区和城市组团通过科学合理的功能分工和快速便捷的交通联系，形成具有竞争优势的城市集群，共同带动区域发展的新型城市发展路径，是国内外城市空间发展和形态演变的客观趋势。促进河南中心城市组团式发展是完善城市布局和形态、提升中心城市辐射带动能力、构建"一个载体、三个体系"、加快推进新型城镇化的重要举措，是加快中原城市群发展的具体路径和方法，是建设中原经济区的重要组成部分和实践内容。

河南中心城市组团式发展始于 2003 年。在黑川纪章的规划中，把郑东新区划分为五个功能区：中央商务区、商住物流区、龙湖区、龙子湖高校园区、科技物流园区，这是河南城区组团式发展的开端。2010 年，根据郑卞新区总体规划，郑卞新区构建"8—6—12"的空间发展框架，其中"8"即 8 个城市功能组团，分别为郑东新区、郑州经济技术开发区、国际航空港区、国际物流园区、白沙组团、绿博组团、中牟组团、汴西组团，这是在河南城市规划中首次使用"组团"这一概念。2011 年在郑州"十二五"规划中，把郑州中心城区之外区域划分为十个组团，分别为巩义组团、新郑组团、荥阳组团、新密组团、登封、上街、高新技术开发区、南部龙湖组团、西南森林生态组团、沿黄文化旅游生态产业带。从郑东新区、郑卞新区到郑州市组团式发展的实践，为河南中心城市组团式发展提供了示范。

2011 年 8 月，河南省政府发布《关于促进中心城市组团式发展的指导意见》，指出要通过科学谋划、系统组织，优化城市空间布局和发展形态，转变城市发展方式，推进中心城区和外围城市组团产业互补、交通一体、服务共享、生态共建，构建组团式、生态型、现代化的城市空间格局，提升中心城市综合实力，培育新的经济增长点。各省辖市根据指导意见的精神，通过摸底调查，提出了中心城市组团式发展的总体布局，启动了规划编制前期调研工作。其中，新乡、许昌、商丘、南阳、漯河等市还研究制订了推进城市组团建设的初步工作方案。截至目前，河南具体确定了 62 个城市组团，其中，县城 42 个，县级市市区 13 个，特殊功能区 7 个。

城市组团：

县级市：新密市、新郑市、荥阳市、登封市、偃师市、辉县市、卫辉市、沁阳市、禹州市、长葛市、灵宝市、义马市、项城市。

县城：尉氏县、杞县、通许县、孟津县、新安县、宜阳县、伊川县、叶县、鲁山县、汤阴县、内黄县、浚县、延津县、获嘉县、原阳县、博爱县、修武县、温县、武陟县、濮阳县、清丰县、鄢陵县、襄城县、临颍县、舞阳县、渑池县、社旗县、唐河县、镇平县、宁陵县、虞城县、柘城县、民权县、罗山县、商水县、淮阳县、西华县、确山县、上蔡县、遂平县、汝南县、西平县。

特殊功能区：郑州市航空港区、上街区，洛阳市吉利区，鹤壁市山城区，南阳市官庄工区，信阳市明港镇，安阳市水冶镇。

目前，河南城市组团建设步伐不断加快。作为城市组团发展的基础性工程，河南各地加快推进快速交通体系建设，全面启动了中心城区与城市组团间交通体系建设。郑州市以"两环十七放射"、十条快速通道建设为重点，推进中心城区与四个城市组团的基础设施一体化建设。洛阳市年底前将实现中心城区与每一组团之间都形成一条快速通道。许昌、平顶山、新乡等市也都出台了城市组团发展的规划和举措。

五、产业集聚区建设

产业集聚区不同于工业园区、开发区，它是以若干特色主导产业为支撑，产业集聚特征明显，产业和城市融合发展，产业结构合理，吸纳就业充分的功能区。产业集聚区既是先进产业集中区、现代化城市功能区和科学发展示范区，也是改革创新试验区。加快集聚区规划建设是促进三化协调发展、构建"三大体系"、实现科学发展的有效载体和重要依托，是落实科学发展观的实现途径，是转变发展方式的战略突破口，也是贯彻落实国家促进中部地区崛起等相关政策措施和实现跨越、促进崛起的关键举措。

不断探索产业集聚区发展之路。早期沿海一些地区的产业集群发展很多都是无意识的、自发形成的，基础设施、配套、污染治理等之于产业发展较为滞后。鉴于此，河南在发展产业集聚区的过程中始终强调规划先行。从 2008 年 9 月开始，根据河南省政府的统一部署，省发改委、国土、建设、环保等七个部门集中了专业人员和力量，对全省及分市、县的各类空间规划进行了高效衔接，开展了产业集聚区规划编制工作。2008 年 12 月，又召开了全省土地利用、城乡和产业集聚区规划工作会议，对产业集聚区工作进行了安排部署。在 2009 年的《政府工作报告》中，明确提出按照整合资源、提升功能、强化特色、增强竞争力的要求，加快产业集聚区基础设施和结构调整项目建设，提升对城市产业、人口、环境的承载功能。2009 年 4 月，省委、省政府出台了《关于加快产业集聚区科学发展若干政策（试行）》，从土地、用电、税收、人才引进等多个方面推动河南省产业集聚区加快发展。同时，河南省还结合新一轮的土地利用、城乡规划修编对全省原有的 312 个产业集聚区进行了规范整合，并于 2008 年 10 月确认了首批 175 个省级产业集聚区。此后又根据实际情况补充认定了五个，全省省级产业集聚区的数量达到 180 家。在产业集聚区建设中，河南省注重投融资平台、中小企业担保公司、土地整理中心"三个平台"的建设，强调企业（项目）集中布局、产业集群发展、资源集约利用、功能集合构建这"四个要素"的有机融合，全省产业集聚区发展很快。

全省产业集聚区发展成效显著。一是基础设施建设进展迅速。截至2011年年底，全省产业集聚区建成区面积为1405.75平方公里，比上年增长27.8%。标准化厂房、供水、供电、道路和消防等设施加快建设，发展速度高于全省平均水平。二是产业集聚区集聚效应不断增强。2010年，全省产业集聚区内规模以上工业企业5 172家，占全省规模以上工业企业总数的25.2%，与上年相比增长12.0%。入驻的高新技术企业有292家，占全省高新技术企业总数的56.5%。三是产业集聚区经济规模迅速扩大。2010年，全省产业集聚区规模以上工业实现主营业务收入12368.75亿元，比上年增长37.2%，增长速度高于全省7.9个百分点，占全省规模以上工业企业主营业务收入的34.3%，比上年提高2个百分点。四是固定资产投资快速增长。2010年全省产业集聚区固定资产投资完成5330.83亿元，占全省城镇固定资产投资的38.3%。产业集聚区固定资产投资施工项目个数为10 019个，占全省城镇固定资产投资施工项目个数的29.4%，其中，亿元及以上项目1 942个，占全省亿元及以上投资施工项目的55.3%。五是吸纳劳动力就业成效明显。2010年年末，全省产业集聚区规模以上工业从业人员153.89万人，比上年增长15.2%，增长速度高于全省8.2个百分点，占全省规模以上工业企业从业人员的33.6%，比上年提高2.4个百分点。

六、商务中心区和特色商业区建设

中央商务区（Central Business District，简称CBD）指一个国家或大城市里主要商业活动进行的地区。其概念最早产生于1923年的美国，当时定义为"商业汇聚之处"。随后，CBD的内容不断发展丰富，成为一个城市、一个区域乃至一个国家的经济发展中枢。我国对CBD的规划建设最早始于20世纪90年代。目前，北京、上海、广州、深圳、重庆、南昌、绍兴、南京、苏州、武汉、杭州、哈尔滨、牡丹江、青岛、沈阳、珠海等城市都已明确提出了自己的CBD建设规划，并加快实施。

河南中央商务区建设相对较晚。2003年郑州开始规划建设郑东新区，其中的中央商务区，是郑东新区的核心区和郑州市的商务中心区，集金融、商务、办公、旅游、娱乐、服务、信息和研究等多功能于一体。郑东新区 CBD 规划面积 3.45 平方公里，是由两圈 60 栋高层建筑群组成的环形城市，内环建筑高度 80 米，外环建筑高度 120 米，两环之间是繁华、舒适的商业步行街。环形建筑群的中间中心公园内布置有国际会展中心、河南省艺术中心和郑州宾馆等标志性建筑以及大面积的生态绿地和如意湖。

目前，郑东新区 CBD 已成为全省金融机构、企业总部最集中的区域，被评为"中国最有投资价值的 CBD"之一和河南省 30 个服务业特色园区之一。郑东新区 CBD 累计引进金融机构 118 家，成为全省乃至中部地区金融机构最集中、金融业态最丰富的地区之一。郑州商品交易所、中原证券、百瑞信托、郑州银行等四家金融机构总部，人民银行、汇丰银行、民生银行、中信银行，广发银行等 12 家金融机构省级总部进驻办公；招商银行、浦发银行、光大银行、兴业银行、申银万国证券等十多家金融机构营业网点正式营业。河南煤业化工集团、中平能花集团等两家营业收入超千亿元的能源化工企业；华能、大唐、国电、中电等五大发电集团中的四家；省政府组建的五大投资公司中的三家已入驻，注册资金超亿元以上企业进驻百余家，成为名副其实的河南总部基地。

在全省层面谋划中央商务区和特色商业区。2012 年 2 月 4 日，河南省人民政府发布《关于促进中心商务功能区和特色商业区发展的指导意见》，提出到 2015 年，郑东新区中央商务区成为中原经济区高端服务平台，每个省辖市和未纳入中心城市组团的县（市）都要形成一个中心商务功能区，每个省辖市市辖区和纳入中心城市组团的县城、县级市市区培育一个业态先进、个性鲜明、集聚效应显著、拉动作用突出的特色商业区。当前，河南中心商务功能区和特色商业区的进展体现在四个方面：一是发展规划编制评审工作快速推进。截至目前，50 个中心商务功能区和特色商业区规划完成了初步对接，郑州、三门峡、平顶山、许昌、漯河、南阳、安阳、濮阳、焦作等 11 市 27 个发展规划通过了专家评审，其中 15 个规划已经批复。另对规划选址符合"三规合一"要求、功能定位和产业发展方向基本切合发展实际的中心商务功能区和特色商业区，及时以会议纪要形式对规划选址予以确认。目前已对济源市商务中心区和安阳北关区等 12 个中心商务功能区和特色商业区的规划选址进行初步确认。二是建立协调推进机制。省政府印发了豫政办文 2012 年 35 号文件，建立了由省财政厅、国土厅、住建厅、商务厅、环保厅、统计局等为成员单位的省商务中心区和特色商业区发展联席会议制度，负责研究、协调、解决全省商务中心区和特色商业区建设发展中的重大问题，并抽调相关单位人员组建联席会议办公室。三是省财政下拨了中心商务功能区和特色商业区专项支持资金 4.3 亿元，支持中心商务功能区和特色商业区建设。四是制定中心商务功能区和特色商业区工作方案，形成促进中心商务功能区和特色商业区发展的政策措施，已报省政府审定。

目前，已批复的商务中心区规划有：许昌、三门峡、平顶山、南阳、漯河、鹤壁等市的商务中心区；已批复的特色商业区规划有：三门峡湖滨特色商业区、平顶山卫东特色商业区、许昌市魏都区、漯河市召陵区、濮阳市华龙区、洛阳市老城区、洛阳市西工区、洛阳市涧西区、郑州市管城区。

第六章
新型城镇化引领三化协调发展的瓶颈制约

河南作为人口大省、农业大省和新兴工业大省，解决好三化协调发展问题具有典型性和代表性。而要探索走新路、破新题，也面临着更加复杂、更加严峻的问题与挑战。这其中，既有观念制约，也有政策、体制制约；既要破解土地、资金瓶颈，还要克服保资源、保环境的难题。只有充分认识难题、把握难题，形成更加振奋的精神、更加开阔的视野、更加务实的作风，才能切实发挥新型城镇化引领作用，提升三化发展协调性，开创三化协调发展新局面。

第一节　观念制约

新型城镇化引领三化协调发展是新的命题也是新的挑战，要把这一战略抉择推进好、实现好，首先就需要加快转变思想观念，才能进一步理清发展思路、明晰发展重点。这其中尤为重要的是，要破除传统、守旧、封闭等落后思想观念的制约。

一、小农意识突出

河南是一个农业大省，农村人口所占比例较大，农民整体素质还比较低。相较于大城市人口素质，河南有些地方小农意识仍然突出，思想观念里存在严重的小富即满、小进即安、因循守旧、固步自封、安土重迁的意识，这严重影响着中原经济区的发展，影响着新型城镇化发展的进程。在小农意识影响下，有些人追求的最重要的是自己的"实惠"，即个人的眼前实在利益，是自己的个人得失，急功近利，极端个人主义，不能融入新型城镇化的建设，不能融入中原经济区的发展；有些人小富即安，追求相对较低，只要超过了旱涝保收，吃饱喝足略有结余的目标，就产生富有的感觉，融不进中原崛起河南振兴的大浪潮，看不到新型城镇化引领三化协调发展的宏伟蓝图；有的人种自家的一亩三分地，用自家的犁，想农耕就农耕，想种什么就种什么，没有规章，也不懂得什么是制度，什么是约束，随心所欲，抗拒新型城镇化引领三化协调发展的思路、规划。

河南提出的新型城镇化，把新型农村社区纳入城镇体系建设与管理，是五级新型城镇体系，是一条与众不同的新型城镇化的新路子，突破了传统观念的束缚。这就要求河南必须创新城镇化发展思路，通过把新型农村社区纳入现代城镇体系，推动从传统一家一户的小农生产方式向规模化、组织化的现代农业转变，推动农村传统落后生活方式向现代生活方式转变。只有摈弃传统小农意识，充分调动广大人民群众的积极性与主动性，才能加快推进新型城镇化进程。要想在新型城镇化引领三化协调发展这条路子上走好走顺走快，就必须破除受历史文化传统和地域的影响所产生的小农思想，也就是要结合自身实际，在中原经济区建设大局中找准定位、明确优势、谋划发展，推动大中小城市、小城镇和新型农村社区向互动融合方向发展，推进城乡统筹、城乡一体，使中原经济区建设理念进一步丰满，层次进一步完善。

二、全局观念不强

建设中原经济区，是一项艰苦卓绝的开创性事业，是为亿万河南人民谋福祉的重要战略，新型城镇化引领三化协调发展更是凸显河南地位、服务全国大局的重大举措。从三化协调发展示范区、全国重要的经济增长板块、综合交通枢纽和物流中心、华夏历史文明传承核心区这"四个定位"中可以发现，党中央是把河南省放在国家区域经济布局、国家统筹协调梯次推进乃至中华民族伟大复兴的宏图大业上来考虑的。走一条不以牺牲农业和粮食、生态和环境为代价的三化协调科学发展的路子，是河南自觉站位全国、服务大局的历史担当。建设中原经济区，以新型城镇化引领三化协调发展，就要把思想和行动统一到中央的宏观调控政策上来，统一到河南省委省政府的决策上来，要讲大局，要将大局观贯穿始终。谋大局者才能谋一域，只有站在全局的高度，吃透中央的精神，认清形势的变化，适应大局的发展，自觉贯彻省委省政府的方针政策，因势利导，乘势而上，中原经济区发展的机遇才会展现，新型城镇化引领三化协调发展的蓝图才能展开；反之，如果认识不清，理解不深，或者只看到局部的利益、眼前的得失，左顾右盼，患得患失，良机就会丧失，就会陷入被动。

必须清醒地看到，现在还有些人在思想认识上、工作方法上、工作作风上，不能自觉地做到全局为重、大局为先，不能自觉地做到积极主动、全面融入。有人急功近利，只考虑自己的个人利益得失，不看长远、不顾大局；有些地方只顾及本地区的受益多少，不考虑周边县市的情况，不顾及环境的破坏，不顾及资源的浪费，不顾及生态的损坏。有人只知道被动完成任务，不知道主动梳理思路；只知道做事情，不知道跳出来提升理念；只纠缠于细节，不顾全大局，工作推进毫无头绪。有人思想狭隘封闭，不知道一加一大于二的道理，对符合本人本部门本地区利益的就执行，不符合本人本部门本地区利益的就不执行，各自为战，以邻为壑，互相拆台而不补台，陷入恶性竞争的怪圈。有人眼光短浅，认为大局是上级考虑的问题，是领导考虑的问题，与自己无关，跟自己很远，浑浑噩噩干工作，迷迷糊糊过日子。更有人口是心非，嘴里说着顾大局识大体，以民为重，为新型城镇化的建设努力，为中原经济区建设奋进，却从未真正树立正确的利益观、大局观。这些都是没有正确认识个人与集体、局部和整体、眼前与长远关系的表现，都是没有真正树立起正确的大局观。

要把新型城镇化引领三化协调这一富民强省的宏伟蓝图更好更快地化为现实，关键是要着眼全局、站位全局。历史经验表明，站位全局，利国、利民、利己；反之，则误国、误民、误己。新型城镇化引领三化协调发展，是整个中原经济区发展的需要，是关乎国家发展大局的需要。只有处理好当前与长远、总量与结构、发展经济与改善民生等各方面的关系，才能实现产城互动、节约集约、生态宜居、和谐发展的新型城镇化。

三、开放意识不够

古今中外，凡是繁荣发达的时代，无一不是海纳百川、开放交融。回首中国改革开放的进程，也是一个思想不断解放、观念不断更新的过程。党的十七大明确强调"只有改革开放才能发展中国、发展社会主义"。建设中原经济区，新型城镇化引领三化协调发展，必须首先解放思想，保持开放的勇气和胆识才能够有所收获、有所创造、有所作为。

与全国的大趋势一样，改革开放以来，尤其是中原崛起的目标树立起来以后，对外开放意识日益深入人心，河南的对外开放取得了很大成绩，已基本形成全方位、多层次、宽领域的对外开放格局，初步形成了开放型经济的基础。但值得注意的是，仍有相当一些地区和部门，受传统自然经济思想的束缚，开放意识不强，"肥水不流外人田"，宁可坐吃山空也不想开放合作，人家开放搞活如火如荼，自己却守着既得利益心安理得；或者把强调自力更生，同扩大对外经济技术交流有意无意对立起来，抱残守缺，因循守旧，等客上门，缺乏开拓进取精神；更有甚者画地为牢，实行地区封闭，甚至干扰大局、影响中原经济区整体形象。开放观念上的种种落后状况，严重制约了这些地区进一步的发展，影响了中原经济区三化协调发展道路的推进，因而，在广大干部群众中继续增强开放意识很有必要。

增强开放意识，搞好对外开放，对于中原经济区建设，对于新型城镇化引领三化协调发展来说，包含着如何利用好国际和国内发达地区一切可以利用的条件发展经济两个方面。中原经济区赶超沿海发达地区、赶超世界先进水平的任务极其艰巨，新型城镇化引领三化协调发展的示范道路任重而道远，进一步增强开放意识也更有必要。进一步增强开放意识，拓宽眼界，才可以更好地利用外部内部条件，抓住世界格局，主动扩大经济发展余地，开拓新的局面。新型城镇化引领三化协调之路，充满着探索的勇气、开拓的精神和理性的抉择。改革开放是中原崛起的不竭动力。只有思想的大解放、观念的大转变、认识的大提升，才会有改革的大举措、开放的大动作、发展的大变化。

四、创新意识缺乏

"尊新必兴，守旧必衰"。创新是解放思想的结果，也是对思想解放成果大小的检验。从国内发达地区汲取的发展经验来看，深圳、上海等沿海发达地区，正是因为敢想敢干，锐意改革，冲破重重障碍，勇于创新，他们才成为了市场经济战场的排头兵。创新最需要的素质就是敢于想别人不敢想，做别人不敢做，要善于抛开一切陈规，以全新的视角来考虑问题。中原经济区持续、延伸、拓展、深化了中原崛起战略，正是创新的成果。中原经济区建设呼唤思想的解放和观念的更新，呼唤敢于创新的精神风尚，呼唤勇于创新的社会氛围。走以新型城镇化引领三化协调发展之路，将新型农村社区纳入现代五级城镇体系，走出一条不同于发达国家和沿海地区走过的城镇化道路，正是思路创新、理念创新的结果。要走好新型城镇化引领之路，就需要创新的意识、创新的胆略、创新的思维。

但是，在新型城镇化引领三化协调发展的持续探索中，仍有些人因循守旧、刻舟求剑，总想着用老办法、老套路解决发展中的问题，抱着老黄历，对付新问题，跳不出旧思维，想不出新办法，拿不出新举措，走不出新路子。更有甚者，由于怕冒风险、怕出乱子，畏缩不前，固步自封，不敢越雷池一步，还要拿常规来约束别人，打击创新者，阻碍探索，抑制创新。也有人，不了解新形势，不学习新知识，不抓住新机遇，只会低头看脚，不会抬头看天。还有人只会拿着文件当令牌，亦步亦趋，别人怎么说自己也怎么说，可是却不会具体问题具体分析，毫无创新意识，注定成不了大气候。

新型城镇化引领三化协调发展需要"敢为天下先"的胆识，多想办法，多策并举，变不利为有利、变不能为可能，千方百计把事情干成。走好新型城镇化引领三化协调发展这条路子，没有成功的经验可以借鉴，没有现成的模式可以遵循，当在探索过程中遇到新情况、遭遇新矛盾时，要会创新，开创新思路，学习新本领、新技能，解决新问题，为中原经济区发展提供不竭动力。

第二节　土地制约

　　土地作为城市经济和社会生活的基本空间条件之一，是一种不可再生的稀缺资源。随着新型城镇化引领三化协调发展的加快推进，对土地的需求不断增加。而河南省人多地少，是全国第一产粮大省，也是粮食生产核心区，承担着保障国家粮食安全的责任，对耕地有着严格的保护政策，这就使得土地的供给更加有限，新型城镇化面临着更加严重的土地约束。在耕地红线不得突破、基本农田不能减少、可开垦的宜农荒地已经不多的硬约束条件下，土地制约成为中原经济区建设面临的严重问题，成为新型城镇化引领三化协调发展的瓶颈制约。

一、土地资源不足与粮食稳产增产的矛盾

　　粮食安全始终是国家安全的基础。我国粮食供需长期处于脆弱平衡、强制平衡、紧张平衡的态势，在新型城镇化引领三化协调发展推进过程中，解决好粮食问题是重中之重。河南地处南北气候带的交界处，粮食生产优势得天独厚，是全国农业大省和第一粮食生产大省。2010 年粮食产量 1 087 亿斤，2011 年达到 1 100 亿斤，占了全国的 1/10。其中小麦的产量为 3 000 万吨，占全国小麦产量的 1/4。确保国家粮食战略安全，河南过去不曾动摇，现在不可动摇，将来也绝不会动摇。

　　但是，土地资源不足的省情严重威胁着河南粮食稳定增产的目标。一方面，据国土资源专项调查与评价，2011 年河南省共有宜耕后备土地资源不足十万公顷，主要分布在黄河沿岸（滩涂）和豫西、豫南、豫北等低山丘陵区，对其开发既有来自生态保护等政策方面的制约，又有地形坡度大、水资源缺乏等自身条件的限制，开发难度较大。另一方面，目前河南省现有城镇大都建立在相对平整的、水利条件较好的土地上，这在农业生产上都是属于耕地质量等级比较高的肥沃良田。城市扩张和城镇化发展所占用的都是周边的良田，而补上的耕地质量则各不相同。据有关部门统

计，新开垦耕地与占用耕地相比，一般相差 2—3 个等级以上，其生产能力不足被占用耕地的 30%。此外，在城镇化和工业化进程中，由于"三废"大量排放，在城市、工矿区周边的耕地污染严重，尤其是重金属污染，极大降低了耕地质量。

总之，随着工业化和城镇化进程的加快，各项建设要占用大量耕地，治理环境污染、建设生态文明也需要占用一定数量的耕地。但是河南省适宜开垦的耕地后备资源日趋减少，整理复垦补充耕地的难度越来越大。未来河南省耕地资源的供需矛盾，耕地保护的形势将更加严峻。如何稳定粮食生产，化解土地资源不足与粮食稳产增产的矛盾，实现不以牺牲农业和粮食、生态和环境为代价的三化协调发展，成为中原经济区建设成败的关键所在。

二、确保耕地红线与建设用地刚性需求的矛盾

2009 年 6 月 23 日，国务院新闻办公室举行新闻发布会，国土资源部提出"保经济增长、保耕地红线"行动，坚持实行最严格的耕地保护制度，耕地保护 18 亿亩的红线不能碰。2011 年，《国务院关于支持河南省加快建设中原经济区的指导意见》明确指出：守耕地红线，严格保护耕地特别是基本农田，确保基本农田总量不减少、用途不改变、质量有提高。但是，河南省目前处于城市化加速发展阶段，同时也处于工业化中级阶段，工业化、城镇化的迅猛发展，导致用地需求激增。河南每年工业化城市化建设用地需要 60 万亩—80 万亩，国家有关部门每年批给河南的建设用地指标只有 20 万亩—25 万亩，很多市县的招商引资与项目建设因为土地紧缺而搁浅。

新型城镇化引领三化协调发展，一方面大量农村富余劳动力进入城市生活，新城市的建立和老城市的扩张必会占据一部分土地，包括一部分耕地，是不可避免的。农业用地与工业化、城镇化用地的矛盾日益尖锐，在这种情况下，维持耕地红线面临着空前的压力。要化解耕地红线与建设用地刚性需求的矛盾，必须加快旧城区和城中村改造、积极盘活闲置和空闲土地，积极探索节约集约用地新思路。

三、土地利用方式不集约

正如前文所提到的，要化解土地资源不足与粮食稳产增产的矛盾，确保耕地红线与建设用地刚性需求的矛盾，唯一的出路是积极探索集约用地新思路。集约用地是建设资源节约型社会的内在要求，也是破解新型城镇化引领三化协调发展用地难题的根本出路。但是，河南省土地利用集约水平仍然不高却是一个长期存在的问题。

从对河南所辖 17 个地级市在四个年份上城市土地集约利用水平进行的定量研究中可以发现，总体上河南省土地利用呈现出从粗放到集约的变化趋势，全省城市土地利用在整体上处于从粗放到集约逐步演化的过程中，处于粗放利用水平城市数量逐渐减少，处于集约利用水平城市数量则逐渐增加，但是整体而言，河南省土地利用集约水平仍然不高，且存在明显的空间差异。

目前河南省土地利用不集约主要体现在以下几个方面：一是城镇规模总体偏小，城镇用地内部结构和布局不尽合理，土地利用效率较低；二是农村居民点用地数量大，布局分散，居住环境差，人均用地严重超标；三是独立工矿用地中，部分企业规模偏小，分布过散，容积率低，土地产出效益较差；四是建设用地批多用少，一些地方建设用地供应没有严格执行定额标准，批多用少、长期占而不用的现象比较突出，土地闲置情况依然存在；五是低水平重复建设造成的土地粗放利用问题仍然存在。在当前土地供需矛盾日趋加剧的形势下，只有全面落实科学发展观，转变用地观念，科学用地，合理规划，高效、集约利用土地，才能更好地缓解新型城镇化引领三化协调发展中的土地矛盾。

四、土地利用监管不到位

国土资源部土地整理中心主任吴海洋说，全国每年投入土地整治的资金有上千亿元，这些资金的使用是否到位，成效如何，有没有得到有效的监管，存在着省里不了解市里的情况，市里不了解县里的情况等问题，土地利用监管是否到位是制约土地集约节约利用水平提升的主要因素之一。

随着土地稀缺性的逐渐突出，对土地利用提出了更高的要求。优化土地资源配置，正确处理人地关系，最高效地合理利用土地，已成为基本的土地利用目标。然而，有关土地利用的制度还不够不完善，土地利用的监管仍不到位，主要体现在以下两个方面：一是河南省一些地方政府和职能部门对土地监管重要性思想认识不到位，在政策执行方面力度不够，重引资建设、轻执行监管，特别是在用地前置审批、核减供地面积、收回土地使用权、违法违规占用土地处理等重要环节上的监管效果不够理想，甚至放弃监管，导致违法用地现象依然存在，如工业用地闲置，甚至在产业集聚区、旅游区和交通区内都还有违法建筑存在。二是有关职能部门和少数乡镇、村领导监管工作不到位，搞不清楚哪些是基本农田，导致农民侵占基本农田建房建厂，粗放经营，土地撂荒，农村生产用地承包责任不明，土地非法流转，小产权房问题突出。

在新型城镇化引领三化协调发展的道路上，各地区各部门必须做到认真贯彻落实国家宏观调控政策，切实运用土地市场动态监测与监管系统，加强建设用地供应和开发利用的动态监管，以供地政策落实为重点，排查违法违规行为，加强对土地供应和开发利用环节的监测监管。

第三节　资金制约

新型城镇化引领三化协调发展的推进，需要大量的建设资金做保障，能不能解决好"钱从哪里来"的问题，是推进三化协调发展的关键环节。但是对于河南省地方政府来说，由于财力有限，融资主体单一，融资渠道不畅，融资平台存在较大风险，土地财政难以为继等多方面因素的影响，当地无力调集资金用于新型城镇化建设，资金压力尤为突出。

一、资金缺乏问题

资金是一个区域经济社会发展的血液，是经济增长的发动机。无数的经验表明，我国东部地区的迅速崛起，正是得益于吸引外资带来的经济总量扩张。资本的快速积累，为东部地区经济发展创造了良好的资金条件。中原经济区底子薄、基础弱、起步晚，要实现三化协调发展的远大目标，就需要巨额资金支持，高起点、高标准打造竞争力强的现代产业体系、城乡统筹的新型城镇化体系、引领发展的区域自主创新体系、现代化综合交通体系、高素质的人力资源开发体系、充满活力的体制机制体系、内外互动的开放型经济体系、独具特色的文化体系、可持续发展的资源环境体系、以人为本的和谐社会体系的十大支撑体系，而这一切都需要资金这一血液。但是由于河南省县域经济发展相对滞后，以及来自财政管理体制的制约，长期以来河南市级以下财力相对较弱，无法充分满足新型城镇化迅猛发展所需要的资金。

中原经济区要实现新型城镇化引领三化协调发展，要强化新型城镇化的引领作用，要提升城镇的综合实力和承载能力，地方政府普遍面临着艰巨的基础设施建设及繁重的公共服务任务，同时地方政府自身财力缺乏的问题又较为突出，事权和财权不相匹配，这就造成各县市政府财力难以满足日益膨胀的公共建设资金及公共财政的支出需求。资金缺乏问题突出，成为新型城镇化引领三化协调发展的难题。如果不能很好地解决新型城镇化中的资金需求问题，一是可能会出现大量城市贫困人口；二是会使"城市病"更加严重，并由大城市向中小城市蔓延，降低城镇的生活质量，偏离新型城镇化原本的发展目标。

二、融资方式单一问题

2004年国务院颁布的《国务院关于投资体制改革的决定》(国发[2004]年20号)明确规定："放宽社会资本的投资领域，允许社会资本进入法律法规未禁入的基础设施、公用事业及其他行业和领域"，"各级政府要创造条件，利用特许权经营、投资补助等多种形式，吸引社会资本参与社会资本有合理回报和一定投资回收能力的公益事业和公共基础设施的建设"。改革开放以来，河南省地方政府投融资领域打破了计划经济体制下高度集中的模式，初步实现了投融资主体多元化、投融资方式多样化、城市建设实施方式市场化的新格局。但是，基于对城市基础设施公共产品属性的认识，河南省有些县市仍然认为城市基础设施、公共事业必须是政府投资，没有建立起适应市场经济发展要求的城市基础设施投融资体制，以广泛吸引社会资金、民间资本的进入。城市基础设施仍然主要是靠财政融资这样一个单一方式，建设项目主要是由财政来安排资金，依靠税收实行预算式管理。但是，财政融资数量是有限的，财政收入占国民收入比重在不断下降。由于政府组织财力能力的限制，中原经济区建设面临新型城镇化建设资金不足的严重问题。要实现以新型城镇化引领三化协调发展，就必须丰富投融资主体，积极引导民间资本和外资投资于新型城镇化的建设中来。

近年来，河南省各地投融资平台发展很快，对于解决新型城镇化建设资金问题起了一定的作用，然而大部分招商引资的运作方式仍停留在以土地换投资的阶段，先进融资方式近几年才在部分项目建设中出现，但未得到广泛的应用。要实现以新型城镇化引领三化协调发展，就要在以后的新型城镇化建设中广泛引入 BOT、TOT、BT 等先进融资方式。同时，进一步落实《河南省人民政府关于创新投融资机制鼓励引导社会资本的意见》（豫政〔2011〕21 号）中的各项政策措施，完善财政利益补偿政策，引导民间资本投入城镇基础设施、公用设施和社会事业项目。鼓励通过发行城投企业债券或信托产品、扶持企业上市等直接融资形式，扩大直接融资规模；通过建立财政资金存款与金融机构支持中原经济区经济发展挂钩机制、支持境内外金融机构来豫设立总部和分支机构、支持农村信用社改革、支持融资性担保机构发展等途径，引导金融机构支持河南新型城镇化建设。

三、融资渠道不畅问题

目前河南经济建设中主要的融资渠道仍然局限于财政资金和银行贷款，融资形式多以银行的长短期商业贷款等负债方式进行，利用资本市场直接融资比例过低，对金融创新的手段运用较少，杠杆效应不明显，缺乏持续融资的顺畅通道。据统计，2009 年，河南新增贷款达到 3068.9 亿元，利用资本市场融资为 642.44 亿元，其中股票融资 40.44 亿元，债券融资 212 亿元，信托融资 390 亿元。这样的负债结构和融资渠道，一方面会造成融资成本通常较高；另一方面也会使融资规模受宏观调控政策的影响极大，难以借助资本市场做大做强。

从金融机构结构来看，河南的金融机构主要以四大国有商业银行为主，股份制、地方性、集体性等金融机构所占比重不大，金融机构数量少，网点少，这就造成新型城镇化建设银行贷款渠道有限。而民间资本同样不够活跃。虽然近年来河南省不断放宽民间资本的准入范围，鼓励民间资本投资城镇化建设，但是由于我国土地制度的制约以及相关政策落实不到位的问题存在，民间资本进入新型城镇化建设领域的障碍依然存在。地方发债这一途径又存在法律和政策障碍。近年来，国家试点地方债的发行，但是基于防范风险的考虑，地方债发行规模较小，与地方融资需求相比近乎杯水车薪。从河南自身的情况来看，河南省现有制度安排并没有从法律上解决各县市地方政府发行公债和市政债券问题，在实际操作上，依靠地方债解决新型城镇化建设资金困难重重，还将遇到法律和政策障碍。

单靠政府的力量还远不能破解融资"坚冰"，必须大胆创新融资方式，构建全方位、多元化、多层次的投融资体系，不断拓宽融资渠道，加大融资力度，从而推动新型城镇化发展。

四、融资平台风险防范问题

目前，河南已有建投、文投、交投、铁投、水利建设投资、担保集团、省直属行政事业单位国有资产管理中心、国有资产控股运营公司等十家省级投融资平台，全省投融资体系粗具规模。不过，从投融资平台的运行情况看，由于这些投融资平台往往依赖于某个或某类政府投资项目而建立，仅仅承担了投资项目的融资及建设的职能，只负责对工程项目的投资建设，不能对建设的工程项目进行经营与管理，没有形成真正意义上的符合风险与收益一体化要求的投融资主体资格，市场化投融资"借、用、管、还"的责任主体不清晰，项目建设实行分散式管理，难以形成投融资运营合力。因此，在实际运作过程中，投融资平台资金使用效率较低，没有通盘考虑资源的整合利用和持续经营。并且，由于目前人员、机构、资本尚未完全到位，投融资功能尚未充分发挥。

同时，还应看到，由于对融资平台的监管缺位，实践中存在较大的风险。一是融资规模急剧膨胀，政府债务风险渐显。为解决新型城镇化建设资金需求，各地建投纷纷成立，融资规模急剧膨胀。但是，各地建投公司均由政府运作，融资平台贷款虽然名义上是公司贷款，但实质上仍是地方政府负债，融资规模的急剧膨胀，增加了地方政府的债务风险。二是融资平台运作不规范，法人治理结构不完善。各地融资平台设立门槛较低，普遍游离在金融监管之外，隐藏着较大的债务风险。更有甚者，一些融资平台涉嫌非法高息揽储，对外发放高利贷，扰乱了金融秩序，放大了金融风险。融资平台的经营者大多由政府官员转任，他们缺乏必要的专业能力和风险防范意识，运作过程中极易发生操作失误。三是融资平台约束较松，系统性风险较大。各地融资平台大多由政府经营，由于地方政府的过多干预，融资平台在资金的筹集和使用上缺乏应有的独立性。一些地方政府出于各种目的，极力扩大融资平台融资量，导致融资规模过大，超过政府实际承受能力。同时，由于信息披露不充分，系统性风险较大，在货币政策持续收紧导致银行信贷资金紧张的情况下，地方平台融资的稳定性将受到较大影响。融资平台的风险性，严重影响到新型城镇化的后续进行。

第四节　政策制约

新时期新阶段，推进新型城镇化进程，促进三化协调发展，面临着更多更复杂的矛盾和问题。在探索走出一条新型城镇化引领三化协调发展之路的过程中，政策的缺位、滞后等问题，制约着引领作用的发挥、协调发展的推进。

一、破解城乡二元结构面临的政策制约

自 1958 年 1 月《中华人民共和国户口登记条例》正式颁布以来，我

国二元户籍管理体系正式形成。此后，各职能部门又纷纷在"户籍"上附着其所管辖的权利和利益。这些城乡二元差别经过半个世纪的实施和衍生变化，形成了以二元户籍制度为核心的二元劳动力就业制度、教育制度、社保制度、金融制度等。可以说，城乡二元结构已渗透到经济社会的方方面面，其影响力很难在短期内消退。河南以新型城镇化引领三化协调发展的过程中，也受到城乡二元结构的制约。

（一）户籍政策约束

现行户籍管理制度是 20 世纪 50 年代建立起来的，将我国划分为城市和乡村的二元社会，将人口划分为"农业户口"和"非农业户口"两个群体。二元户籍制度由三部分组成：户口登记制度、户口迁移制度和居民身份证制度。

在我国社会经济发展中，户籍制度曾发挥了重要的作用，它是特定时代下的特殊产物。然而，随着时代的发展，现行的户籍制度弊端开始显现。长期的城乡分割状态，使得农村人口城市化受阻，"人户分离"大量存在，严重制约城市和农村的健康发展。在现行户籍管理制度下，户口迁移规定过死，难以满足公民正常迁移的需要。改革开放前三十年，我国东部沿海地区经济迅速发展，近两亿进城务工人员集聚于此。但严苛的落户限制，繁琐的迁移手续，使得不少进城务工人员难以在他们长期工作、生活的城市站稳脚跟，真正成为城市的主人，融入城市。

河南省走新型城镇化引领三化协调发展的道路，为农民就近、就地就业创造了条件。但河南农村人口多，相较于有限的城镇承载能力，大量的农村剩余劳动力难以在短期内转移到城市，农村人口的合理、有序转移对河南来说是一大难题。同时，已经进入城市务工的农村劳动力还普遍面临着难以融入城市的问题，这其中既有社会、文化方面的因素影响，更多地还是受制于城乡二元户籍制度及其所附着的公共福利差异，使农村人口即使进城也依然难以"离乡离土"，成为城市"候鸟"。破除户籍制度，是新型城镇化引领三化协调发展所面临的一大挑战。

（二）劳动力就业政策制约

自 1958 年开始实行的户籍管理制度将公民从户籍上划分为农业人口和非农业人口以来，中国公民就被分成两大完全独立的群体，即农村就业者和城市就业者，并由此构成了沿袭几十年的二元户籍型就业制度，即城市人口城市就业，农村人口农村就业。这就导致只有极少数农村人口可以通过国家计划内招工、考取大中专院校、入伍转业和土地征用等狭窄渠道到城市就业。这样，也就基本阻断了城乡劳动力的合理流动，形成了僵化的就业制度。

改革开放以来，虽然有数以千万的农村剩余劳动力自发进城，实现了在第二、三产业的就业，并且近年来针对农村进城务工人员各地也出台了一些政策或措施，但仍没有从根本上突破城乡分割的传统人力资源管理制度，大量进城务工的劳动者仍然过着寄居城市的生活，呈候鸟迁徙状态。

城乡分割的劳动力就业政策，使城乡居民在就业岗位获得的难易和工资水平的高低上存在差别。也就是说，两个人条件相当，但城乡身份不同的人从事同一工作可能获得的待遇的高低也就有所差别，城市人的收入普遍高于农村劳动者的收入。

河南在推进新型城镇化进程中，也面临这一政策的制约。虽然新型城镇化引领三化协调发展的路子为进城务工人员创造了大量的就业机会，让更多的农民能够选择离土不离乡，就近就业，但并未从根本上改变城乡分割的劳动力就业政策，城乡劳动力的限制性流动以及同工不同酬的分配制度依然存在，农民和进城务工人员两个群体收入仍然很低，增长仍然缓慢，与高额的城镇生活成本形成鲜明对比，农民转市民的难度在这一政策制约下放大。由此可见，如何破解这一瓶颈，是必须面对的现实问题。

（三）教育政策障碍

城乡分割的教育制度是城乡教育不断扩大的重要原因。由于城乡间存在经济发展水平与财政收入来源的差异，农村教育投入严重不足，农村学校的数量、师资力量、教学设备、教学质量与城市学校相距甚远。在城乡分割的教育制度下，农村劳动力文化素质总体偏低，农村劳动力的竞争力就远远低于城市人。

河南是一个农村人口大省，在长期城乡分割的教育政策作用下，农村教育资源严重不足，农民整体文化素质不高。据 2011 年统计资料显示，河南省劳动年龄人口中初中及以下学历的占 79.1%，接受过职业技术培训或教育的农村劳动力不到总数的 30%，农村劳动力技术素质偏低。农村劳动力文化、技术素质偏低的现实与新型城镇化引领过程中高学历、高技术能力劳动力需求的矛盾日益突出。由此，破除城乡分割的教育政策，提高农村人口整体文化素质，是新型城镇化引领三化协调发展路子的必然选择。

（四）社保政策制约

我国的社会保险制度也是二元体制。占人口比例较小的城镇居民占有80%以上的社会保障资源，而占绝大多数的农民仅占有不到20%的资源。城乡居民在医疗、养老、社会救助等多方面存在明显差异。这种分配上的不合理，特别是社会救助制度的不完善，造成农村贫困人口及边缘性群体生活越来越困难。农民生病只能"小病扛，大病拖"，因病返贫、因病致贫的现象在农村广泛存在。尽管近年来，我国在逐步推广农村新型合作医疗制度、医疗救助制度和进城务工人员社会保障制度，但其力度、广度和城市相比，不可同日而语。

河南走新型城镇化引领三化协调发展的路子也受到这一政策的制约。长期以来，河南对城镇和农村社会保障投入不一，农村社会保障投入明显偏低。随着河南新型城镇化步伐的不断加快，农民对社会保障需求的不断增加，河南农村社会保障整体上呈现短缺态势，并与日益完善的城市社保体系差距越来越大；农村社会保障水平整体较低，保障能力整体较弱，农民离开土地这个命根子、变为市民的后顾之忧仍没有解除。因此，完善农村社会保障体系，消除城乡分割的社会保障制度，势在必行。

（五）金融政策障碍

我国的金融市场长期处于二元分割状态，农村金融长期受抑制，致使农村金融长期处于不发达状态，严重制约了农村经济的发展。改革开放初期，国家为实施倾向于工业化发展的经济发展战略，适当地从农村和农业领域转移资金以加快工业部门的发展，是符合实际需要的。但当工业化水平已到一定程度时，必须确定"以工哺农"、"以城哺乡"的金融发展战略；否则，持续地从农村领域中转移资金，毫无疑问会造成农业部门的发展滞后，造成城乡之间的非和谐发展，最终损害国家的整体发展。

目前，农村金融改革发展相对滞后的矛盾已十分突出。城乡金融资金投入不平衡，网点覆盖不平衡，业务发展不平衡，风险程度不平衡，人员素质不平衡，管理水平不平衡，经营环境不平衡。农村金融只能提供基本的存、贷、汇服务，业务品种单一，很难满足农村发展需要。虽然经过近年来的改革和发展，农村金融新格局已逐步形成，但城乡金融的差异还很大，并在短期内不会消失。

当前河南农村金融供需矛盾十分突出，金融机构、金融市场和金融基础设施的建设与发展仍然相对滞后，农村金融体制改革和产品与服务创新也未能满足农村中小企业、微型企业、个体户和农户发展的需求。要真正破解农村金融难题，必须突破二元体系障碍，创造宽松的农村金融政策环境。

二、新型农村社区建设面临的政策制约

新型农村社区建设是统筹城乡发展的结合点、推进城乡一体化的切入点、促进农村发展的增长点。河南以新型城镇化引领三化协调发展，新型农村社区建设是重要的战略基点。作为一个新的探索，新型农村社区建设才刚刚开始，还有很多不完善的地方，也存在一些制约因素，如安置补偿政策制约、村民权益保护政策制约、新型农村社区公共服务制约等。

（一）安置、补偿政策不合理

安置、补偿问题是新型农村社区面临的一个突出问题，是和农民切身利益紧密联系在一起的现实问题。农民所期望的最大利益与政府所能承受的范围存在差异，安置、补偿政策制约是新型农村社区建设不可小觑的一个瓶颈。出现这一问题，主要是因为政府安置、补偿政策存在标准不统一等现象。安置、补偿方案一般分为初始补偿方案和后续补偿方案，其初始补偿方案基本上是按照政府现行财力根据国家政策制定的标准的补偿方案，不合理之处少见，所以后续补偿方案就成为影响政策推进力度和落实程度的重要方面。后续补偿通常是各村按照各自实际情况进行补偿，没有统一的标准，如经济条件较好的村，村民一回迁，就可获得医疗、生活方面的补助，解决回迁村民的日常支出、生活保障和就医等后顾之忧；而经

济条件较差的村，就难以满足村民的医疗、生活等方面的要求。这种没有统一标准的补偿政策，往往会引发一些不合理的因素，成为推进新型农村社区建设的制约瓶颈。

（二）权益保护政策不完善

新型农村社区建设的过程，是将农民的所有存量资源激活的过程。在这个过程中，农民的房屋所有权、宅基地使用权、林权和农地林地承包权等，都将由静止状态进入流通状态。在交换过程中，如何最大限度地保护农民的合法权益，是参与者面对的一大课题。河南省在《关于开展社会主义新农村示范村建设的意见》中明确指出，要建设政府引导，农民自愿的原则，强调要充分尊重农民意愿，发挥农民主体作用，保障农民群众的知情权、参与权、监督权、决策权。但由于政府是政策的参与者，交易双方政府的力量被放大，农户的力量被缩小，当农户在主张自己的权益时，就缺乏政策依据。此外，还存在信息不对称的问题。政府既是政策的制定者，也是政策的执行者，而农户对政策信息的采集能力和处理能力十分有限，农户的权益得不到有效的保障。比如，国家明文规定，"整治的农村建设用地……经批准将节约指标少量调剂城镇使用的，土地增值收益必须及时全部返还农村"。但是，在现实中却普遍存在着土地增值收益不返还、少返还问题。而农户对此并不知情，只知道腾出来的土地复耕后依然由本村农民在耕种。

长期以来，农民权益保护体系还不够完善，仅仅依靠农民自己的力量维护其权益是极其有限的，需要第三方的介入，如合法的农民权益保护组织等，使其对政府行为进行监督，对农民合法权益进行有效保护。完善的农民权益保护体系，是新型农村社区建设的强有力的助推器。

（三）公共服务不到位

新型农村社区建设的初衷是让农民共享改革开放和现代化成果，让广大农民群众也能够过上和城里人一样的生活，也就是通过新型农村社区建设，促进基础设施向社区延伸，公共服务向社区覆盖，现代文明向社区辐射，发挥城镇对农村的辐射、带动作用；通过各种资源的输入，提高广大居民的生活质量和文明程度，通过有效地推行社区服务和社区文化、体育娱乐活动，增强社区的服务功能；通过完善各种社会保障制度，使广大居

小区美景赛江南

生态宜居社区

民老有所养、残有所助、孤有所抚、病有所医、困有所帮。因此，完善的公共服务是新型农村社区建设不可或缺的一部分，如何完善公共服务提供和监管体系，是发展中面临的又一重大课题。

三、推进先行先试面临的政策制约

中原经济区以新型城镇化引领三化协调发展，就要勇于先行先试，既要在动力、方法上创新，又要在政策上给予支持，通过政策的实施建立起能够促进"协调"的互动机制。然而，在推进先行先试的过程中，现行的政策还不完善，还存在着制约，如土地政策制约、人才政策制约、财政政策制约等，而破解这些政策制约是有效推进先行先试的必然要求。

（一）土地政策障碍

以新型城镇化引领三化协调发展先行先试，面临严峻的土地政策制约问题。一方面，中原经济区作为全国重要的粮食主产区以及承担粮食安全的重要责任，必须落实最严格的耕地保护制度，根据新一轮土地利用规划，实行耕地数量、质量、生态全面管护，守住"1.1889 亿亩耕地"和"1.0175 亿亩基本农田"红线，确保总量不减少、质量不降低、布局更合理、粮食生产能力持续提升。另一方面，随着全省城镇化和城乡建设步伐的加快，特别是城镇化率以年均 1.8 个百分点速度递增，大量农村人口向城镇转移，建设用地供需进一步突出。面对土地难题，河南没有现行的国家政策可以利用，没有其他地方的相关经验可供借鉴，需要土地政策上先行先试，打破原有的土地管理政策，探索出一条城乡之间、地区之间人地挂钩政策，使城镇建设用地增加规模与吸纳外来人口进入城市定居挂钩、城市化地区建设用地增加规模与吸纳外来人口进入城市定居规模挂钩，从而有效地破解土地政策制约。

（二）人才政策制约

新型城镇化引领三化协调发展，离不开人才支持。河南拥有一亿人口，占全国人口总数的 1/13，且农村人口比重大，人力资源较为丰富。但从总体上看，人口科技文化素质相对较低，人才规模与人口总量还不相称，人才结构布局与经济社会协调发展的要求还不相称，大学毕业生就业、城镇新增劳动力就业、农村富余劳动力转移就业、下岗失业人员再就业压力增大，就业总量矛盾与就业结构矛盾交织在一起，并且日益突出。面对日益复杂的人才需求，中原经济区要在人才政策上先行先试，对现行的人才吸收政策做进一步提升，如出台政策加大对河南职业教育和劳动力技能培训的支持力度、加大对河南高等教育发展的支持力度、支持河南扩大高端人才培养规模、支持河南大力引进海外高层次人才和智力等，形成多层次、多方位的人才吸收政策，破解人才政策瓶颈。

（三）财政政策约束

河南在推进先行先试的过程中，最大的障碍源于资金短缺。河南在保障粮食安全、加大粮食生产时需要资金投入，在推进新型城镇化进程时需要资金投入，在农民人口转移中需要资金投入，而河南财政资金有限，难以满足发展的需要，资金的供需矛盾日益突出。面对这一现实，河南应在财政政策改革上先行先试，改变原有的完全依靠政府财政的政策，探索以财政资金引领社会资金改革之路，运用优惠政策，让更多的社会资本参与其中，从而破解在推进先行先试过程中的资金短缺问题。

第五节　体制制约

2011 年，国务院正式批复《河南省加快建设中原经济区的指导意见》，允许河南在三化协调发展上先行先试。可以说，新型城镇化引领三化协调发展，在河南乃至全国都是一新的探索，还需要不断地摸索和实践。现行的体制，如市场经济体制、行政管理体制、规划管理体制等，都有不相匹配之处，因此，破解体制的制约是加快推进新型城镇化引领三化协调发展的重要内容。

一、市场经济体制制约

改革开放三十多年来，社会主义市场经济体制也处在不断的调整变化中，特别是改革进入攻坚阶段以来，社会主义市场经济体制正在以前所未有的速度进行调整，以期适应深化农村改革、企业改革、财税改革等方面的需要。然而，市场经济体制仍有诸多方面有待调整。河南在探索新型城镇化引领三化协调发展路子的过程中，也受到市场经济体制方面的制约，主要包括财税体制制约、投融资体制制约等。

（一）财税体制制约

健全的财税体制是河南加快城镇化进程不可或缺的因素。目前，财税体制还不够完善，没有能够有力地推动新型城镇化进程，主要表现在以下几点：首先，城市财政来源的税收结构不合理。目前，河南财政收入主要来源于增值税、营业税以及土地使用权出让收益。这种税收结构有利于鼓励城市招商引资，而不利于城镇化的发展。调整税收结构，有效吸收新税种是其根本解决办法。其次，城镇化发展资金不足。河南城镇化建设主要依靠政府财政支持，仅仅依靠现有税收的政府财政是难以维持城市发展需要的，为了摆脱财政困境，政府就会变卖城市的最大资产——国有土地来缓解政府短期的财政压力。从长远分析来看，这种做法不但没有摆脱财政困境，反而会进一步加深其压力。再次，财政管理体制不合理。目前，河南大多数县还没有实行省管县财政体制，省级财政的财力补助、一般转移支付、专项转移支付等都不直接核算到县财政上，增加了财政管理层次，也使资金使用效率大大降低。扩大省管县财政体制改革的试点范围，理顺省级以下财政管理体制是其必然选择。

（二）投融资体制约束

投融资体制是经济发展重要的体制，目前，河南的投融资主要以城市投融资为主，小城镇及农村投资很少，这与河南省走新型城镇化引领三化协调发展的路子相背离。之所以会发现这种局面，主要是因为河南投融资体制还有待健全。首先是体制不健全，政府部门及金融部门支农的管道很多，但很分散，在资金管理上没有形成一个协调机制，总量上也存在偏少、偏小的情况。其次是农村金融基础薄弱，目前农村中的金融机构网点在减少，金融服务品种不多，农业政策性银行、农业银行、农村信用社存在马力不足、方向偏离的情况。第三是银行信贷管理制度不能适应城镇化、现代农业发展的需要，城镇居民、农民贷款难的问题未能从根本上得到解决。

二、行政管理体制制约

新型城镇化引领三化协调发展的推进，离不开政府的作用。长期以来，如何进一步优化服务环境、简化审批程序、提升政府行政效能等问题越来越受到关注，如何破解行政管理体制制约也是发挥新型城镇化引领作用、推进新型三化协调进程中需要解决的问题。

（一）政府机构和行政层级体制障碍

政府机构设置不合理是影响政府行政效能发挥的重要影响因素。2002年以来，地方政府通过近十年的努力，对机构设置进行了精简，但仍然存在不尽合理的问题，仍然存在机构臃肿、机构重叠、职能交叉、权责脱节、人浮于事、效能低下等现象。优化政府机构设置、提高政府办事效率，是确保三化协调发展进程有序推进的重要保障。因此，应积极探索政府部门职能整合，强化政府部门的区域性和行业的差异性，减少机构重叠、交叉等现象。

从河南现行的行政层级管理体制来看，也存在一些亟待解决的问题。首先，现行的行政层级管理体制导致资源过度集中在中心城市，级别越高的城市，越是拥有更多的权力和资源，使它们在招商引资、城市发展上具有更大的优势，从而挤占了小城镇和农村的经济和政策资源，制约了城镇化步伐和农村现代化建设。其次，陈旧的等级化的行政层级模式，严重制约了县级力量的发展。由于县一级的发展还受到市一级的制约，市级会占据一部分优势资源，从而使得县一级的经济社会发展受到影响，因此，加快推行省直管县改革是当务之急，通过行政体制改革来促进资源的更合理配置，促进县域经济和区域经济发展。

（二）政府考核体系约束

政府考核体系也影响着政府工作方向。目前，以 GDP 的增长为主要考核指标的干部考核体系还在实行，这也就导致了一些地方政府在推进城镇化的过程中，只注重了其发展速度，忽视了城镇化的发展质量和效益，忽视了城镇有效管理和城镇公共服务质量，使得城镇化过程中的"形象工程"、"政绩工程"时有出现。这一体制障碍严重制约了河南城镇化发展质量，应彻底摒弃这一考核体系，从根本上解除其发展障碍。

三、规划管理体制制约

新型城镇化引领三化协调发展重在规划，好的规划能切实增强发展的科学性、有效性和可操作性。目前，河南省正按照构建中原经济区的理念和新型城镇化引领三化协调发展的思路，完善城乡一体发展规划；在其规划过程中，这些构想也受到规划管理体制方面的制约，主要表现为规划体系不够完善、规划科学性有待提升、规划执行的刚性不足等。

（一）规划体系不够完善

以新型城镇化引领三化协调发展是一个系统工程，需要完备的规划体系加以引导。目前，河南相关规划体系还不够完善，部门分割、城乡分割等问题依然存在，其主要表现为：一是与城镇规划相协调的城镇体系规划、国土空间规划和土地利用规划之间存在衔接上的问题，由于规划体制部门的分割妨碍了总体规划的一致性和协调性；二是城乡规划体制的非连续性。由于城乡规划体制长期处于分割状态，使得城郊结合部处在较为尴尬的地位，往往这一区域也普遍存在着无序建设、低水平建设等问题。

（二）规划科学性有待提升

以新型城镇化引领三化协调发展需要科学的规划。目前，全省上下对规划的作用、意义都有了更加深刻的理解和认识，但是规划体系的完善性、科学性都还有待提升。这其中首先就是规划编制的科学性和前瞻性有待提升，在对空间布局和产业支撑的整体、统筹考虑方面还存在不足，影响了资源的合理开发利用；其次是规划的水平和深度有待提升。这也影响了规划的指导和调控作用的发挥。例如一些规划编制没能充分考虑国情、省情，没能充分考虑其所在地资源、环境、经济的承受能力以及群众的实际需要，在新型城镇体系的空间布局和功能分区方面的科学性都还有待提升。

（三）规划执行的刚性不足

以新型城镇化引领三化协调发展需要强有力的规划执行力。目前，河南规划执行的刚性不足，主要表现为：其一，规划的权威性不够，强制性不强，体制不够健全，配套法规不够完善，执行力亟待提升，需要建立健全有效的监督机制和问责机制；其二，修改和调整规划的程序不够规范，由于修改规划的成本过低，还出现规划执行的随意性问题，规划执行的刚性有待增强。

第六节 资源环境制约

持续探索不以牺牲农业和粮食、生态和环境为代价的新型城镇化、新型工业化、新型农业现代化协调发展的路子，是中原经济区建设的核心任务。要探索走好新型城镇化引领之路，要不以牺牲生态和环境为代价，也是河南立足省情、站位全局的承诺。要实现这一承诺，如何破解资源环境瓶颈制约就是摆在面前的一个突出难题。

一、自然资源瓶颈制约

河南省自然资源丰富，有很多资源在总量上位居全国前列。其中，金属矿产类资源中的钼矿储量居全国第一，金矿产量稳居全国第二位，铝土矿储量居全国第四位；非金属矿产类资源中的红柱石、天然碱、蓝石棉、蓝晶石、铸型用砂岩、珍珠岩、天然石油等，储量均居全国前十位；能源矿产资源中的原煤、原油、天然气生产量均居全国前十位。虽然河南自然资源总量很丰富，但由于河南人口基数大，人均资源占有水平明显偏低，土地供需矛盾也不断加剧，人均耕地面积比全国平均水平少 0.16 亩，人均水资源占有量相当于全国的 1/5。

目前，河南经济发展的高耗能特征依然明显。其中，河南工业能源消费占全省能源消费总量的 81.6%，高于全国平均水平 10 个百分点。由于能源的主体——化石能源是不可再生资源，而能源消耗是不可逆的，因此能源使用寿命是有限的。如按现在的开采速度，铝矾土只够开采 14 年—17 年，煤只够开采 100 年左右的时间，石油也只够不到 100 年的时间开采。随着城镇化率的不断提高，对能源的消费会不断增加，能源资源的

"有限性"成为新型城镇化引领三化协调发展的一大瓶颈。能源安全问题已经不容忽视，应加快向集约型、可持续的发展方式转变，全面提高资源的利用效率和效益。

二、生态环境瓶颈制约

河南省地貌类型复杂，地跨海河、淮河、黄河、长江四大流域，是淮河、海河的源头和南水北调中线工程的水源地，同时，处于中国南北气候过渡带，拥有伏牛山、大别山—桐柏山、太行山三大山脉和黄河湿地，对全国的生态安全具有重要的支撑和保障作用。

河南生态环境脆弱，自然灾害频繁，随着国民经济的快速发展和人民生活水平的不断提高，生态环境面临的形势异常严峻。河南水生态系统部分功能失调，许多河道已丧失生态功能，部分湿地面积萎缩，土壤污染的影响日渐突出，农村生活污水、垃圾及畜禽养殖废弃物排放量逐年增大。据统计，河南每万元 GDP 排放污染物中的二氧化硫是江苏的 1.45倍、广东的 1.83 倍、浙江的 1.9 倍，是发达国家的 7.6 倍。河南水污染形势也不容乐观，2010 年，河南省 I—III 类水质河段长度 4813.1 公里，IV类水质河段长度 903.0 公里，V 类水质河段长度 522.5 公里，劣 V 类水质河段长度 1740.8 公里。2010 年，河南省废水排放量为 35.8 亿吨，其中工业废水排放量为 15.04 亿吨，城镇生活废水排放量为 20.83 亿吨。废水中化学需氧量（COD）为 61.97 万吨。大气污染方面，2010 年，河南省工业废气排放量为 22 709 亿标立方米；二氧化硫排放量 133.87 万吨，烟尘排放量为 54.6 万吨。固体废物方面，2010 年，河南省工业固体废物产生量 10713.79 万吨，其中危险废物产生量 18.64 万吨，工业固体废物综合利用量 8380.44 万吨（含综合利用往年贮存量），贮存量 721.66 万吨，处置量 1770.42 万吨，排放量 0.22 万吨。由此可见，无论是水污染、大气污染还是工业固体废物污染，经济不发达城市的排污能力远远高于经济发达城市排污水平，城镇的排污能力都远远高于农村水平。

目前，河南正处于现代化的中期，也正是工业化、城镇化加快推进的阶段，如此脆弱的生态环境已成为河南经济社会发展中不能忽视的一大制约因素。在城镇化快速推进、工业化高速发展的过程中，对生态的压力也会随之加大。河南要实现新型城镇化引领三化协调发展，就必须改变传统的粗放式的增长方式和高碳的生活方式，在不以牺牲生态和环境为代价的前提下加速发展。要加强生态建设，重点实施退耕还林、生态移民、天然林保护、防护林建设、水土保持，构建生态安全保障区。要加强水源地保护，开展小流域综合治理。要加强林业生态建设，提高森林覆盖率和固碳能力。要加强城市环城防护林和生态水系建设，构建城市外围地区森林生态带。要加强污染防治，加大重点流域水污染防治力度，建立健全跨流域、跨区域的污染联防联控、跨界防治机制。要加强工业污染全防全治，推进重点行业污染治理和工业污水集中处理，严格控制工业污染物排放量。积极探索建立排污权有偿使用和排污权、碳排放交易制度。

三、低碳发展能力与水平制约

面对日益严重的资源环境压力，河南增强节约、集约利用资源的能力和水平，发展低碳经济势在必行。在发展低碳经济方面，需要推进生产方式和生活方式的低碳化转型。首先，在生产方式方面，由于河南仍是以资源型为主的工业结构，支柱产业相对单一、初级化，煤炭、化工、有色等传统行业占全部工业的比重过大，经济增长长期依赖并受制于这些产业，想在短期内大幅提升其节能减排的能力和水平不是易事；在产业结构方面，河南经济的主体是第二产业，而第三产业发展相对滞后，2011年，河南省三次产业结构为12.9∶58.3∶28.8，其中，第三产业比重低于全国平均水平14.3个百分点，产业结构的不合理加重了经济的高碳发展特征；在能源结构方面，河南能源结构中煤炭及火力发电的生产和利用占绝对主导，比例高达90%以上，河南省清洁能源相对匮乏，无海洋能源，风能和太阳能资源也没有明显优势，同时，河南在新能源开发和利用方面依然存在差距，光伏产业、节能环保装备等低碳产业发展仍有待提升。此外，在低碳专业技术和人才方面，对发展低碳经济的人才和技术支撑都明显不足，尤其是在能源资源综合利用、节能环保和新能源产业等领域技术储备不足，核心技术难以突破，低碳技术总体水平偏低，缺乏高层次研发人才和管理人才。

河南在向低碳生活方式转型方面也存在不足。目前所倡导的低碳生活方式分为低碳生活和低碳消费两个方面，其中，低碳生活是一种自然而然去节约身边各种资源的习惯，如节电、节气、垃圾回收以及绿色出行；低碳消费，就是戒除以高耗能源为代价的"便利消费"嗜好、"一次性"用品的消费嗜好、"面子消费"以及"奢侈消费"等。由于人们长期的消费习惯和对低碳生活意识不强等原因，生活方式普遍处于高碳的状态，高碳生活随处可见，高碳消费屡禁不止。因此，摒弃高碳的生活方式，能否加快向低碳生活的转型直接制约着低碳发展能力与水平的提升。

河南要实现新型城镇化引领三化协调发展，就必须破除低碳发展能力与水平的制约，着力引导居民均衡物质消费、精神消费和生态消费，以低碳化、科学化为导向，通过消费结构优化升级构建新型低碳消费生活方式；着力发展循环经济。建立绿色技术体系，积极采用清洁生产技术，采用无害或低害新工艺、新技术，降低原材料和能源的消耗，实现少投入、高产出、低污染，把对环境污染物的排放消除在生产过程之中。推行清洁生产技术，通过清洁生产实现"增产减污"。

第七章
新型城镇化引领三化协调发展的总体要求

坚持以新型城镇化引领三化协调发展，是河南在实践探索中发展思路的持续提升和不断创新，是"谋河南的事，解发展的题"的有益探索，是保持河南经济社会持续发展的现实选择，更是实现三化协调发展的内在要求。坚持新型城镇化引领，就是以新型城镇化为突破口和着力点，通过城镇规模扩大和功能完善，带动产业集聚和人口集聚，推动新型城镇化、新型工业化和新型农业现代化协调发展。

第一节　新型城镇化引领三化协调发展的总体思路

推动三化协调科学发展，河南站位全局、不断破题，从现代化初期将强农兴工作为主要任务，选择以工业化主导发展，到新时期新阶段城镇化滞后成为各种矛盾的聚焦点和突破口，选择以新型城镇化引领三化协调发展。这既是思路持续提升拓展的过程，也是科学发展能力和水平持续提升拓展的过程。

一、河南推进三化协调发展的思路演进

20世纪90年代初，随着邓小平南方谈话和党的十四大胜利召开，新一轮思想解放运动在全国范围内展开，区域经济进入新的快速发展期。河南站在经济转型的关键时刻，既受到沿海地区快速工业化的冲击诱惑，又

面临作为传统农业大省同时还是工业小省、财政穷省的发展困惑。如何在不牺牲农业的同时发展工业，走上富民强省之路，成为摆在河南人民面前的严峻挑战。寻求破题之策、谋划协调之路由此展开。

"八五"开局，河南围绕"一高一低"的发展目标，提出"工业、农业两篇文章一起做"和"两道难题（工业化缓慢、农民增收困难）一起解"，制定了"以农兴工、以工促农、农工互动、协调发展"的发展战略。促进工农业协调发展的序幕拉开后，河南城镇化发展也开始了积极探索。1994 年，以郑州为核心的 15 个城市按照建设都会带城市体系的指导方针，启动了中原城市群开放战略研究。此后，河南在三化协调之路上思路日益明确、战略不断丰富。2003 年，《河南省全面建设小康社会规划纲要》首次全面而系统地阐述了河南三化发展战略："加快工业化、城镇化，推进农业现代化是河南全面建设小康社会的基本途径，也是从根本上解决'三农'问题的必由之路；要坚持以工业化为主导，以城镇化为支撑，以推进农业现代化为基础，统筹城乡经济社会协调发展。"2006 年，省委八次党代会明确了要坚持以工促农、以城带乡和多予少取放活的方针，大力推进新农村建设，把"农业先进、工业发达"纳入中原崛起总目标和建设新河南的总蓝图，以工业化为主导，在强工兴农的道路上迈出了新步伐。

二、以新型城镇化引领三化协调发展的战略抉择

"十二五"以来，如何破解"三农"难题，加快推进新型工业化进程，摒弃无序蔓延、粗放增长的传统城镇化模式，统筹城乡、工农发展，推动三化互促共赢，成为河南建设中原经济区、加快中原崛起河南振兴面临的主要难题。从河南实际看，农村人口多、农业比重大、保粮任务重，"三农"问题突出是制约三化协调的最大症结，人多地少是制约三化发展的最现实问题，城镇化水平低是经济社会发展诸多矛盾最突出的聚焦点，这些都对三化协调发展思路的拓展与创新提出了新要求。

2011 年 9 月，《国务院关于支持河南省加快建设中原经济区的指导意见》出台，这标志着中原经济区正式上升为国家战略。如何探索走出一条

不以牺牲农业和粮食、生态和环境为代价的新型城镇化、新型工业化、新型农业现代化三化协调科学发展的路子，成为中央的嘱托、人民的期望、全省的承诺。2011年10月，河南省委九次党代会进一步明确，要走好"两不三新"这条路子，必须充分发挥新型城镇化的引领作用，以引领强化新型工业化的主导作用、新型农业现代化的基础作用，以引领推动在新型三化基础上实现协调发展。

三、新型城镇化引领三化协调发展的指导思想

以新型城镇化引领三化协调发展，就要以邓小平理论和"三个代表"重要思想为指导，深入贯彻落实科学发展观，全面实施建设中原经济区、加快中原崛起河南振兴的总体战略，坚持以科学发展为主题，以加快转变经济发展方式为主线，立足省情，把握机遇，遵循规律，务实发展，持续探索，走出一条不以牺牲农业和粮食、生态和环境为代价，以新型城镇化为引领的三化协调科学发展之路。要坚持以统筹城乡发展、推进城乡一体为出发点，以新型城镇化为突破口和着力点，以新型农村社区为战略基点，加快构建符合河南实际、具有河南特色的现代城镇体系，着力破解"三农"难题、消除城乡二元结构，着力形成大中小城市、小城镇、新型农村社区协调互动发展新格局，着力构建新型产业关系、产城关系、城乡关系，着力提升城乡基础设施一体化和基本公共服务均等化水平，着力深化改革、扩大开放，着力增强节约集约、绿色低碳、和谐发展能力，充分发挥新型城镇化的引领作用，以引领推动难题破解，以引领带动转型升级，以引领促进协调发展，为全面建成小康社会、加快现代化进程提供坚强支撑。

第二节　新型城镇化引领三化协调发展的原则

持续探索走好以新型城镇化引领三化协调科学发展之路，就要坚持以科学发展为主题，以加快转变经济发展方式为主线，紧紧围绕富民强省目

标，牢牢把握重在持续、重在提升、重在统筹、重在为民的实践要领，着力增强并发挥新型城镇化的引领作用，全面提升新型城镇化、新型工业化、新型农业现代化三化发展的协调性和可持续性。

一、坚持尊重规律，务实发展

新时期新阶段，世情国情发生深刻变化，新老问题相互交织，三化发展的外部条件和内在动力正在变化，需要抓住的重点领域和关键环节也有所不同。以新型城镇化引领三化协调发展，要坚持解放思想、实事求是、与时俱进，以解放思想为总开关，不断探索发展规律，提升发展理念。要从客观实际出发，按客观规律办事，抓住制约河南经济社会发展的突出短板和各种矛盾的聚焦点，把加快推进城镇化作为带动全局的战略突破口和着力点。要坚持遵循规律运作、结合实际运作、求实求效运作、依法依规运作，以务实重干推动新型城镇化进程，从体系建设、发展动力、功能完善、内涵提升、要素保障、协调机制等方面着手，创新城镇化发展路径和举措，引领三化协调科学发展。

二、坚持破解难题，引领发展

如何破解河南经济社会发展的新老"四难"问题，成为河南经济社会持续发展的关键，而城镇化支撑乏力又成为破解新老"四难"的主要瓶颈。以新型城镇化引领三化协调科学发展，要在着力破解经济社会发展面临的诸多现实难题中充分发挥引领作用。要立足"钱从哪里来、人往哪里去、粮食怎么保、民生怎么办"和"土地哪里来、减排哪里去、要素怎么保、物价怎么办"等现实难题，着力推动土地集约利用、农业规模经营、农民多元就业，推动城镇发展环境优化、综合功能完善、集聚规模效应提升，推动产业互动、产城互动、城乡互动，以新型城镇化引领经济结构和社会结构转型，引领生产方式和生活方式转变，推动经济社会持续较快发展。

三、坚持城乡一体，统筹发展

以新型城镇化引领三化协调科学发展，是破解城乡二元结构、加快推进城乡一体化发展的重大举措。要坚持把城乡统筹、城乡一体作为实现引领的根本着眼点，通过要素集约利用、功能集合构建、服务整体提升，不断完善城乡基础设施和公共服务设施，着力构建城乡一体化发展新格局；坚持把新型农村社区作为统筹城乡发展、消除城乡差距的战略基点，通过社区建设更好地发挥集聚效应和规模经济性，让农村居民不出家门就能过上城市生活，缩小城乡差别和地区差别；坚持统筹城乡规划、产业发展和社会管理，促进城乡之间要素合理流动和优化配置，推动区域协调发展和城乡共同富裕。

四、坚持集约节约，内涵发展

把实现内涵式发展作为基本要求，在城市农村之间、城镇体系内部，以新型五级城镇化体系为平台载体，以新型农村社区建设为战略基点，通过要素集约利用、功能集合构建、服务整体提升、产城融合发展，以结构合理、功能完善、管理先进、关系协调为目标，着力提高资源利用效率，集约节约利用土地，优化城镇空间布局，加强生态建设和环境保护，全面增强可持续发展能力，实现在土地不少反多、粮食不减反增、环境不坏反好的前提下，破解在城镇化发展滞后情况下，现有城市承接吸纳能力远不能满足大量农村人口加快转移需求的现实难题，尤其是要通过规模扩张与内涵提升相结合的新型城镇化，让农村人口真正能够与城镇居民一起，融入生产方式、生活方式和文化文明从传统到新型、从落后到现代的变迁，努力实现城镇发展、经济发展与人口、资源、环境相协调。

五、坚持以人为本，和谐发展

发挥新型城镇化引领作用、推动三化协调科学发展，一定要坚持以人为本，从最广大人民群众的根本利益出发，大力发展教育、卫生、文化、体育等各项社会事业，切实解决就业、住房、社会保障等民生问题，加快推进基本公共服务均等化，确保广大城乡居民共享改革发展成果。始终着力民生、着力民心，集中力量办好关系群众切身利益的实事，加强城乡基础设施和环境建设，改善居住环境，方便群众生活。把群众赞成不赞成、高兴不高兴、满意不满意作为评判各项工作的最高标准，以改善民生赢得民心、以民心聚集民力、以民力推动发展。统筹协调各方利益，加强和创新社会管理，营造安定和谐的社会环境。

六、坚持先行先试，创新发展

坚持解放思想、大胆探索、勇于创新，在重点领域和关键环节的改革上先行先试，把改革创新和开放合作作为强大动力，不断增强体制机制活力，不断提升对外开放水平，把中央精神同区域发展实际结合起来，创造性地开展工作。采取更加灵活的政策措施，在城乡资源要素配置、土地节约集约利用、农村人口有序转移、行政管理体制改革等方面先行先试，促进生产要素在农业和非农产业之间、城市和农村之间合理优化配置。全方位扩大对内对外开放，加快形成有利于发挥新型城镇化引领作用、促进三化协调发展的体制机制。

第三节　新型城镇化引领三化协调发展的目标

在持续探索以新型城镇化引领三化协调发展路子的进程中，明确发展目标、指明努力方向，对于理解新型城镇化引领的内涵与意义，体现新型城镇化引领的方向与重点，凝聚和鼓舞人心，彰显引领性和号召力，进而强化引领、实现引领，推动三化协调发展，都具有重要的作用和意义。

一、河南新型城镇化发展目标

(一) 总体目标

到 2015 年，全省城镇化率达到 48% 以上，接近中部地区平均水平；大中小城市、小城镇、新型农村社区五级城镇体系框架基本形成；产城互动格局全面显现，城市新区、城市组团、产业集聚区、商务中心区、特色商业区成为城镇发展和二、三产业集聚的主要载体，城区经济和县域经济发展的主导力量，新型农村社区成为现代农业发展和农村人口集聚的主要平台、城乡基础设施一体化和基本公共服务均等化的主要载体；节约集约发展水平明显提升，建成一批生态宜居型城镇和新型农村社区；以工促农、以城带乡的长效机制初步建立，城乡居民收入差距逐步缩小，三化协调发展格局初步形成。

到 2020 年，全省城镇化率达到 55% 以上，五级城镇体系全面形成，新型农村社区覆盖面显著提高，城乡产业人口集聚水平显著提高，基础设施一体化和基本公共服务均等化水平显著提高，以新型城镇化为引领的三化协调发展格局更加完善，基本形成城乡经济社会发展一体化新格局。

(二) 具体目标

新型城镇体系建设目标。加快构建符合河南实际、具有河南特色的现代城镇体系，着力形成郑州国家区域性中心城市、省域中心城市、中小城市、中心镇、新型农村社区协调互动发展新格局，到 2015 年，郑州国家区域性中心城市地位明显提升，100 万人以上的地区性中心城市达到 8 个，20 万—50 万人口的县城达到 40 个以上，镇区人口 3 万人以上的中心镇达到 100 个以上，35% 的村庄集中建设新型农村社区。到 2020 年，郑汴新区和郑州、开封中心城区一体化空间格局基本形成，争取人口规模达到 1000 万人；中心城区人口规模超百万的城市达到 15 个左右，洛阳达到 350 万人以上，城市组团人口规模超过 30 万的达到 40 个左右；深入推进省直管县（市）试点改革，激发发展活力，率先发展成为中等规模以上城市，全省 90% 以上的县城都达到 20 万人以上；每个县建成两个左右综合实力突出、布局合理、特色明显、人口规模在 3 万人以上的中心镇；积极推进城市新区、近郊区、中心城区与组团之间、重大交通沿线村庄迁村并城，重点规划建设 5 000 人以上的新型农村社区。

城镇空间布局目标。按照"核心带动、轴带发展、节点提升、对接周边"的原则，形成放射状、网络化空间开放格局。"核心带动"，即提升郑州交通枢纽、商务、物流、金融等服务功能，推进郑（州）汴（开封）一体化发展，建设郑（州）洛（阳）工业走廊，增强引领区域发展的核心带动能力。"轴带发展"，即依托亚欧大陆桥通道，壮大沿陇海发展轴；依托京广通道，拓展纵向发展轴；依托东北西南向、东南西北向运输通道，培育新的发展轴，形成"米"字形重点开发地带。"节点提升"，即逐步扩大轴带节点城市规模，完善城市功能，推进错位发展，提升辐射能力，形成大中小城市合理布局、城乡一体化发展的新格局。"对接周边"，即加强对外联系通道建设，促进与毗邻地区融合发展，密切与周边经济区的合作，实现优势互补、联动发展。

二、新型城镇化引领三化协调发展的目标

（一）消除城乡二元结构

立足强化新型城镇化在三化协调中的引领作用，勇于先行先试，着力激发体制机制活力，积极稳妥地推进户籍管理制度改革，逐步推行城乡一体的户籍管理制度，建立完善土地、住房、社保、就业、教育、卫生支撑保障机制，消除城乡二元结构、统筹城乡发展。

1. 户籍制度改革

探索建立城乡统一的户籍制度，调动农民的积极性和主动性，切实维护进城农民合法权益，努力创造良好的生产生活环境，探索建立农村人口向城镇就地就近有序转移机制，鼓励和支持符合条件的农民进城落户。

2. 农村土地管理制度改革

建立完善进城落户农民农村土地处置机制，逐步建立城乡统一的土地市场，改革和完善土地征用制度，确保农民在土地增值中的收益权。在严格执行土地利用总体规划和土地整治规划的基础上，探索开展城乡之间、

地区之间人地挂钩政策试点，实行城镇建设用地增加规模与吸纳农村人口进入城市定居规模挂钩、城市化地区建设用地增加规模与吸纳外来人口进入城市定居规模挂钩，破解人地矛盾。

3. 完善住房、社保、就业、教育、卫生保障

完善进城落户农民就业保障，确保进城务工人员及被征地农民在城镇实现稳定就业。完善进城落户农民住房保障，根据实际情况分别纳入购买经济适用房或廉租住房和公共租赁住房保障范围。完善义务教育保障，合理配置公共教育资源，改善农村义务教育学校办学条件，保障进城务工农民随迁子女接受义务教育。完善医疗保障，提高城镇居民基本医疗保险、新型农村合作医疗制度的筹资标准，医疗保险扩大覆盖面，保障进城务工人员分类别纳入城镇职工基本医疗保险或城镇居民基本医疗保险。

（二）实现城乡融合发展

1. 城乡规划相互衔接

充分发挥规划在统筹城乡发展中的调控引导作用，建立健全以省域城镇体系规划、城市总体规划、控制性详细规划和村镇规划等覆盖城乡的规划体系，使城市和农村的规划无缝对接。把新型农村社区建设纳入城镇体系规划，加强规划引导，科学确定新型农村社区布局和规模，将城镇设施向农村延伸，按照城市社区建设理念，统筹推进新型农村社区基础设施建设。

2. 城乡产业融合发展

以新型城镇化发展带动产业转型升级，构建与五级城镇体系相适应的现代产业体系，与推动新型农村社区建设同步推动农业产业化进程，促进农业规模化经营，因地制宜发展高效农业、劳动密集型加工业等特色产业，加速要素集聚，促进三次产业协调发展。

3. 城乡要素自由流动

把新型城镇化作为统筹城乡经济社会协调发展的根本途径，立足城乡统筹、城乡一体，推动城乡之间人才、资金、信息、技术等资源合理流动和优化配置，实现城乡优势互补、利益共赢、融合发展。实现城乡要素和产品市场一体化，建立城乡统一的金融、技术、产权和劳动力市场，提高

利用市场优化资源配置的能力和水平。

4. 城乡设施一体构建

推动城乡基础设施和公共服务设施一体化规划、一体化建设、一体化发展，提升综合服务水平。实现交通一体，加快推动城际轨道交通网拓展延伸，提升农村公路等级，实现城乡之间的高效连接。实现服务共享，提升电子化、数字化、网络化水平，形成综合统一的电力、邮政、信息等方便快捷的综合管理服务体系。实现生态共建，统筹生态廊道、水系及环保、绿化的设施及布局建设，改善城乡人居环境质量。

（三）推动公共服务均等化

切实提高城乡基本公共服务水平，全面推进基本公共服务均等化，缩小区域和城乡发展差距、促进社会公平公正、维护社会和谐安定、确保人民共享发展成果。到 2015 年，在全面实施城乡免费义务教育，不断完善国民教育体系，实现基本医疗保障制度全覆盖，建成城乡基层医疗卫生服务体系等基础上，实现县县有文化馆图书馆、乡乡有综合文化站，城镇公共博物馆、纪念馆、科技馆等公共文化设施逐步向社会免费开放，失业、医疗、养老等基本保险覆盖面不断扩大等。同时，把新型农村社区作为城乡基本公共服务均等化的载体，加大各级政府投入，按照城市社区建设理念，完善配套设施，实现"六通六有两集中"，"六通"：通四级公路、客运、自来水、电、有线电视、宽带；"六有"：有社区综合服务中心、标准化卫生室、连锁超市、文化活动室、公共活动场所、幼儿园（5 000 人以上的配建小学）；"两集中"：垃圾集中收集、污水集中处理。完善"村收集、乡运输、县处理"的垃圾收运系统；支持具备条件的新型农村社区，实现与城镇污水处理厂官网对接，进行污水集中处理；远离城镇的新型农村社区，因地制宜选择投资成本小、运行费用低、处理效果好的污水处理技术，建设污水处理设施；鼓励新型农村社区结合规模化养殖场建设，配套建设大中型沼气工程，实现集中供气。

（四）从根本上解决"三农"难题

1. 实现由传统农业向现代农业的转变

以新型农村社区建设带动农业生产方式转变，在严格保护耕地和保障粮食安全的前提下，推动农业规模化组织化经营，提高农业劳动生产率和综合生产能力。利用新型农村社区建设腾出的土地，积极引进农业产业化龙头企业，大力培育农业专业合作组织，提升绿色农业高效农业发展水平。

2. 实现农村富余劳动力有序转移

以新型五级城镇体系建设拓宽农村人口转移渠道，推动土地适度规模经营，引导农民进城就业转移，解决农村劳动力亟待转移与城镇综合承载能力不足的矛盾。推动规模化种植养殖业，促进农民向农业产业工人转变。结合"百千万"现代化高标准粮田工程建设和现代农业产业化集群发展，推进人口最大限度地向县城、中心镇以及新型农村社区集中。

3. 让农村居民不出家门就能过上城市生活

发挥政府引导作用，坚持农民主体地位，从规划布局、住房建设、设施配套三个关键环节着手，将新型农村社区建设成为城乡公共服务均等化的载体，健全农村基础设施和公共服务设施，推动城镇公共服务功能向农村延伸，改善农村生活条件和公共服务环境，缩小城乡差距。

（五）形成三化协调发展新格局

不断提升并发挥新型城镇化的引领作用，以新型城镇化引领强化新型工业化的主导作用、新型农业现代化的基础作用，建立以工促农、以城带乡、产城互动的长效机制，实现以新型城镇化为引领的新型城镇化、新型工业化、新型农业现代化互促共进，三化发展协调性明显提升，三化协调发展新格局初步形成。

第四节　新型城镇化引领三化协调发展的着力点

持续探索走出一条以新型城镇化引领三化协调科学发展之路，需要坚持科学发展、和谐发展，着眼城乡统筹、城乡一体，从转变方式、体系建设、发展动力、功能完善、内涵提升、协调机制等方面着手，选准突破口和着力点，破解"三农"难题、消除城乡二元结构、促进三化协调发展。

一、转变发展方式

（一）加快城镇化发展路径转变

反思传统城镇化发展历程，总结国内外城镇化发展实践，虽然也实现了人口的快速集聚、城镇化率的显著提高，但都没有摆脱高消耗、高排放、高扩张的传统城镇化特征，由于无序蔓延、粗放增长或是二元分割、差距拉大，也都或多或少暴露出"城市病"以及社会失衡、生态失谐等突出问题。尤其目前，城镇化发展的外部条件和内在动力正在发生深刻变化，农村深化改革势在必行，资源环境瓶颈制约加剧，公共服务供求矛盾凸显，不平衡、不协调、不可持续的传统城镇化模式显然难以为继。而作为一个城镇化水平低、农业比重大的内陆人口大省，河南城镇化对象是4.7万个行政村、18万个自然村和6 000万农村人口。要在基础弱、底子薄的情况下加速城镇化，让超过60%的农村人口与城镇居民一起融入现代生产生活方式，共享改革发展成果，就必须摒弃传统模式、创新发展思路，探索走出一条符合发展规律、具有地方特色的新型城镇化道路。

走以新型城镇化引领三化协调科学发展之路，转变城镇化发展方式，就要从新型城镇化的科学内涵上去认识，从新型城镇化的"新"上去体现，从发挥引领作用上去把握，也就是说，新型城镇化要具备城乡统筹、城乡一体、产城互动、节约集约、生态宜居、和谐发展的基本特征；要构建由国家区域性中心城市、省域中心城市、中小城市、中心镇、新型农村社区组成的五级城镇体系；要探索将新型农村社区纳入城镇体系，以延及整个农村的多维转移路径替代农民进城的单一转移路径；要形成以郑州为龙头重心，省域中心城市为辐射带动，中小城市为承载承接，中心镇为重要节点，新型农村社区为战略基点的系统协同式分工格局；要形成以内涵式、紧凑型、生态化、可持续为方向的新型城市发展形态。

（二）加快经济发展方式转变

从当前经济发展的趋势看，扩大内需是转变发展方式的首要任务和基本支撑，而城镇化是激活内需潜力的原动力和主引擎。分析表明，每增加一个城镇人口，可带动三倍于农民的消费支出；同时，城镇化的推进，可以为基础设施、公共服务建设投资带来巨大的空间。河南是第一人口大省，有6 000万农村人口，既蕴含着最大市场，也意味着最大机遇。但是，河南城镇化水平低在很大程度上抑制了扩大内需的潜能。因此，在以新型城镇化引领三化协调发展过程中，要加快转变发展方式，促进三化协调，实现持续求进，就要着力扩大消费需求，激发投资需求，通过加快新型城镇化进程，释放需求潜力，增强内生动力，实现经济增长由投资拉动型向需求拉动型转变。

（三）加快由传统农业向现代农业转变

从河南农村发展现实看，一家一户的小农生产方式是农业现代化进程中的主要障碍，加快由传统农业向现代农业转变是河南在高基点确保粮食稳产增产，实现2020年粮食生产1 300亿斤的必然选择。要实现这一转变，就必须发挥新型城镇化引领带动作用，通过加快新型城镇化进程，推动大量农村富余劳动力有效转移，实现农业规模化、组织化经营。加快推动城市先进技术、设备和先进管理方式向农村农业转移，提升农业机械化、专业化和标准化生产能力。以新型城镇化为引领，力争在较短的时间内破除城乡二元结构，促进资金、技术、人才、信息等生产要素在城乡之间自由流动，推动基础设施建设、公共服务体系向农村延伸，加速新型农业现代化进程，全面提升现代农业发展能力和水平。

二、拉长发展短板

（一）着力拉长城镇化短板

从河南经济社会发展所处的阶段来看，当前，河南人均GDP已接近4 000美元。按照国际通行标准，河南已经进入工业化、城镇化加速推进时期，城镇化将取代工业化成为经济发展的主导力量。然而2011年河南城镇化率仅为40.57%，与当人均GDP超过3 000美元、相应的城镇化率应为55%左右的国际标准相比，还滞后近15个百分点；与同期全国平均水平相比，也要滞后近11个百分点。从城镇化与工业化、农业现代化协调发展关系来看，2010年，河南工业化率为51.8%，高于全国平均水平11.7个百分点；同期城镇化率为38.8%，落后全国平均水平11.15个百分点。城镇化发展明显滞后于工业化发展，难以为传统工业化向新型工业化的演进积累规模效应、集聚效应，难以形成创新、人才、信息等高端要素流动平台，也难以为实现农业规模经营以及农业机械化、电气化、信息化等农业现代化发展需求提供支撑。尤其是，河南的城镇化与工业化不协调问题突出。2010 年，河南二、三产业劳动力就业比重为 55.1%。虽然这一比重要低于全国平均水平 8.2 个百分点，但依然比同期城镇化水平高了16.3 个百分点，工业化和城镇化发展已经明显脱节。由此可见，河南城镇化发展滞后于工业化、农业现代化发展，已经成为河南经济社会发展的突出"短板"和各种矛盾的聚焦点。

显然，拉长城镇化短板是走新型城镇化引领三化协调发展之路需要抓住的关键点和着力点。要拉长城镇化发展短板，就要以城乡统筹、城乡一体为核心内涵，以产城互动、节约集约、生态宜居、和谐发展为基本特征，推进大中小城市、小城镇、新型农业社区协调发展、互促共进的城镇化，通过城镇规模扩大和功能完善，带动产业集聚和人口集中，发挥新型城镇化引领作用，推动新型城镇化、新型工业化和新型农业现代化协调科学发展。

（二）着力拉长服务业短板

依据产业发展的普遍规律，一个地区第三产业占 GDP 的比重与城镇化率正相关，即城镇化率越高，第三产业的比重和发展水平就越高。2010年，河南第一产业、第二产业在生产总值中的比重分别比全国平均水平高4 个、17.2 个百分点，而第三产业所占比重为 28.6%，低于全国平均水平14.4 个百分点，其主要原因就是城镇化水平低，对服务业发展带动弱，也缺乏拉动服务业优化升级尤其是现代服务业发展的平台和市场。

拉长服务业短板，要着力改造提升商贸、餐饮等传统服务业，拓展传统优势服务业的内涵，增强服务市场需求的能力水平。要着力发展现代物流、文化、旅游和金融等现代服务业，增强服务业综合竞争力。要着力发展信息服务、创意设计、会展、服务外包、科技服务、电子商务等新兴服务业，培育新的增长点。要着力发展生产性服务业，有效支撑新型工业化进程和产业转型升级。要着力发展生活性服务业，有效满足人民群众消费方式和生活方式转型的需求。

（三）着力拉长外贸短板

对外开放水平低是多年来制约河南发展的突出短腿。走以新型城镇化引领之路，有利于推动城市新区、产业集聚区的全面发展，为大开放、大招商、大投资提供优良的发展基础和平台载体，也正是由此在举省开放促崛起中吸引了一大批重大项目的落地实施，使河南的对外开放硕果累累：2011年河南进出口总值增速连月突破100%，改变了长期在100亿美元徘徊的局面，打造内陆对外开放高地取得了突破性进展，外贸出口对经济增长的拉动作用显著提升。

显然，拉长外贸短板，就要充分发挥新型城镇化引领作用，着力优化城镇发展环境，提升城镇综合实力和竞争力。着力强化城镇产业配套能力，拓展产业链条，优化产业体系，增强产业支撑能力。着力改善城镇基础设施，提升公共服务水平，创造良好的人才环境，提供优良的社会服务，增强城镇承接承载能力，加快"引进来、走出去"步伐。

三、加强体系建设

（一）构建符合河南实际的新型城镇体系

新型城镇化是以城乡统筹、城乡一体、产城互动、节约集约、生态宜居、和谐发展为基本特征的城镇化，是大中小城市、小城镇、新型农村社区协调发展、互促共进的城镇化。坚持新型城镇化引领三化协调发展，就要着力构建符合河南实际的新型城镇体系。重点是要按照核心带动、轴带发展、节点提升、对接周边的原则，推进郑州国家区域性中心城市、省域中心城市、中小城市、中心镇、新型农村社区联动发展，加快构建以中原城市群为主体形态、符合河南实际、具有中原特色的五级城镇体系。

（二）强化体系各级构成的功能作用

着力增强郑州龙头作用和重心作用，按照全域城镇化理念，着力打造以现代业态为主的商业高地和商业核心区、内陆改革开放新高地和全球重要的航空货运集散重心，全面推进郑州都市区建设，提升郑州全国区域性中心城市地位。着力增强省域中心城市辐射带动作用，推动中心城市组团式发展，统筹推进老城区改造和城市复合型新区建设，增强中心城市以大带小、以城带乡的主导作用。着力增强县城承载承接作用，按照现代城市的理念和标准，提高县城规划建设水平，形成产业集聚区、县城新城区和旧城区"三位一体"发展格局，增强承载承接中心城市辐射和带动农村发展的能力。着力增强小城镇重要节点作用，坚持分类指导、合理布局、适度发展原则，因地制宜发展特色产业，积极探索交通导向开发方式，实施扩权强镇试点，提升服务农业农村发展的能力。着力增强新型农村社区战略基点作用，坚持分类指导、科学规划、群众自愿、就业为本、量力而行、尽力而为，按照城市社区建设理念，推动土地集约利用、农业规模经营、农民多元就业、生活环境改善、公共服务健全，加快农民生活方式和农村生产方式转变，形成统筹城乡发展的结合点、推进城乡一体化的切入点、促进农村发展的增长点。

（三）形成城镇体系协调互动发展格局

着力加强城镇体系内部的相互衔接、功能互补和优势互补，推动城镇化发展由单独发展走向体系化整体发展，推进协调发展。着力完善五级城镇体系联动发展机制，形成有机组织、分工合作的发展方式，增强区域整体实力。着力构建聚散功能传导机制，促进经济、科技、人才、信息和教育、文化、卫生等高端要素的集聚和扩散，形成要素合理流动和优化配置的合理的城镇化空间格局和多元化城镇体系。积极稳妥发展小城市、小城镇和新型农村社区，强化与大城市的对接，避免在专业分工和产业培育上的雷同，形成体系内部优势互补的良性互动关系。

四、形成良性互动

（一）促进产城互动

发挥新型城镇化引领作用，必须突出产城互动、融合发展。要坚持依城促产、以产兴城，推动城镇建设与产业发展格局向产城互动转变。要坚持产业规划与城镇规划、产业选择与城镇定位、产业集聚与人口集聚、产业功能与社会功能的有机衔接，推动产城融合。要坚持以产业发展促进城镇基础设施建设和经济社会发展，以产业集聚带动人口集中，以产业繁荣支撑经济繁荣。

（二）促进城乡互动

坚持以新型城镇化引领发展，要促进城乡互动发展；要促进农业农村发展来推进城镇化进程，通过城镇化、工业化发展为农业发展创造市场和需求；要以推进新型农业现代化为基础，强化农业基础性地位和作用，充分发挥城市的聚集辐射带动作用，统筹城乡经济社会协调发展；要积极推进城乡统一的公共服务体系、基础设施、社会保障、要素市场、户籍与就业等方面的改革创新，在城镇和农业农村发展之间形成良性互动关系。

（三）促进产业互动

着力推动一、二、三产业协调互动发展，坚持走不以牺牲农业和粮食为代价推进新型工业化的路子，以工促农、强农兴工，形成工农业相互推进的局面。鼓励劳动密集型产业加工环节向新型农村社区延伸，与龙头企业形成上下游配套联系，促进农业产业化和农村人口就地转移。用先进适用技术和高新技术改造提升传统产业，走科技含量高、经济效益好、资源消耗低、环境污染少、人力资源优势得到充分发挥的新型工业化道路。着力发展现代服务业，促进信息产业、科教产业等新兴服务业发展壮大，为工业优化升级提供有力支撑。

五、构筑战略基点

（一）积极稳妥推进新型农村社区建设

分类推进新型农村社区建设。结合当地资源禀赋、区位特点和产业基础，科学规划新型农村社区布局和规模。积极推进城市新区、城中村、产业集聚区、近郊区内的村庄，按照城市规划迁村并城、建设社区；分类探索重大交通沿线、重大工程沿线以及地质灾害威胁区、自然保护区内等各类村庄实施整村搬迁等多种发展形式。

积极探索新型农村社区建设道路。发挥政府引导作用，坚持农民主体地位，把握规划布局、住房建设、设施配套三个关键环节，整合、拓宽建设资金筹措渠道，积极探索农民自建、集体统建、招商建设、社会援建等多种途径。

加强基础设施和公共服务设施建设。把新型农村社区作为城镇基础设施向下延伸和城乡基本公共服务均等化的载体，按照城市社区建设理念，整合村庄、土地、人口、产业等要素，完善配套设施，增强新型农村社区综合服务功能。

（二）发挥新型农村社区战略基点作用

以新型农村社区作为统筹城乡发展的结合点，着力形成新型三化协调发展的有效载体，推动土地集约利用、农业规模经营、农民多元就业，实现思路上统筹、发展上一体、作用上互动、要素上集约。以新型农村社区作为推进城乡一体化的切入点，着力推动城镇生产要素和产业链条向农村延伸，基础设施和公共服务向农村覆盖，现代文明和科学技术向农村传播，实现一体化、均等化发展。以新型农村社区作为促进农村发展的增长点，着力提高农业现代化水平和综合效益，切实改善农村生产生活条件，激活农村消费力，进而消除城乡差距，增强经济社会发展内生动力。以新型农村社区作为农村社会管理的创新点，着力推动乡村生活空间的重组和社会经济活动的改变，引发传统社会关系和组织结构的调整，形成民主平等、健康和谐的社会生活环境。

（三）切实保护农民利益

在严格保护耕地和保障粮食生产的前提下，支持利用新型农村社区建设腾出的土地，大力发展现代农业，因地制宜发展二、三产业，促进农民就地就近就业提高农民收入水平。结合新型农村社区建设，加快推进农村集体土地所有权、集体建设用地使用权、宅基地使用权确权登记发证工作，保护居民的农村集体财产分红收益、土地流转以及集体土地转让收益，使农民成为新型城镇化的最大受益者。

六、强化产业支撑

（一）构建现代产业体系，与现代城镇体系协同发展

加快构建现代产业体系，推进新型城镇化发展与加快产业结构调整互促共进。着力完善城镇功能，促进要素集聚，积极推动依城促产、以产兴城。充分发挥郑州、洛阳等特大中心城市高端要素集聚、科技创新等优势，着力形成以服务业为主导、高端制造业为支撑的产业结构。推动其他

中心城市培育壮大主导产业，加快传统产业转型升级，提升城市产业能级。发挥中小城市和小城镇要素成本优势，积极承接产业转移，因地制宜发展劳动密集型产业和特色产业集群。推动资源型城市和老工业基地改造提升传统产业，培育壮大新兴产业，扩大服务业规模，增强城市综合竞争力。

（二）发展现代农业，支撑新型农村社区建设发展

加快发展现代农业，推进新型农村社区建设与现代农业互促共进。把新型农村社区建设与农村土地流转结合起来，促进人口集聚和土地集约利用，大力推进农业规模化生产和产业化经营，打造一批"全链条、全循环、高质量、高效益"的现代农业产业集群，促进农民转移就业，推动农业增效农民增收。

（三）加强载体平台建设，推动产业优化升级

加强载体平台建设，把产业集聚区、城市新区、特色商务区等打造成为产业优化升级、转变发展方式的重要载体。着力加快城市新区规划建设，培育一批千亿级产业基地，形成中心城市现代产业发展高地。提升城市组团发展水平，大力发展与中心城区主导产业分工协作的关联配套产业，形成中心城市空间拓展的重要功能区。深入推进产业集聚区建设，突出抓好主导产业培育，加快形成一批特色产业集群，成为承接产业转移的主平台、县域经济发展的增长极。加快产业集聚区基础设施和结构调整项目建设，提升对城市产业、人口、环境的承载功能，推动企业向园区集中、园区向城镇集中、劳动力向城镇转移。结合新城建设和老城改造，大力发展商务中心区和特色商业区，努力打造高端服务业集聚区、城区经济增长中心、区域发展服务中心和展示城市形象的窗口。

第八章
新型城镇化引领三化协调发展的主要任务

"两不三新"，新型城镇化是引领。坚持新型城镇化引领，就是要引领发展方式转变，引领城乡统筹城乡一体，引领城镇化内涵发展，引领工业转型升级，引领农业现代化水平提升，引领体制机制创新。要更加注重以城促产、以产兴城，推动城镇建设与产业发展格局向产城互动转变；更加注重生产要素在城乡之间合理流动和优化配置，低成本推进城镇化；更加注重资源节约和环境保护，建设紧凑型城市、复合型城市，突出节约集约和谐发展；更加注重新型工业化主导作用，新型农业现代化基础作用，形成三化协调科学发展的新格局。

第一节 引领发展方式转变

坚持新型城镇化引领，要充分发挥新型城镇化在转变经济发展方式，调整和优化经济结构，提高经济质量和效益，统筹城乡和区域发展，促进资源节约和环境友好等方面的积极作用，促进人口、产业、土地、资金等要素在农业和非农产业之间、城市和乡村之间优化配置，推动经济增长由主要依靠投资拉动向依靠投资、消费、出口协调拉动转变，由主要依靠第二产业带动向依靠第一、第二、第三产业协同带动转变，由粗放型向集约型转变。

一、引领经济增长向依靠投资、消费、出口协调拉动转变

消费、投资、净出口作为拉动经济增长的"三驾马车",是相互依存、相互制约的。长期以来,河南投资率持续走高,消费率持续走低,形成了主要依靠投资拉动的经济增长。在主要依靠投资这一驾马车的拉动下,河南经济保持了较快的增长速度。但低消费、低出口、高投资也给河南经济平稳较快发展带来负面影响。实施新型城镇化引领三化协调科学发展,就是引领经济增长由主要依靠投资拉动向依靠消费、投资、出口协调拉动转变,实现河南经济平稳较快发展。

坚持新型城镇化引领,驱动投资增长。在新型城镇化进程中,城镇的发展和规模的扩大,产生了巨大的基础设施、公共服务设施以及住房建设等投资需求,可直接拉动固定资产投资。研究表明,每转移一个农村人口,大概需要十万元的投资。如果每年河南省能有效地转移 100 万农村人口,由此带来的年投资规模不低于 1 000 亿元。另据测算,每增加一个城市人口可带动城镇固定资产投资 50 万元。以 2011 年数据计算,如果将城镇化速度加快 1.7 个百分点,即多增加约 170 万城镇人口,将新增投资 8 500 亿元,占全年固定资产投资总额的 45%,由此引发的投资增长不仅可以缓解钢铁、水泥等行业产能过剩的压力,同时也能为新转入的城镇人口创造出大量就业机会。可见,通过新型城镇化的发展能够有效扩大内需尤其是投资规模。

坚持新型城镇化引领,驱动消费增长。城镇化不仅仅表现为城镇空间的扩展,更重要的还表现为人口的集聚和城镇人口规模的扩大。大规模人口城镇化,会产生巨大的收入增长和消费转换效应。大量人口转为市民后,从买房、买家电到吃穿用行,都直接或间接地带来了巨大的消费需求。河南省城镇化水平每提高 1.5 个百分点,就意味着增加 150 多万城镇人口,这势必扩大城镇消费群体。据统计,2011 年河南农村居民人均消费支出为 4 319.95 元,城镇居民人均消费支出 12 336.47 元。表明从农村到城市,居民消费明显增加。居民从农村转移到城市,其消费倾向和消费结构都将发生变化,不仅会从农产品生产者转变为农产品消费者,同

时也会大量增加工业品消费。目前，河南省城乡居民收入水平之比约为 2.8：1，而消费水平之比约为 2.9：1。这就意味着农民转化为市民之后消费水平将大大提升。同时，农村人口逐步转为城镇居民，对增加农民收入和提高农民消费水平具有明显效果。未来 5—10 年，城镇化发展的空间依然较大，至少还有 10 到 15 个百分点的提升空间，将释放巨大的消费能力，拉动消费增长。

坚持新型城镇化引领，驱动外贸出口增长。与沿海发达地区经济增长过度依赖出口相比，河南省外贸出口占比一直很低，发挥新型城镇化引领作用，弥补河南外贸出口的短板。通过新型城镇化，加快现代服务发展，促进工业转型升级，扩大以自主品牌和高科技含量为主的产品出口。优化发展环境，发挥河南的劳动力和生产优势，采取积极措施，促进加工贸易转型升级。一方面要实现加工贸易产业和产品结构升级，提高加工贸易产品技术含量，提高关键零部件的加工制造能力。另一方面，引导加工贸易向产业链高端发展，由单纯加工向设计、研发、品牌、服务等内容延伸。同时，通过新型城镇化引领，加快推进服务贸易发展。把承接国际服务外包作为扩大服务贸易的重点，鼓励全省企业积极承接信息管理、数据处理、技术研发、工业设计等国际服务外包业务，坚定不移地推进服务领域对外开放，着力提高利用外资的质量和水平，最终推动外向型经济的可持续发展。

坚持新型城镇化引领，不仅可以扩大投资，而且由于农村人口的转移和集聚而显著扩大消费规模、提高消费水平，同时，也有利于贸易结构改善，促进出口增长，由此推动河南省经济增长由主要依靠投资拉动向依靠消费、投资、出口协调拉动转变。

二、引领经济增长向三次产业协调推动转变

坚持新型城镇化引领，促进经济增长由主要依靠第二产业带动向依靠第一、第二、第三产业协同带动转变，就是要破除农业基础薄弱、工业大而不强、服务业发展滞后以及三大产业之间比例不合理的困境。坚持新型城镇化引领，优化产业结构推动发展，把调整产业结构作为推动发展的主

线，加强农业基础地位，逐步实现农业由弱变壮；提高工业技术水平，实现工业由大变强；加速发展服务业，实现服务业由慢变快，使经济增长由主要依靠第二产业带动向依靠第一、第二、第三产业协同带动转变。

坚持新型城镇化引领，要依托市区、县城、镇区和新型农村社区，依托原有产业布局和产业基础，规划建设产业集聚区、特色专业园区和农民创业园，发挥城镇承载承接作用，将其打造成为沿海发达地区产业转移的载体、城市生产要素向农村流动的载体，通过招商引资、增量调整尽快提升第二产业的层次和发展水平。持续发展市场空间大、增长速度快、转移趋势明显的汽车、电子信息、装备制造、食品、轻工、建材六大高成长性产业，以龙头带动、基地支撑、高端突破为着力点，继续通过整合重组等方式壮大产业规模，有力支撑经济增长；改造提升化工、有色、钢铁、纺织四大传统优势产业，加大技术突破、链条延伸和改造升级力度，强化上下游企业合作，促进经济转型；加快发展新能源汽车、生物医药、新能源、新材料四大先导产业，加强关键技术研发，加快推进产业集群发展。抓住产能过剩行业结构调整的有利时机，加快淘汰高耗能产业的落后生产能力，促进第二产业由大变强。

坚持新型城镇化引领，要依托城镇化"筑巢引凤"，通过不断完善公共基础设施，提升公共服务水平，要重点发展为生产服务的新兴服务业，包括研发、金融、物流、电子商务、法律、咨询、会计、服务外包等，发展医疗卫生、社区服务、教育培训、文化休闲等公共服务和消费性服务，积极发展文化事业和文化产业，以现代服务业的繁荣发展聚集人气、培育商气，以人文生活环境不断改善通过招商引资把项目引进来，把经济发展所需人才，特别是高级知识创新型人才、科学技术人才与经济管理人才引进来和留下来，提高自主创新能力，推进产业结构调整与优化升级，促进工业与第三产业经济健康稳定可持续发展。

坚持新型城镇化引领，促进农业现代化发展。通过城镇化创造着越来越多的就业岗位，吸引大量农村人口向城镇地区转移，使耕地向少数人手里集中，为农业实现规模化、机械化、专业化生产创造必要的外部条件；城镇化增加对农产品的有效消费需求，为农业现代化发展提供广阔的市场空间；改变农村耕地块小分散的格局、增加农业人口人均耕地面积与提高耕地集中度，为农业现代化发展提供丰裕的土地资源；城镇第三产业则为农业实现现代化提供技术、信息、人才以及丰富多样的社会化服务。发挥新型城镇化引领作用，要强化城市支持农村与工业反哺农业政策的实施，为加大财政支农力度打下坚实基础；促进农业龙头企业的形成、发展与壮大，为农业现代化提供组织保障；以县城、镇区和新型农村社区为依托，加快农业科技创新体系和现代农业产业技术体系建设，推进农业科技进步和创新，并加强农业物质技术装备，提高土地产业率，增强农业抗风险能力，促进农业可持续发展。

三、引领经济增长由要素驱动型向创新驱动型转变

城镇发展驱动力转变的规律表明：城镇发展一般经历萌芽、起步、成长、成熟四个阶段。在萌芽阶段，城镇主要依靠资源、劳动力等生产要素驱动，大规模的工业化开始兴起，但是产业整体基础仍较为薄弱，城镇化水平不高；在起步阶段，城镇发展主要转向政策与投资驱动，工业化和城市化开始迅速推进，积累了一定的产业基础，商业环境得到改善，集聚资源的能力加强，城镇对转变经济增长方式需求较高；在成长阶段，技术与市场驱动效应明显，城镇化水平迅速提高，城镇开始具备一定的自主创新能力，知识密集型产业发展迅速，对人才吸引力较强，城镇发展加快；在成熟阶段，知识和创新驱动作用明显，创新具备持续性，基本形成以知识为驱动力的经济体系。

2011 年，河南城镇化率突破 40%，处于快速发展阶段，客观要求突出新型城镇化引领的作用。坚持新城城镇化引领，促进经济增长由要素驱动型向创新驱动型转变，要在创新主体培育上下工夫。在建立企业研发机构、整合企业研发力量、完善企业研发机制、提高企业研发水平上下工夫，使企业真正成为研究开发投入的主体、技术创新活动的主体和创新成果应用的主体。要在创新平台打造上下工夫。围绕构建现代产业体系，加快建设和发展工程研究中心、技术研究中心、企业技术中心，加强重点实验室、工程实验室、高校重点实验室建设，积极发展创业孵化基地，着力打造不同层级、不同层次的创新平台。要在创新机制完善上下工夫。完善

科技成果转化机制，鼓励知识、技术、管理等要素参与分配，引导和激励科技人员从事科技成果转化和产业化，加强知识产权保护体系建设。要在创新载体建设上下工夫。注意发挥产业集聚区、城市新区以及各类开发区在资产、资源、环境、技术、人才等方面的集聚优势，努力将其建成高新技术产业集群发展基地、产学研结合平台和科技成果转化中心，发挥其示范引领作用。要在创新人才培育上下工夫。要大力加强科技人才资源能力建设，善于识才、聚才、用才、容才，努力培养造就一支梯次合理、素质优良、新老衔接、数量充足，能够满足经济社会发展需要的富于创新精神的人才队伍。要在管理创新上下工夫。对于那些政府应该管住管好的事情也要通过改革创新理顺关系，健全制度，完善机制，依法行政。同时，强化企业管理创新，在企业管理中不断倡导创新精神，激发创新意识、引导创新方向、鼓励创新行为、提升创新能力。要管理创新与制度创新并举、管理创新与技术创新协调，由此改变主要依靠物质资源要素投入向依靠科技进步和创新推动转变，以创新驱动经济增长。

四、引领经济增长由粗放型向集约型转变

新型城镇化引领推动城镇的转型发展，促进经济增长由粗放型向集约型转变。坚持新型城镇化引领，促进了以城镇为主体的生产要素再分配。由于城镇相比农村往往具有资本技术、交通运输、居住条件、人力资源、通信设备等方面的比较优势，这种再分配过程使得大量的劳动力和生产活动不断向城镇聚集，城镇市场规模不断扩大，推动产业结构不断升级，进而促进经济增长由粗放型向集约型转变。新型城镇化促进要素生产率正向牵引，推动城市递进升级。城镇比农村要素生产率高，大城市通常比中小城镇要素生产率高，而一切生产要素都是向要素生产率更高处递进式流动，那么，必然会产生大城市向城市圈升级，中小城镇向大城市升级，农村向城镇转移，由此推动经济结构调整和优化升级，促进经济增长由粗放型向集约型转变。新型城镇化与现代服务业紧密相连，推动现代服务业快速发展。新型城镇化发展不仅能够推动以教育、医疗、社保等为主要内容的公共服务发展，也能够推动以商贸、餐饮、旅游等为主要内容的消费型

服务业和以金融、保险、物流、信息等为主要内容的生产型服务业的发展，提高服务业在产业结构中的比重，实现产业集群、要素集聚、人口集中和服务集成。坚持新型城镇化为引领，调整优化产业、城乡和区域结构，加快经济增长由粗放型向集约型转变，促进经济长期平稳较快发展。

第二节　引领城乡统筹城乡一体

坚持新型城镇化引领，就是要改变过去在城乡规划、生产力布局、基础建设、资源配置、公共服务、劳动就业、社会保障等方面存在的重城市、轻乡村的传统格局，以新型城镇化为平台，通过完善城镇规划、调整产业布局，强化基础设施建设，优化公共服务，健全社会保障等，促进城乡资源优化配置和城乡结构调整，促进基础设施向农村延伸、公共服务向农村覆盖、现代文明向农村辐射，建立健全以城带乡、以工促农的长效机制，加快城乡一体化进程，逐步实现城乡基本公共服务均等化。

一、着力提升以城带乡水平

坚持新型城镇化引领，要加快要素集聚、产业集聚和人口集聚，做大中心城市，增强城市功能，提高城市辐射和带动作用。加快构建国家区域性中心城市、省域中心城市、中小城市、中心镇和新型农村社区协调发展、互促共进的五级城乡体系，形成以城带乡、城乡统筹的城镇化新格局。增强郑州全国区域性中心城市功能。坚持集群、组团式发展，构筑城市组团与中心城区的便捷交通联系，推动形成以中心城市为核心、周边小城市和中心镇为依托的城镇集群。提升中小城市和县城规划建设标准，提高综合承载能力，吸纳农村人口就近转移。把小城镇作为城乡统筹发展的重要节点，按照合理布局、适度发展的原则，因地制宜发展中心镇，支持已经形成一定产业和人口规模、基础条件好的中心镇发展成为小城市，其他乡镇逐步发展成为服务周边农村生产生活的社区中心。积极稳妥推进新型农村社区建设，促进城乡一体化发展。

坚持新城镇化引领，要推进城、镇、社区衔接互补、协调发展。县级市和县城驻地是县域人口和二、三产业的聚集地，要按照城市标准进行规划建设，并以中等城市为发展目标。城市郊区、独立工矿区周边和城区内村庄，应纳入城市发展总体框架，按照城市社区的标准进行规划建设和管理。中心镇主要功能是衔接城乡，为农村发展非农产业特别是乡村工业提供载体，为农村生产生活提供全面系统的服务，其基础设施主要按城市发展要求进行配置，发展目标为小城市。新型农村社区是农民主要聚集地，以发展一、三产业为主，生活设施要按中心镇的标准进行规划，生产设施主要与一、三产业和手工业发展相适应，其主要功能是为农村公共服务提供载体，为从事农业生产的农民提供符合现代化要求的生活场所，并为其兼营一般性非农产业提供条件。

坚持新型城镇化引领，要把城市带动农村和农村融入城市有机结合起来，创新融入载体，优化融入环境，扩大城市和农村功能的融合、空间的融合、文化的融合、产业的融合和生态的融合。健全市县联动的县（市）发展机制，强化市区、城镇与乡村的联系，以市带县，以城带乡，做到规划共绘、设施共建、产业共兴、市场共赢、服务共享。构筑城乡融合、双向进入的经济联系，形成城乡联动、互促共进的发展格局，更高层次谋划、更大范围统筹、更强力度推进城乡一体化发展。

二、加快城乡经济融合发展

坚持新型城镇化引领，要统筹城乡生产力布局，引导社会化服务行业向农村延伸，鼓励城市二、三产业下乡和农民进城"双向流动"，做大做强县域经济，推进城乡经济一体化发展。

统筹城乡生产力布局。加强对城乡经济发展的统筹规划，城市二、三产业项目的布局，要考虑对农村的辐射和带动。加大对农副产品加工、农业机械制造、支农化工等涉农产业的支持力度，优先发展需要农村配套、提供原料和能够吸纳大批农村劳动力的产业。鼓励发展城乡联动、同兴共赢的农业产业化经营，推动适宜于农村发展的二、三产业项目向农村布局，努力形成一个工业项目、一个骨干企业带起一方农村经济，安置一批农村劳动力的发展格局。

引导社会化服务行业向农村延伸。统筹考虑城乡服务业的布局与发展，针对农村人口集中度低、服务业发展基础条件薄弱的实际，采取税收减免、财政补贴、降低产业进入门槛等措施，鼓励商贸、流通、金融和中介组织等向中心镇和新型农村社区布局或建网布点，改善农村生产、生活条件，促进农村服务业加快发展。

鼓励城市二、三产业下乡和农民进城"双向流动"。把推进城市二、三产业的资金、技术、人才、管理等要素下乡和农民进城作为破解城乡二元结构、推动城乡融合的重要措施，制定优惠政策，鼓励城市企业参与旧村改造和发展现代农业、农村服务业、乡村旅游业以及农副产品加工业，以促进农业、农村经济和农村建设的现代化。同时，进一步放宽农民进入城镇务工、定居的限制，为农民融入城镇提供条件，通过减少农民来富裕农民。

做大做强县域经济。把发展县域经济作为统筹城乡发展的重要支撑点和着力点，通过调整产业布局和资源配置方式，加大对县域经济特别是县城经济和中心镇经济的培植力度，支持发展民营经济、现代农业和农业产业化经营。着力培育以优势产业为核心、优势企业为龙头的产业集群，促进形成县域支柱产业。鼓励和支持发展县域商贸和物流产业，畅通农村流通渠道。要逐步扩大县、镇两级的经济管理权限，以增强其经济发展活力、行政协调能力和统筹城乡发展的实力。

三、推进城乡基本公共服务均等化

坚持新型城镇化引领，要统筹配置城乡公共服务资源，统筹配置城乡社会发展资源，统筹推进城乡文化建设，统筹城乡劳动就业，构建城乡一体的社会保障体系，推进城乡基本公共服务均等化。

统筹配置城乡公共服务资源。逐步打破城乡分离的公共服务体制，合理配置公共服务资源，把由政府提供或主导的公共服务尽可能地覆盖到所有城乡居民，逐步使城乡居民享受到均等的公共服务。统筹配置城乡社会发展资源。推动基础教育资源在县域范围内均衡配置，在校舍建设、师资配备、设备装备、经费保障等方面逐步缩小城乡之间的差距。把进城务工农民适龄子女纳入城市义务教育范围。职业教育和成人教育发展要充分考虑农村的需要，把对农民的职业培训纳入政府职能范围。合理调整政府主导的科技资源配置，各级政府都要加大对涉农科技的投入，确保用于"三农"的科技应用研发资金占全部应用研发资金的比重逐年上升。加大对涉农科技推广体系建设的支持力度，逐步解决城乡科技发展不同步的问题。改革公益性医疗卫生资源配置方式和管理体制，加强县以下医疗卫生服务体系建设，县乡村三级都要合理布局公益性医疗卫生机构和设施。大力实施"卫生强基工程"，鼓励采用托管、设立分支机构和医生轮值等形式，加强城乡医疗卫生机构之间的内在联系，提高农村医疗卫生水平。加大扶贫开发力度，不断提高贫困乡村和农村低收入人口的自我发展能力。

统筹推进城乡文化建设。调整城乡文化资源配置格局，加强县以下公共文化服务体系建设，逐步解决城乡文化发展不平衡问题。完善县、乡、村三级文化设施网络，推进文化共享工程建设。开展"文化下乡"活动，培育农村文化队伍，大力发展农村文化产业，活跃农民文化生活，促进农民增收。统筹城乡劳动就业。以城乡劳动力平等就业为目标，完善促进就业的政策法规体系和工作机制，建立健全城乡一体的人力资源市场和就业服务体系，营造保障城乡劳动者公平竞争、平等就业的制度环境。加强对进城务工农民合法权益的保护。

构建城乡一体的社会保障体系。在逐步完善农村社会保障制度的基础上，研究建立城乡社会保障互相衔接和转移机制，逐步实现保障随人口迁移自动衔接，最终实现不同区域、不同职业的人群在城乡之间、地区之间社会保障制度的统一，推动城乡社保资源配置的均等化。按照国家统一部署，积极建立个人缴费、集体补助、政府补贴相结合的新型农村社会养老保险制度，在试点的基础上逐步覆盖全省适龄农村居民。

第三节　引领城镇化内涵发展

坚持新型城镇化引领，就是要转变城镇发展方式，实现由偏重数量、规模和粗放发展向注重提升质量内涵、节约集约发展转变，突出发展速度与提升质量并重，资源利用集约化与城镇功能完善并重，优化形态与培育载体并重，强化资源节约与环境保护，不断提高城镇综合承载力，促进城镇内涵式发展。以新型农村社区建设为载体，促进人口集聚和土地集约高效利用，完善公共服务体系，建设生态宜居新家园。

一、注重功能提升，全面提升城镇综合承载能力

坚持新型城镇化引领，就是要避免"摊大饼"式的发展思路，扭转城镇建设中偏重规模扩张、忽视功能提升的倾向，更加重视城镇的内涵式发展和质量品位的提升，建设集约紧凑、功能复合的新型城镇。以满足生活生产需要、适应城镇发展要求为目标，全面推进和整体提升城镇基础设施和公共设施的建设水平。

提高基础设施承载力，加快城镇市政基础设施和社会事业基础设施建设，构建系统化、立体化的城镇基础设施网络。加强以公共交通为重点的城市交通建设，使城市各种交通运输体系有机联系、无缝对接，使城市进出口通道畅通便捷；统筹考虑供水、排水、排污、供气、通信等，搞好地下管网建设和改造；推进以天然气为主要燃料的城镇能源改造，提高城镇燃气普及率，推广应用太阳能等新型能源；大力推进数字化城镇规划、建设和管理，完善信息网络，推进电信、电视、计算机三网融合，大力发展电子政务、现代远程教育和社会保障信息系统工程；加强城市的人防、防震减灾和公共消防等设施建设，增强对重大自然灾害的应急处置能力。

提高公共服务承载力，配套完善面向大众的教育、卫生、文化、体育等公共服务设施，增加城市公共产品供给，提升城市公共服务功能，不断满足人民群众日益增长的服务需求。加快社会事业发展，加强科技、教育、医疗卫生、文化体育、人口计生、社会福利等基础性公共服务设施建设，建立综合性的服务平台，推动社会服务资源向基层和社区延伸；优化教育结构和布局，全面提升义务教育水平，大力发展职业教育，不断提升高等教育质量；健全城镇医疗卫生服务体系，加快建设以社区卫生服务为基础的医疗卫生服务网络，扩大社区卫生服务覆盖面；健全公共就业服务

体系，加强基层劳动就业和社会保障服务设施建设，实施"阳光工程"等就业推进工程；完善社会保障体系，做好社会保险扩面征缴工作，实施养老保险省级统筹。大力实施各项文化惠民工程，不断满足城乡居民丰富多彩文化生活的需求。

提高资源环境承载力，加强城镇规划设计，优化城市功能分区，加强城镇历史文化资源和森林、湿地、水体生态系统保护，提升城市文化内涵，适度扩大城市绿地面积，改善城市人文环境。提高居住承载力，以"住有所居"为目标，建立健全分层次的住房供应体系。加大保障性住房建设力度，建立健全以廉租住房、公共租赁住房为主体的住房保障体系；积极推进中小城市和城镇房地产市场发展；加强房地产市场监管和服务，引导住房的合理消费，规范房地产市场秩序，促进房地产业的健康稳定发展。突出城镇文化特色。坚持文化为魂，塑造城镇形象，打造城镇品牌。广泛吸收国内外城市规划建设的先进理念，注重突出地域、历史、民族和文化特色。重要地段和建（构）筑物应充分体现时代气息和地域特色，形成与城市的历史、文化、经济、社会、环境相适应的建筑风格和城市风貌，提升城市品位。

二、强化体系完善，推动城镇体系层级间的协调互动

坚持新型城镇化引领，要立足河南城镇体系特点与实际，坚持核心带动、轴带发展、节点提升、对接周边的原则，不断优化河南城镇的等级体系、职能体系和空间体系，构建出具有河南特色的五级城镇体系，统筹促进河南大中小城市、小城镇和新型农村社区协调互动发展。加快推进和形成以中原城市群为主体形态、以中心城市和县城为重点、以新型农村社区建设为战略基点的现代城镇体系，走出一条全面开放、城乡统筹、经济高效、资源节约、环境友好、社会和谐的新型城镇化道路。

增强郑州龙头作用和重心作用。按照全域城镇化理念，全面推进郑州都市区建设，构建以中心城区、郑州航空经济综合实验区为核心、外围组团为支撑、小城镇为节点的现代城市发展格局，提升郑州全国区域性中心城市地位。加快中心城区改造提升，推进中心商圈、城市商业综合体、特

色商业街区建设，打造以现代业态为主的商业高地和商业核心区。以发展航空货运为突破口，积极承接国内外产业转移，打造内陆改革开放新高地和全球重要的航空货运集散重心。推进郑汴新区建设，推动许昌、新乡南北两翼对接融入，打造三化协调发展先导区。增强省域中心城市辐射带动作用。推动中心城市组团式发展，统筹推进老城区改造和城市复合型新区建设，增强中心城市以大带小、以城带乡的主导作用。增强县城承载承接作用。按照现代城市的理念和标准，提高县城规划建设水平，强化产业支撑，完善服务功能，形成产业集聚区、县城新城区和旧城区"三位一体"发展格局，增强承载承接中心城市辐射和带动农村发展的能力。增强小城镇重要节点作用。坚持分类指导、合理布局、适度发展原则，因地制宜发展特色产业，积极探索交通导向开发方式，实施扩权强镇试点，提升服务农业农村发展的能力。增强新型农村社区战略基点作用。新型农村社区建设是统筹城乡发展的结合点、推进城乡一体化的切入点、促进农村发展的增长点。坚持分类指导、科学规划、群众自愿、就业为本、量力而行、尽力而为，按照城市社区建设理念，推动土地集约利用、农业规模经营、农民多元就业、生活环境改善、公共服务健全，加快农民生活方式和农村生产方式转变，促进农民就地城镇化。

三、着力产城互动，推进以城促产以产兴城

新型城镇化引领，重在推进产城融合互动，实现以城促产、以产兴城。推进新型城镇化，不是为城建城、为城造城，更不是忽视或削弱现代产业发展，而是以"城"促产、以产兴城，以城镇发展带动产业结构转型升级，以产业发展的规模和程度决定城镇发展规模和速度，构建与五级城镇体系相适应的现代产业体系，使二者相辅相成、互相促进。促进产城互动、产城融合，要以产业集聚为支撑，以空间集中为特征，以人口集中为目标，坚持产业规划与城镇规划、产业选择与城镇定位、产业集聚与人口集聚、产业功能与社会功能的有机衔接。充分发挥郑州、洛阳等特大中心城市高端要素集聚、科技创新等优势，积极培育总部经济，大力发展现代服务业、先进制造业和战略新兴产业，形成以服务业为主导、高端制造业

为支撑的产业结构。推动其他中心城市培育壮大主导产业，加快传统产业转型升级，推进制造业与服务业融合发展。中小城市、小城镇和新型农村社区利用土地、劳动力、资源等要素成本优势，因地制宜发展劳动密集型产业和特色产业集群，积极承接产业转移，加强与中心城市的产业配套。

加快城市新区、城市组团、产业集聚区、商务中心区和特色商业区等载体建设，促进产业集聚，创造就业岗位，增强城镇综合承载力。加快城市新区规划建设，完善基础设施和公共服务体系，吸引高端要素集聚，使之成为现代产业发展高地。提升城市组团发展水平、积极承接、改造提升中心城区外迁企业，大力发展与中心城区主导产业分工协作的关联配套产业，成为中心城市空间拓展的重要功能区。深入推进产业集聚区建设，突出抓好主导产业培育，重点引进龙头型、基地型企业，带动同类企业、关联企业和配套企业高效集聚，加快形成一批特色产业集群，成为承接产业转移的主平台。完善城区经济发展载体，结合新城建设和老城改造，通过科学规划、合理布局、创新机制、政策扶持，大力发展商务中心区和特色商业区，引导服务业集聚发展。推进新型农村社区建设和现代农业互动发展，大力推进农业规模化生产和产业化经营，实施现代化高标准粮田"百千万"工程，发展现代农业集群，打造一批现代农业示范区。

第四节　引领工业转型升级

新型城镇化引领工业转型升级过程，实质上是经济社会发展过程中产业结构和空间结构的动态调整适应过程，就是要做到时间上同步演进，空间上产城一体，布局上功能分区，产业上三产融合。坚持新型城镇化引领，促进工业转型升级，要按照工业布局与城镇布局相协调的要求，引导产业合理布局、集聚发展；突出服务业加快发展，强化工业转型升级的服务功能支撑；强力推进产业集聚区建设，推动工业集约集群发展。

一、优化城镇空间结构，推进工业集中布局

坚持新型城镇化引领，在城镇发展上必须充分考虑主体功能区划分、区域产业布局和重要交通线路走向，依托产业发展城镇，发展城镇促进产业，使全省城镇网络的主体骨架与全省主要产业的空间分布基本一致。要根据城镇间的经济联系和协作关系，注重大中城市的互动发展，突出产业集群在城市群中的布局，防止区域内城市同质、产业同构，形成城市群与产业集群良性互动的格局。以新型城镇化引领工业集聚和布局优化，要发挥规划的引领作用。推动经济社会发展规划、产业发展规划、城镇总体规划、土地利用总体规划、交通发展规划和新型农村社区发展规划等相互衔接，尤其要在已有交通规划和布局基础上制订产业规划和城镇规划，做到"三规合一"，以科学规划引领新型城镇化新型工业化互动发展。

新型城镇化引领工业转型升级，就要强化城市新区、产业集聚区、特色专业园区、商务中心区和特色商业区等载体建设，推进工业集聚和布局优化。工业发展必须以城镇为载体和依托，协调和处理好与城镇的空间关系，保持合理的空间尺度，强化城镇对工业转型升级的服务功能，改变一些地方远离城镇搞产业集聚区和特色专业园区的做法。城市新区、产业集聚区、特色专业园区、商务中心区和特色商业区就是城镇的一个功能区，要把城市新区、产业集聚区、特色专业园区、商务中心区和特色商业区摆在城镇的适当位置，作为新型三化协调发展、产城融合的重要结合点和有效突破口，根据产业集聚区、特色专业园区建设需要布局城镇新区和商务中心区，通过城镇新区和商务中心区建设带动服务产业园区发展，进而推进工业转型升级。要按照项目集中布局、产业集群发展、资源集约利用、功能集合构建、农民向产业集聚区融合转移"四集一转"的要求，优化发展思路，突出产业集聚区建设，并同步推进生活配套和公共服务设施建设，以城镇功能完善提升满足工业转型升级需求，以城镇空间优化布局引导工业集中集约集群发展。

二、突出服务业发展，促进工业层次和水平提升

坚持新型城镇化引领，强调发展现代服务业，是因为它能够在更高层次上为推动工业结构的战略性调整、促进经济发展方式的转变，提供强有力的支撑。国际经验表明，工业发展到一定阶段后，其附加值和市场竞争力的提升，更多地要靠服务业来支撑。从产业关联的角度来看，研发、设计、生产、营销、物流、技术服务等环节，本来就是一个循环的、完整的产业链，如果简单地认为可以割断产业链来获得产业某个环节的发展，显然是不切实际的。从时间上看，一个产品真正处于生产制造环节的时间只占少部分，大部分时间处在研发、采购、储存、销售、售后服务等阶段，也就是说产业链条的运转更多依靠服务业。服务业尤其是现代服务业，在工业的产前、产中及产后服务中起着增加价值、实现价值的重要作用。随着工业化的发展，在工业产品的附加值构成中，纯粹的制造环节所占的比重越来越低，而服务业特别是现代服务业中物流与营销、研发与人力资源开发、软件与信息服务、金融与保险服务、财务法律中介等专业化生产服务和中介服务所占比重越来越高。因此，经济学家强调指出，20世纪制造业的一项革命性变化就是它与服务业的一体化。而且这已成为全球经济发展的趋势。在现代经济中，随着专业化分工的深化和专业服务外置化趋势的发展，产业竞争力越来越依赖于设计策划、技术研发、现代物流等商务服务业的支撑，而单纯靠扩大加工规模降低成本的空间不断缩小，增加附加价值越来越有限。工业整体水平和产品品质的提升，依赖于服务的附加和服务业的整合，工业转型升级必须强化服务业支撑。

新型城镇化引领是服务业发展并实现工业转型升级的推进器。现代经济的发展需要的是先进生产要素，如高科技和高科技人才，这些先进的生产要素首先流向城市，并通过城市集散；企业总部及其研发中心、营销中心聚集在城市，外资进入的方向正在向银行、保险、中介服务等现代服务业项目转变，城市是首选之地。先进生产要素、市场、公司、现代服务业向城市聚集为工业转型升级提供了强有力支撑。城镇化水平的提高要求城镇地区的基础设施不断完善，管理水平不断提高。随着城镇化水平的提

高，城镇地区的人口密度不断增加，为防止"城市病"的出现，城镇地区的供水、供电、交通、通信网络等基础设施必须不断完善，通过硬件与软件的建设来为产业集聚在城镇的形成与发展提供了良好的软硬环境。城镇创造了服务业发展在规模上的聚集效益，使同类企业可以建立专业化程度更高的协作，不同企业之间形成比较完整的产业结构；城镇创造了服务业发展在地理上的优势效益，使企业在资源配置上取得主动；城镇创造了服务业发展在环境上的外部效益，使企业享受到良好的公共服务设施，许多的企业活动得以外置化。发挥新型城镇化引领，强调现代服务业发展，是实现工业转型升级的关键所在。

坚持新型城镇化引领，以服务业促进工业转型升级，要从现代城市的功能出发，以服务要素的集聚为重点来推进新型城镇化进程。不但要促进人口的集聚、生活的集聚、产业的集聚，更要促进人才的集聚、技术的集聚、资金的集聚、信息的集聚。聚集有利于商业、金融、贸易等服务业的发展，进而增强城镇对人口的吸引力，为人们提供更多的就业机会，加速城镇化发展。在城镇发展的服务业应该着重于生产者服务，金融服务、企业服务、信息服务、市场服务应成为服务主体，使城镇具有较大的生产服务功能。发挥服务业是城镇化特别是新型城镇化的载体和依托作用，促进工业转型升级。

三、注重科技创新，强化工业转型升级支撑

加快工业转型升级，根本出路在于科技创新。城市是区域经济社会发展的中心和引擎，是区域创新体系的中心节点，是国家创新体系的关键环节，是各类创新要素和资源的集聚地，能够有效支撑传统工业升级，引领战略性新兴产业发展。坚持新型城镇化引领，就是要发挥城市自主创新能力强、科技支撑突出的作用，为工业转型升级提供强有力支撑。

坚持新型城镇化引领，要大力推进自主创新，进一步加大科技、教育和人才投入，提高全社会研发投入占 GDP 的比重，集成各类资源支持创新发展，营造激励创新的良好环境。以深入实施技术创新工程为重点，引导和支持创新要素向企业集聚。激励企业加大研发投入，增强自主创新能

力，形成一批拥有自主知识产权、核心技术和知名品牌、具有国际竞争力
的创新型企业。加强企业研发机构建设，依托企业建设国家重点实验室、
国家工程技术研究中心等，构建一批产业技术创新战略联盟和技术创新服
务平台。支持企业开展产学研合作，创新合作方式，鼓励建立多种形式的
战略性、长期稳定的合作机构。大力扶持中小企业发展，加强技术辐射和
产业配套能力，促进工业优化升级。加强创新人才培养和创新基地建设，
集聚一批高水平的创新创业人才和优秀团队，科学布局各类创新基地和服
务平台，促进创新主体互动和要素流动。加强创新服务体系建设。建立健
全科技中介服务机构，形成社会化、网络化的科技中介服务体系，为科技
成果转化和企业技术创新提供优质高效服务。进一步提升科技企业孵化
器、生产力促进中心、技术市场等的服务功能和专业化水平，支持高等院
校和科研院所建立各类技术转移和服务机构，建立高素质的科技中介服务
人才队伍，由此提升创新能力和完善服务功能，推进工业转型升级。

四、强化产业集聚区建设，推动工业集中集约集群发展

坚持新型城镇化引领，强化产业集聚区建设，发挥新型工业化主导作
用，要推动工业化与信息化融合、制造业与服务业融合、新兴科技与新兴
产业融合，促进工业结构调整和转型升级。以新型城镇化为依托，沿着高
端、高质、高效的方向，着眼于抢占未来制高点与增强产业竞争力，突出
自主创新、承接转移、集约集聚和改造提升，发展壮大高成长性产业，改
造提升传统产业，积极培育先导产业，加快构建结构合理、特色鲜明、节
能环保、竞争力强的现代工业体系。产业集聚区作为新型城镇化和新型工
业化的结合点，不仅为产业集聚提供了很好的平台，而且对走新型城镇化
引领路子起到了根本性的推动作用。要继续集中建设用地、环境总量、扶
持资金等要素资源和政策资源，深入推进产业集聚区建设。以产业集聚区
为载体，以开放招商、承接产业转移为主要途径，以重大转型升级项目建
设为抓手，着力培育优势产业，壮大优势企业，扩大优质产品，抓增量、
补短板、增后劲，促进产业结构转型升级。加快发展六大高成长性产业。
以市场空间大、转移趋势明显的汽车、电子信息、装备制造、食品、轻

工、建材产业为重点，坚持龙头带动、基地支撑、高端突破，培育一批千亿元产业集群。改造提升四大传统优势产业。以化工、有色、钢铁、纺织服装产业为重点，加强技术改造，提升工艺水平，开发精品、拉长链条、降本提效，着力培育产业发展新优势，培育发展四大先导产业。以基础条件较好的新能源汽车、生物、新能源、新材料产业为突破口，加强产业创新平台建设和核心关键技术研发，培育新的增长点。深入推进企业兼并重组，提高产业集中度，壮大一批拥有知名品牌和核心竞争力的大型企业集团；培育一大批"专、精、特、新"中小企业，增强分工协作和产业配套能力；促进同类企业、关联企业和配套企业集聚，培育一批特色鲜明的产业集群。真正形成支撑新型城镇化的强势支柱产业和现代产业体系。

第五节　引领农业现代化水平提升

新型城镇化引领农业现代化水平提升，就是要把加快转变农业发展方式作为主线，把保障国家粮食安全作为首要目标，把促进农民持续较快增收作为中心目标，提高农业综合生产能力、抗风险能力和市场竞争能力，推进农业生产经营专业化、标准化、规模化、集约化。要始终把"三农"工作摆在重中之重的位置，促进农村人口合理转移，引导农业规模化经营，坚持保粮与增效并重，把建设现代化高标准粮田和发展现代农业产业化集群作为推进新型农业现代化的具体抓手，扎实推进国家重要的粮食生产和现代农业基地建设，不断提升新型农业现代化基础地位，夯实城乡共同繁荣的基础。

一、促进农村人口合理转移，引导农业规模化经营

"三农"问题是河南的根本问题，解决"三农"问题的根本途径是将大量农业富余劳动力和农村人口转移到城镇，实现农村大部分人口的城市化，农民进城是城镇化建设的一个重要内容，也是推动农业现代化进程的

前提条件。坚持新型城镇化引领，促进农村人口合理转移，重在拓宽农村人口转移渠道。一是推进农村人口就地城镇化。即农村人口不向大中城市迁移，而是以当地中小城市、中心镇、新型农村社区为依托，通过发展生产和增加收入，发展社会事业，加强城镇公共服务向自然农村延伸，提高自身素质，改变生活方式，使居住在农村的农民和城镇居民一样的生活，并实现农民的职业、生产和生活空间的全面变换。二是推进农村人口异地城镇化。即农村劳动力离开本乡镇，到其他城镇从事非农产业，并融合到就业所在城镇。三是推进农村人口输出城镇化。即通过省外劳务输出，通过劳动力的省外转移带动农村人口的转移，并逐步把户口迁移到输入城镇，纳入输入城镇管理，享受输入城镇的公共服务。

促进农民向城镇合理转移，关键让农民"进得来、留得住、过得好、没顾虑"。加强就业服务，促进农民在城镇稳定就业，积极扶持农民自主创业；对进城落户农民要一视同仁，在住房、就业、子女就学、社会救助等方面享受当地城镇居民同等待遇，充分体现社会公平公正，努力实现留人、留心。在坚持农民自愿进城的原则下，明确"三保留"政策，即农民进城落户后，继续保留在原村集体经济组织中的承包经营权及其收益权，继续保留宅基地使用权及其收益权，过渡期内继续保留农村计划生育政策。同时，实施劳动力技能素质提升工程，增强农民的就业、创业和社会适应能力，提高他们的收入水平，为带动农村人口向城镇转移创造条件。

通过新型城镇化引领有效减少农村人口数量，加快耕地向少数人集中，整合农业生产资源，加速生产要素流转，促进农业规模化组织化发展，提高农业劳动生产率，推动农业产业化、规模化和现代化。发挥新型城镇化引领作用，就需要不断拓展农业发展思路，强化用工业理念发展农业，把农产品深加工与现代工业结合起来，把发展生态农业、观光农业与旅游业等现代服务业结合起来，充分挖掘农业资源价值，提升产品档次，提高农业经济效益。同时，要以新型农村社区建设为契机，加大农业招商引资力度，推进农业结构战略性调整，强化专业基地建设，打造现代农业示范区和农业科技园区；强化龙头企业带动，推进农产品精深加工，不断提高农业产业化、农业现代化水平。

二、加快农业发展方式转变，提高农业综合生产能力

新型城镇化引领农业现代化水平提升，要着力实现六大转变：农业增长由主要依靠土地和劳动力投入向主要依靠科技和资本投入转变；农民增收由家庭经营收入为主向务工经商收入为主转变；农业产业体系由偏重发展第一产业向三次产业协调发展转变；农业生产由主要依赖自然生产向发展可控的设施生产转变；农业经营由分散的家庭经营向专业的适度规模经营转变；农业功能由以农产品生产为主向生产、生活、生态功能并重转变。为此，要把建设现代化高标准粮田和发展现代农业产业化集群作为推进新型农业现代化的具体抓手，扎实推进国家重要的粮食生产和现代农业基地建设，提高土地产出率、资源利用率、劳动生产率，增强农业抗风险能力、国际竞争能力、可持续发展能力。

实施高标准粮田"百千万"建设工程。结合落实国家千亿斤粮食战略工程和河南省粮食生产核心区规划建设，按照"合理规划、综合配套、稳定面积、主攻单产"原则，整合资金、聚拢政策，规划建设一批百亩方、千亩方和万亩方高标准永久性粮田；统筹推进水、电、路、林等田间生产设施建设和平原村庄规划布局，配套建立专业合作组织、农技服务站、综合行政执法所等农业服务体系，以此推动农业生产经营专业化、标准化、集约化、规模化和组织化。实行最严格的耕地保护制度，稳定粮食播种面积，加快大中型灌区配套改造、节水灌溉等工程建设，完善农田水利设施，大力改造中低产田，提高农业抗灾减灾能力，确保粮食总产量稳定在1 100亿斤以上。

实施现代农业产业化集群培育工程。按照"基地支持、龙头带动、流通服务、特色高效"原则，综合考虑带动农户数量、生产规模、经济效益等因素，突出基地化、标准化、规模化、信息化，选择一批上下衔接、合作紧密、以就地加工为主的农产品产区，集中力量培育优质农产品产业化龙头企业、农民专业合作社和农产品品牌，打造"全链条、全循环、高质量、高效益"现代农业产业化集群，带动农业结构调整，促进农业增效、农民增收。大力发展花卉园艺业，加快发展畜牧养殖加工业，壮大

农副产品加工业。以设施农业、休闲农业、生态农业为重点，加快现代高效农业和都市农业发展。积极发展农机装备业，全面提高农业机械化水平。

三、推进新型农村社区建设，持续提升农业现代化水平

坚持新型城镇化引领，不断提升农业现代化水平，要着力增强新型农村社区战略基点作用。新型农村社区是统筹城乡发展的结合点、推进城乡一体化的切入点、促进农村发展的增长点。作为新型城镇体系的末端，新型农村社区具有强大的集聚功能和示范效应。随着新型农村社区的建设与完善功能，它的集聚效应愈益明显和增强，能够吸引越来越多的资源要素从城市流向农村，促进农民有序向城镇转移，产业链条向农村延伸，带动农民就地就近转移就业，有效激活农村各种生产要素，促进农村发展、农业增效和农民增收。

在新型农村社区建设中，伴随着与之相配套或与之相邻的产业集聚区、农民创业园等产业的发展，大批以往的"庄稼把式"放下锄头，或走进工厂、车间，成为现代产业工人，或就近进入城镇服务业，在坚持家庭承包土地制度前提下，把自己的责任田以转包、出租、互换、转让、股份合作等形式流转出去，向种粮大户和农民专业合作组织集中，推动农业生产方式从传统的一家一户粗放经营的小农生产方式向规模化、集约化的现代农业生产方式转变，推动农业生产的规模化经营、组织化管理和集约化发展，促进了农业生产结构调整和农业生产率提高，提高了农业生产的现代化水平。

坚持新型城镇化引领，发挥新型农村社区战略基点作用，要推动城镇基础设施、公共服务等向农村延伸，加快推进农村城镇化、农业产业化、农民职业化，加快推进农村人口思想观念特别是人地观念转变，引导农村人口从依赖土地生存向依赖知识、技能、文化、经商、创业等现代生存方式转变，引导更多农村人口选择现代生活方式，有利于把千百万农村人口从土地上解放出来，有序地进入二、三产业，投身到工业化、城镇化的大潮中，释放出发展生产、创造财富的巨大潜能，不断

为新型城镇化引领农业现代化水平提升创造条件，持续提升农业现代化水平。

第六节　引领体制机制创新

坚持新型城镇化引领三化协调科学发展，必须打破城乡二元结构，加快建立与新型城镇化引领相适应的体制机制。鼓励和支持大胆探索，允许采取更加灵活的政策措施，在城乡资源要素配置、城镇建设投融资、土地节约集约利用、农村人口有序转移、行政管理体制改革等方面先行先试，着力破解要素、资金、土地、人口、行政体制等突出矛盾和难题，增强三化协调发展的驱动力量。

一、探索建立城乡资源要素优化配置机制

一要构建起"以工补农、以城带乡"的长效机制。通过公共财政等手段，阻止农业农村资源要素外流，实现工业和城市对农业和农村的反哺由单向转向双向、由不对称转向对称、由反哺收入为主转向反哺要素为主，进一步催生农业农村内部活力，增强农业农村自我发展能力。二要建立有利于资源要素向农村配置的激励机制。要综合运用财政贴息、财政补助、奖励、投资参股、担保和保险、减免税费、购买服务等政策工具和激励措施，积极鼓励和引导外国资金、银行资金、社会资金投入农业农村发展，引导资金、技术、人才、管理等要素向农村流动和聚集，促进城乡市场开放统一，生产要素有序流动，经济社会全面、协调、可持续发展。三要健全城乡统一的生产要素市场。逐步实现城乡基础设施共建共享、产业发展互动互促。要建立城乡统一的土地市场。改革和完善土地征用制度，确保农民在土地增值中的收益权，确保土地增值收益主要用于农村建设，防止在工业化、城镇化过程中忽视农业现代化、城乡发展严重失衡的问题。切实促进城乡经济社会文化相互渗透、相互融合，逐步实现城乡社会统筹管理和基本公共服务均等化。

二、探索建立多元化的城镇建设投融资体制机制

要进一步完善公共财政体制，加大对城乡基础设施和公共服务的投入，进一步提高村庄环境整治资金的使用效益，完善政府引导、市场运作的多元化投融资体制。积极争取国家政策性银行、商业性银行、国际金融组织和外国政府贷款，吸引社会资本全面参与城市基础设施领域。鼓励有实力企业运用 BT 方式参与小城镇建设和村庄整治。鼓励县（市）和小城镇按照国家有关政策和采取市场方式设立城镇建设投资融资平台。鼓励社会资金以多种方式，平等进入新一轮城镇基础设施建设。鼓励国家和省级各类资金投入到县级整合捆绑统一使用，发挥资金最大效益。加快市政公用事业改革，完善特许经营制度和市政公用事业服务标准，建立健全有利于资源节约、环境保护和推进市政公用事业市场化的价格机制。在建制镇恢复征收城市基础设施配套费，开征污水处理费。城市维护建设税、基础设施配套费、污水处理费全部用于镇区公用事业和基础设施的建设、维护。

三、探索建立土地节约集约利用机制

一要坚持走内涵挖潜和集约节约用地的路子。主要通过编制实施农村土地整治规划、规范推进村庄整治和改进农用地整治项目管理、健全各类建设用地标准体系、加强土地供应政策调控、推进存量建设用地挖潜和集约利用、加大闲置建设用地清理处置以及强化土地利用计划指标管控等措施，健全农村土地整治、节约集约用地和强化监督管理机制。二要推动农村集体土地使用权流转等制度创新。抓好以农村集体土地产权制度、征地制度和农村宅基地有偿退出制度为主要内容的农村土地管理制度改革，探索建立农村土地交易制度为主要内容的土地有偿使用制度改革。健全市、县、乡三级土地承包经营权流转市场，建立土地承包经营权流转信息平台，支持采取转包、出租、互换、转让或者法律允许的其他方式流转土地承包经营权。在保障农民土地承包权益和基本收入的前提下，允许农户以

股份合作的方式流转承包经营权。三要稳步开展城乡建设用地增减挂钩试点。在土地利用总体规划控制指标内，省政府可以调控各市土地年度利用计划；探索建立重点建设项目省域内跨区域补偿耕地机制；探索建立财政投入与社会投入相结合的土地开发整理多元投入机制；构建以保护农民权益和推进农村发展为核心的土地动态调控管理机制。

四、探索建立农村人口有序转移机制

一要加快城镇化步伐。继续发展大中城市，实现农村人口向大中城市的二、三产业分流，成为城市的常住人口和永久性劳动者。大力发展中小城镇，包括把县城建设成为中等城市，这是农村人口转移的重要领域。积极发展中心镇和新型农村社区，使之成为农村的集贸中心、加工中心和居住中心。二要加大政策扶持力度。逐步取消户籍城乡分置制度，建立统一的户籍管理制度和以身份证管理为核心的人口流动制度，以合法固定住所和相对稳定的职业或合法生活来源为基本落户条件，鼓励农村劳动力就近有序向城镇转移，改革户口迁移审批制度，简化户口审批手续。加快住房、教育、医疗、社会保障等与户籍管理相关的配套制度改革，让进城务工人员在劳动报酬、子女就学、公共卫生、住房租购以及社会保障方面与城镇居民享有同等待遇。加快推进农村集体土地所有权、集体建设用地使用权、宅基地使用权确权登记发证工作，保护农民的农村集体财产分红权益、土地流转以及集体土地转让收益。对新型农村社区建设节约的农村集体建设用地，允许进行一定比例的商业开发，开发收益大部分发还农民，结余部分用于保障社区运行。适时开展城镇转移落户居民退出房屋交易试点。三要完善人力资源市场机制。建立规范、功能齐全的职业介绍服务机构，为农村劳动力转移提供包括信息咨询、职业介绍等方面的综合服务，使农村剩余劳动力的转移更加规范有序，更加富有成效。培育和完善人力资源市场，使分散的小农户与大市场联结起来，促进劳动力有序流动和合理使用。加强农村劳动力转移技能培训、农村实用人才培训、城乡专业技术人员培训，加强进城务工农民就业指导，加强农村劳动者职业能力建设，逐步健全乡镇（街道）劳动权益维护和劳动争议仲裁调解组织，促进城乡劳动者平等、稳定就业，提高农民转移就业能力。

五、探索建立行政管理体制改革创新机制

一要优化政府结构和行政层级。按照精简、统一、效能的原则和决策权、执行权、监督权既相互制约又相互协调的要求，继续探索实行职能有机统一的大部门体制。合理调整机构设置，优化人员结构，做到职能与机构相匹配、任务与人员编制相匹配。精简和规范各类议事协调机构及其办事机构，健全部门间协调配合机制。严格执行机构编制审批程序和备案制度，加快政府机构编制管理科学化、规范化、法制化进程。二要加快推行省直管县（市）改革。科学合理划分省与市县的职责权限边界，确保政府履行职能准确完整到位。进一步理顺并规范条条块块的管理关系，适当调整省直部门对市县部门的垂直管理体制。进行必要的行政区划调整，逐步实施市县分治，减少县乡级政区数量，扩大县乡级政区规模，为取消地级层次创造条件。三要提升政府执行力和公信力。完善科学民主决策机制、加强行政执法、改革行政审批制度。建立自查、督查和社会评议相结合的工作机制，建立重大决策后评估制度，严格行政问责，严肃责任追究。形成权责一致、分工合理、决策科学、执行顺畅、监督有力的行政管理体制，实现行政运行机制和政府管理方式向规范有序、公开透明、便民高效的根本转变。

第九章
新型城镇化引领三化协调发展的实践样本

河南以新型城镇化引领三化协调科学发展，以中心城市和县城为重点，以新型农村社区建设为城乡统筹的结合点、城乡一体化的切入点，着力构建现代城镇体系，努力探索走出一条城乡统筹、城乡一体、产城互动、节约集约、生态宜居、和谐发展的新型城镇化道路。在实践中，全省各地都积极探索，涌现出一批包括郑州都市区建设、平顶山统筹城乡发展、平舆县和柘城县新型城镇化发展以及古固寨镇新型农村社区建设等典型样本，立足发展基础，明晰发展定位，突出发展特色，在走出以新型城镇化引领三化协调科学发展之路上进行了有益探索。

第一节　郑州都市区建设的实践与探索

中心城市是实现依城促产、以城带乡的主导力量，是新型城镇化引领三化协调发展的重要力量。优化中心城市布局和形态，促进中心城区与周边县城、功能区组团式发展，才能培育整体竞争优势，更好发挥新型城镇化引领作用。郑州市作为河南省省会，是全国区域性中心城市，在以新型城镇化引领三化协调发展进程中，郑州都市区先行先试，发挥了重要的龙头示范和辐射带动作用。

一、郑州都市区建设的主要做法

（一）以规划为先导，引领空间布局优化

在提出建设郑州都市区之初，郑州市就确立《中原经济区郑州都市区建设纲要》，《纲要》对郑州都市区建设进行了全面部署和安排。同时制定《郑州都市区空间发展战略规划》，并以此为依据，以县（市）区为单位，编制《新"三化"协调发展空间布局规划》；围绕《新"三化"协调发展空间布局规划》，进一步修订编制土地利用规划，用高标准的城市发展规划指导和规范城市化的有序推进。作为郑州周边地区，按照现代化城区发展的方向与标准，在《纲要》总体规划的指导下，编制了详细建设规划和各项专项规划，制定好项目土地指标的争取、规模、起止时间、资金来源和项目建设推进机制等。按照区域发展的要求，从更高层次、更大范围、更宽领域，把城市组团纳入城市发展总体规划的调整和修编中。规划和布局做到了足够科学严谨、细致认真，先行先试的探索才能经得起实践的检验，才能极大地拓宽新型城镇化的发展空间，引领人口和生产要素由农村向新型社区—产业集聚区和镇区—县城和城市组团—中心城区的集聚；同时进一步增强城市的辐射带动作用，形成强劲的招商引资、项目引进聚合效应，推动城乡产业结构、人口结构和生产力布局的加快调整。郑州都市区建设通过建立规划体系，以城乡一体化为指导，以组团发展、产城融合、复合型、生态型为发展路径，吸引带动其他区域快速发展，促进各功能区间相互联系与协作，实现资金、技术、人才、信息等要素在城乡之间、组团之间、集聚区之间的科学配置、合理流动。

（二）以产业集聚区为载体，引领产业优化升级

加快推进产业集聚区建设，是丰富完善城镇体系的需要。郑州都市区在培育发展包括了"中心城区—县城和城市组团—产业集聚区和镇区—新型社区"的城镇体系中，把加快推进产业集聚区建设作为着力点，推动产城融合、互动发展，进而破解土地瓶颈制约，做好承接产业转移；通过新型城镇化建设为工业化聚集足够丰富的生产要素，为工业化营造环境、提供平台；以新型城镇化引领农业人口有序转移，实现农业的现代化规模经

营；着力完善提升城市综合功能，让各种惠民政策更加集中而具体地反哺民众。目前，郑州都市区建设按照"结构优化、技术先进、清洁安全、附加值高、吸纳就业能力强"的要求，以产业集聚区建设为载体，大力发展战略支撑产业，加快发展先进制造业、现代服务业和都市型现代农业，逐步形成产业结构高级化、产业布局合理化、产业发展聚集化、产业竞争力高端化的现代产业体系。在战略支撑产业方面，加快建设以煤矿机械、纺织装备、工程机械为主导的郑州装备基地。在战略新兴产业方面，积极发展新能源产业、新材料产业、生物及医药产业、节能环保产业集聚。积极培育动力电池及材料等特色优势产业链，提升新能源汽车核心零部件配套能力；建设国内重要的新能源汽车制造基地；这些产业集聚区可以充当载体与平台，加快产业向城镇集聚，加快人口向城镇转移，使产业布局日益合理，形成推进产城融合的合力。

（三）以基础设施一体化为抓手，引领城乡统筹发展

基础设施，是郑州都市区建设发展的重要支撑，是人民群众生产生活不可或缺的物质基础，是城市承载力的重要体现。郑州都市区建设中坚持城乡规划一体化、基础设施一体化、交通建设一体化、生态环境保护一体化，走城乡统筹发展的道路，努力做到公共设施和公共服务在都市区范围内均衡分布，重点做好了以下四大工作：一是专项规划全域化，在郑州都市区空间战略规划和总体规划的指导下，精心编制覆盖全市城乡的基础设施专项规划。二是实现交通运输现代化，着力实现城乡道路网络化，运输方式多样化，通过建设综合交通枢纽、专项交通枢纽以及相互兼容的中转场站，形成各种交通方式紧密衔接、携手联运的运输体系，做到客运"零距离换乘"和货运"无缝衔接"。三是建设标准城市化，都市区基础设施建设要立足于高起点、高标准，以无害化、资源化、减量化、集约化为目标，积极采用国际国内成熟的先进技术和先进工艺，无论城乡基础设施建设均体现现代化水平。四是资源利用最大化。着力提高污水、污泥、垃圾集中处理率，着力提高集中供暖率，着力提高地下空间资源利用率。[1]

---

[1] 郑州市政协城市建设委员会：《关于加强郑州都市区基础设施建设的建议》，2011 年 5 月 24 日，见 http://www.zzzxy.gov.cn/zzzx/html/32/1008/2011-5-24/6342.html。

（四）以载体平台建设为重点，引领对外开放快速发展

河南作为内陆省份，对外开放度不高，在全国一直比较落后，是河南经济发展的一个短板。对外开放是加快转变经济发展方式的强大动力，开放型经济的健康有序发展是促进要素流动，提高要素使用效率的有效手段。郑州在中原经济区内作为区域性中心城市，通过扩大对外开放的广度和深度，辐射全省，形成中原经济区对外开放的前沿窗口。首先，在实践中，郑州都市区建设立足现有基础，发挥比较优势，以加快主导产业发展为目标，积极吸引国内外 500 强企业在郑设立地区总部、研发中心、采购中心、结算中心等功能性机构，努力扩大对外贸易。其次，利用郑州新郑综合保税区、郑州出口加工区、河南保税物流中心三大对外开放平台，支持高新技术产品、机电产品出口，扩大劳动密集型产品出口。加强综合保税区、出口加工区、保税物流园区和航空、铁路、公路口岸等硬件设施建设，完善大通关协调机制，构建现代口岸体系。再次，在提高制造业开放水平的同时，引进境外优质科教资源，开展跨国文化集团合作，促进文化产品和服务出口，实施"走出去"战略。这一系列的措施有效地引导了要素流动，引领开放型经济发展，为打造内陆开放高地进行了有益的实践。

二、郑州都市区建设的成效

（一）城乡一体化进程加快，都市区综合承载力持续提升

目前，郑州已经进入城乡全面融合发展的新阶段，城乡之间区域之间发展更加协调，基础设施、公共服务设施一体化深入推进。截至 2011 年年末，郑州市中心城区建成区面积由 2005 年年底的 262 平方公里增加到目前的 316 平方公里，城镇化率达到 66.4%，比"十五"期末提升 7.2 个百分点；全市高速公路通车里程达到 418 公里，农村公路通车里程达到 10 963 公里，公路通乡镇、通村率均达到 100%；城市用水普及率达到 100%，天然气气化率达到 93%，供热能力比"十五"期末增长 1 倍，城市污水处理率达到 90%；人均住房建设面积达到 26.6 平方米；城区绿化覆盖率达到 36%，人均公共绿地面积达到 10 平方米，分别比 2005 年增

长 1.1 个百分点、增加 1.8 平方米。①

（二）现代产业体系不断完善，新型工业化进程深入推进

郑州都市区建设过程中，坚持走新型工业化道路，大力推进现代产业体系建设，努力形成产业体系相对完备、结构布局日趋合理、整体技术先进适用、市场主导作用明显的产业发展格局。2011 年，完成生产总值 4 912.7 亿元，比上年增长 13.2%；人均生产总值 56 086 元，比上年增长 9.7%。其中第一产业增加值 131.7 亿元，增长 3.7%；第二产业增加值 2898.4 亿元，增长 17.1%；第三产业增加值 1 882.6 亿元，增长 8.5%。三次产业结构由上年的 3.1∶56.2∶40.7 调整为 2.7∶59.0∶38.3。

产业集群化发展。郑州都市区在实践中着力推动产业集聚集群发展，不断拉长产业链条，重点发展高附加值产业、高新技术产业和优势特色产业，初步形成了一批具有相当规模和竞争力的产业集群。目前，郑州都市区拥有亚洲最大的工业生产和研究基地；全国最大的速冻食品产业基地，全国客车行业第一、亚洲最大的客车生产基地等。位于高新技术开发区的新材料产业集聚已成为国家级超硬材料产业基地，聚集了全市 80% 的同类骨干企业，已经形成了完整的产业链；河南省生物医药产业基地初具规模；国家火炬计划软件产业基地汇集了一大批电子信息龙头企业；国家信息安全产品研发生产基地、国家 863 中部软件孵化器集中了全省 70% 以上的骨干软件企业，等等。

新型工业化进程加快推进。郑州都市区着力推动产品结构向终端和高端为主转变，产业发展向主要依靠科技进步和管理创新转变，产业结构向先进制造业为主转变，产业效率向低耗高效为主转变，战略性新兴产业得到较好培育，传统产业优化提升，高新技术产业快速发展，工业化与信息化互相交融发展，重大产业基地、优势企业集团和特色产业集群为支撑的发展格局得以构建。2011 年工业完成增加值 2 590.3 亿元，比上年增长 19.1%。其中规模以上工业企业完成增加值 2 340.2 亿元，增长 22.0%；非公有制工业完成增加值 1 590.4 亿元，增长 23.2%；高技术产业完成增加值 175.0 亿元，增长 278.7%；工业新产品产值 165.3 亿元，增

---

① 覃岩峰：《今年 300 亿元搞城建》，《郑州日报》2011 年 2 月 27 日。

长 5.9%。①

现代服务业极大发展。在都市区建设中，立足全国区域性中心城市和金融中心、商务服务中心等的城市定位，下大力气推动服务业发展壮大，会展经济、总部经济以及商务服务业、信息服务业等蓬勃发展，金融、保险、房地产、信息、科教等现代服务业发展水平明显提高，2011 年，全市金融机构各项存款余额 8 964.9 亿元，比年初增加 1 071.5 亿元，增长 13.6%；金融机构各项贷款余额 6 112.8 亿元，比年初增加 499.3 亿元，增长 8.9%。全年全市保费收入 159.0 亿元，比上年增长 5.1%。②

（三）都市型现代农业不断壮大，新型农业现代化实力明显增强

在郑州都市区建设过程中，都市型现代高效农业为城市居民提供农副产品，成为城市生态系统的重要组成部分。2010 年 11 月，郑州市编制了"十二五"《郑州市都市型现代农业发展规划》。蔬菜、花卉、现代畜牧业、现代渔业、林业等相关产业也相继制定了具体发展规划。2011 年农业产业发展引导专项基金总规模达到 3 亿元。2011 年完成农林牧渔业增加值 131.7 亿元，蔬菜总产量 293.4 万吨；水果总产量 30.7 万吨。肉、蛋和水产品产量分别为 24.1 万吨、21.5 万吨和 14.4 万吨，分别增长 1.6%、2.7% 和 7.0%，奶产品产量 50.3 万吨，增长 8.2%。③农业综合生产能力显著增强，农林牧副渔全面协调发展，2011 年总产值突破 200 亿大关，农村经济总量实现新突破。农业的多功能性逐步显现，现代都市农业产业融合度和农业生产组织化程度得到提高，农副产品满足中原经济区城市群居民不断增长的消费需求，具有市场竞争力和可持续发展能力的现代农业体系正在逐步形成，具备了发展高科技设施农业、高标准生态农业、高品位观光农业和高密度物流农业的基础和优势条件。

---

① 郑州市统计局、国家统计局郑州调查队：《2011 年郑州市国民经济和社会发展统计公报》，《郑州日报》2012 年 3 月 28 日。

② 郑州市统计局、国家统计局郑州调查队：《2011 年郑州市国民经济和社会发展统计公报》，《郑州日报》2012 年 3 月 28 日。

③ 郑州市统计局、国家统计局郑州调查队：《2011 年郑州市国民经济和社会发展统计公报》，《郑州日报》2012 年 3 月 28 日。

（四）对外开放进一步扩大，开放型经济取得突破性进展

郑州都市区大力实施开放带动主战略，对外开放取得了显著的成效，招商引资、对外贸易有了新的发展，对外合作交流全面加强，开放的环境日趋优化，竞相开放的格局也初步形成。2011 年全市直接进出口总额 160.0 亿美元，比上年增长 210.1%，增速居全国之首。全年新批外资企业 102 个，比上年增长 12.1%。合同利用外资额 23.8 亿美元，增长 24.3%；实际利用外商直接投资 31.0 亿美元，增长 63.1%。全年国外经济合作合同额 11.3 亿美元，比上年增长 65.4%；国外经济合作营业额 10.3 亿美元，增长 28.4%。[①] 在"走出去"的同时，郑州都市区建设还坚持"引进来"，通过承接产业转移大力发展高新技术产业，在战略重组中合力引进先进技术和装备。在提高制造业开放水平的同时，也兼顾了科教文卫和现代服务业领域的开放，加大了科技教育、医疗卫生、文化创意旅游等领域的国际合作和交流，形成了全方位、多层次、多领域的对外开放格局。企业通过兴建、收购、参股的形式，加快"走出去"步伐。境外投资规模和水平得到提高，食品、轻工、纺织有序转移，对外承包工程企业通过强强联手、借船出海等方式，扩大了对外承包工程领域、层次和规模。

（五）先行先试有序推进，体制机制创新激发更大活力

都市区建设是城市建设与发展的新阶段、新形态，体制机制的制约影响也更加突出。郑州都市区在建设发展过程中，着力推动体制机制先行先试，以充分激发动力活力推动加快发展。通过近两年的工作推进，在以下三个方面得到显著成效。

首先，形成了一体化的协调发展体制机制。为保证都市区建设高效推进，区内行动统一、步调一致，通过建立由各县（市、区）、各组团共同参与的协调机构，实现都市区内利益平衡、利益补偿，产业布局与调整、政策制定与完善。其次，行政管理体制改革先行先试取得成效。为努力把都市区内的县（市）尽快调整为市辖区，就要改变惯性思维，打破行政区划障碍。根据不同区域的功能定位，郑州都市区在建设过程中打破了完全

---

① 郑州市统计局、国家统计局郑州调查队：《2011 年郑州市国民经济和社会发展统计公报》，《郑州日报》2012 年 3 月 28 日。

按行政区划来界定政府纯净考核的观念，实行分类管理的区域考核政策，实行差别化财税政策、土地政策和纯净评价及政策考核体系。再次，政策支撑体系得到完善。产业政策方面，通过土地、税收、投资等优惠政策，重点支持战略支撑产业、战略新兴产业、现代服务业、生态高效农业的发展壮大、大力发展循环经济、绿色制造和节能降耗技术；产业集聚政策方面，积极促进产业和企业向优势区域流动、集中、引导产业集聚区开展融合升级，突破空间限制，进行产业搬迁融合，创办多方共建共享的产业集聚区。税收政策方面，积极探索区域一体化的税收政策，在都市区协调机制框架下，对市场主体跨市域流动提供的税收，按"属地征收、利益共享"原则，实行税收分成制。土地政策方面，在土地利用总体规划的指导下，注重行政区的土地利用规划，在都市范围内实现了土地资源的优化配置；同时加强了闲置土地的调查和清理工作，对"约而不通"、"征而不用"的土地，加强整治。在符合国家土地政策的前提下，做好了城镇建设用地和农村建设用地的例题摆布，以破解郑州都市区建设最大的障碍。

三、郑州都市区建设的启示

（一）新型城镇化引领是新型三化协调发展的现实选择

郑州都市区在努力建设中原经济区核心增长区的过程中，面临着城镇化发展质量有待提升、工业优化升级任务艰巨、农业发展亟待转型和三化协调发展能力不足等突出问题。立足新阶段、新机遇和新挑战，郑州都市区以新型城镇化为突破点和着力点，不断强化和发挥新型城镇化的引领作用，通过城镇功能完善、环境优化，促进企业集中、要素集聚，推动金融、信息、研发等现代服务业迅速成长，为工业结构调整和转型升级提供动力与支撑，从而加速新型工业化进程；通过推进农业组织化、机械化、标准化、绿色化发展，实现由传统农业向生态高效的都市型现代农业转型；通过转变城镇化发展路径、不断优化空间布局，避免城市"摊大饼"式的无序蔓延，同时推动农村土地挖潜、整治、复耕，更好地促进城乡土地资源集约节约利用。正是因为抓住了新型城镇化这个聚焦点，充分发挥其引领作用，才有效推进了以新型城镇化为引领的新型三化协调发展进程。

（二）产城融合发展是提升城市综合竞争力的有效举措

做强做优产业是经济转型升级的核心，也是推进郑州都市区建设的重中之重。在全力加快郑州都市区建设，力争率先走出一条以新型城镇化为引领的三化协调科学发展之路的进程中，郑州都市区坚持产城融合、依城促产、以产兴城，坚持要素保障优先、政策扶持优先、项目推进优先，大力实施工业强市、服务业优先、都市农业提升的产业优化升级战略，产业联动发展，产城融合发展，有效提升了郑州的综合竞争力和首位度。显然，加快产业结构调整和优化升级，着力推进高成长性产业、高成长性区域、高成长性企业优先发展，不仅是构建现代产业体系的关键所在，也是提升城市综合竞争力的根本要求。

（三）城镇组团发展是加快新型城镇化进程的根本要求

新型城镇化要想充分发挥在三化协调中的引领作用，构建科学合理的现代城镇体系是关键所在。郑州都市区通过构筑"两核六城十组团"的发展格局，强化组团间的分工协同和联动发展，在拓展城市发展空间的同时，打造城市发展的新亮点，以城乡一体、产城互动为特色的新型城镇化进程得以快速推进。组团发展、融城理念，以及农村居住环境城市化、就业结构城市化、公共服务城市化、消费方式城市化等思路举措，不仅可以使城区综合功能更完善、承载能力更强，而且能够有效提升新型城镇化的引领带动作用。

（四）内涵式发展是科学发展和谐发展的必然路径

郑州都市区着力打造中原经济区核心增长区、建设全国重要的区域性中心城市和最佳人居环境城市，内涵式发展是路径选择的必然方向，也是形成三化协调发展新格局的根本要求。走以新型城镇化引领之路，不仅要重视经济发展，还要重视社会发展，更要重视文化发展、生态发展。以文化的发展繁荣促进区域软实力的提升，积极培育"博大、开放、创新、和谐"的城市精神，不断增强文化创造力、凝聚力和感召力，巩固团结奋斗的共同思想基础，凝聚群众合力，为三化协调发展注入动力活力。通过坚持可持续发展，严格实施生态保护工程，严格落实耕地保护制度和集约节约用地制度，加强"两型"社会建设，营造生态、宜居、和谐的城市环境，为三化协调发展提供支撑保障。

第二节　平顶山市统筹城乡发展的实践与探索

统筹城乡发展是三化协调发展的结合点，也是最终的落脚点，是发挥新型城镇化引领作用的重要载体和抓手。近年来，平顶山市坚持以科学发展观为统领，立足实际，探索创新，加快农村城镇化和城乡一体化发展的进程，走出了一条以统筹城乡建设引领三化协调发展的新路子。

一、平顶山市统筹城乡发展的主要做法

（一）发挥规划先导作用

统筹城乡发展，科学合理的规划是关键。在统筹城乡发展的实践中，平顶山市十分重视规划的引领作用，着力抓好空间布局和产业发展规划，聘请国内一流规划设计院，高起点、高标准编制了《平宝叶鲁一体化空间发展战略规划》、《平顶山新区规划》、《平顶山市城市总体规划（2010—2020）》（修编）、《产业集聚区规划》等相关规划，下发了《关于编制社会主义新农村经济发展规划和中心乡（镇）中心村建设规划的意见》（平办[2008] 29 号），要求各县、市（区）抓紧编制完成社会主义新农村经济发展规划和中心乡（镇）、中心村建设规划，简称两个规划，用于指导新农村建设。随着这些规划的相继实施，平顶山市统筹城乡发展呈现出以规划引导科学发展的新格局。概括起来，这两个规划一个是经济发展规划，一个是城镇体系规划。经济发展规划要实现三个目标：第一个是引导土地的依法规范流转和规模经营；第二个是培育农业产业化的龙头企业，引导农业的标准化生产和专业化的服务；第三个是有针对性地培训农民，引导农民向非农产业转移。农民增收规划引导生产方式的转变。城镇体系规划就是到 2020 年，全市有一个"三个二百万"的人口布局：中心城区五个组团二百万，三个卫星城和 36 个中心镇是二百万，第三个二百万就是把现在 2 620 个行政村、八千多个自然村规划整合成 539 个新社区。新型农村

社区引导农民的生活方式发生重大转变。

（二）发挥产业集聚区载体作用

产业聚集区是统筹城乡发展、促进三化协调发展的重要平台。近年来，平顶山市按照"企业集中布局、产业集群发展、资源集约利用、功能集合构建、农村人口向城市转移"的发展思路，完善工作制度，创新工作机制，制定扶持政策，狠抓基础设施和重大项目建设，强力推进产业集聚区建设。2010年，平顶山市十家省级产业集聚区共完成投资150亿元，新开工项目156个，新入驻企业96家，其中新入驻千万元以上企业50家，实现销售收入800亿元，基本形成了煤炭、煤盐化工、焦化、电力、钢铁、纺织、装备制造、医药、新型建材、农产品加工十大产业集群；能源化工、装备制造、新型建材、特宽厚钢、农产品加工等五大支柱产业。同时，各产业集聚区按照"产城一体"的发展要求，统筹居住、商业等组团布局，强化基础设施和公共服务设施配套，完善城市功能，着力推进产城的融合发展。

（三）促进城镇组团发展

提升城镇的辐射带动力、推进农村城镇化，是统筹城乡发展的重要内涵。近年来，平顶山以构建现代城镇体系为重点，以新型城镇化建设为契机，不断壮大城镇规模，完善城镇功能，优化城镇空间布局，走出了一条"组团化、集群化"的城镇发展道路。在城市集群化发展上，构建了"一城两片三卫"的组团式城市集群结构。"一城"即平顶山中心城区；"两片"即中心城区东、西两个片区；"三卫"即叶县、宝丰和鲁山三个卫星城。同时，依托郑渝高铁和孟宝复线的规划与建设，积极推进鲁山机场建设，加快区域内部快速联络通道建设，着力推进城际轨道线建设，以交通一体化、基础设施一体化和社会网络一体化为起点，逐步实现平宝叶鲁一体化发展。在中心城区空间发展上，形成了两大片区、五大组团的"带状组团式"城市空间布局结构。其中西部片区是城市的新城区，由东西两个组团组成，是城市的行政、文化中心，高新技术产业基地；东部片区由老城区组团、东部组团和南部组团组成，是全市的商业和经济中心。

（四）着力实施"三集中"

平顶山市基于资源城市的基本特征，顺应工业化、城镇化发展的新趋势和社会主义新农村建设的新形势，以工业向园区集中、农民向城镇和新型社区集中、土地向适度规模经营集中"三集中"为重点，积极探索统筹城乡发展的路子。一是推进工业向园区集中。坚持走企业集中、产业集聚、集群发展的新型工业化道路，强化节约集约发展理念，通过规划引导、业态控制、政策激励和要素配置，推进工业向集聚区或工业园区集中。二是农民向城镇和新型社区集中。坚持走城乡一体、统筹推进的新型城镇化道路，加快城镇建设，推进新农村建设，鼓励和引导具备条件和有意愿的农民向城镇集中、向二、三产业转移、向城市居民转化。三是土地向适度规模经营集中。坚持以稳定农村家庭承包经营为基础，按照依法、自愿、有偿的原则，稳步推进土地向龙头企业、农村集体经济组织、农民专业合作经济组织和种养大户集中。

（五）着力推进"两转变"

平顶山在推进城乡统筹发展过程中，创造性地提出了"两转变"的工作思路，即"转变农业生产方式，发展现代农业，增加农民收入；转变农民生活方式，引导新村建设，改善居住环境"。围绕统筹"两转变"工作思路，按照"整合自然村、抓好示范村、建设中心村"的要求，启动实施了"新农村建设提速工程"，打造了诸如张庄、陈寨等一批新农村建设亮点工程；按照"产业融合、城乡统筹"的原则，以"两个不能"为目标，以确定新社区，整合自然村，抓好示范点为原则，规划建设539个新社区。"两个不能"是不能让农民在没有规划的地方和没有基础设施的地方盖房子，也不能让农民再盖没有经过设计的房子。对539个新社区的科学布局，要经过县、乡、村三级干部的充分讨论。对每一个社区也要科学规划。在这个基础上，选择示范点开始启动，就是让那些最急需建房的农户能够盖起来，同时，有土地增减挂钩政策和奖补政策的支持，这是两个引导。在这样的工作机制下，打造了以冢头镇北三郎庙的绿芦笋基地、长桥镇郑桥的波河萝卜生产基地、王集年顺现代观光农业园、冢头镇的陈寨花卉苗木基地为代表的特色高效示范园区基地。以"3+1"为融资方式，为新型城镇化建设筹措资金。第一，市县两级政府每年安排财政预算的时候，要安排一块专项资金用于新型城镇化建设。第二，把涉农的项目资金，按照性质不变、渠道不乱的要求捆绑使用。第三，启动"百企帮百村"

活动，来引导民间资金适当地投入。"百企帮百村"融合了五亿五千万的资金量，为新型农村社区建设提供了大量的资金支持。"3＋1"的"1"是指在新型社区的建设过程中，能够集约出来一定的土地，可以出让。土地出让的净收益，除了一部分用于农民，鼓励农民搬迁，作为一种奖补资金以外，剩余的就都返回到村里面来用于基础设施的建设。比如郏县冢头镇龙湖新社区，一些相关的配套设施，比如路灯、路面硬化，还有绿化等等，这些都是由村里的企业龙湖湾绿化公司出资兴建。龙湖湾公司是依靠着从村民手中合法流转出来的 2 700 亩地种植花卉苗木，逐渐发展壮大，因此在建设新社区的过程中，龙湖湾公司积极响应，出资帮助居民完善基础设施并建起了敬老院、学校等。三年来，平顶山市有 178 家像龙湖湾公司这样的民营企业结对帮扶了 175 个新型农村社区，累计投入帮建资金 4.59 亿元。

二、平顶山市统筹城乡发展的经验

（一）解放思想、更新理念，营造统筹城乡发展的良好氛围

把城乡统筹发展作为推进新型城镇化引领三化协调发展、全面建设小康社会的根本方法，是河南全新的实践和探索，在此之前没有经验可以借鉴。在没有示范、群众看不到好处的时候会要固守现状，这是意愿。充分尊重群众意愿，坚持示范引导，不搞任何形式的强迫命令。平顶山市按照"急不得"，"拖不得"的办事原则，干部宣传，适度引导，解放思想，更新理念，大胆探索。同时抓住建设中原经济区的契机，引导各级领导干部牢固树立城乡一体、统筹推进的发展理念，为统筹城乡发展开创新局面打下坚实基础。

（二）集中民智、规划先行，科学编制统筹城乡发展的宏伟蓝图

规划是统筹城乡发展的龙头。平顶山统筹城乡发展坚持规划先行，谋而后动。首先围绕"十二五"规划制定总体目标，制定实施覆盖城乡的总体规划，明确统筹城乡的总体思路、目标任务和方法步骤，做到全市城乡规划一盘棋，一张蓝图管到底。在统筹城乡发展总体规划的基础上，又聘请知名专家或编制单位，高起点、高标准、高质量地编制包括城镇体系规

划、农村空间规划以及城乡产业布局、土地利用、城乡基础设施建设、社会事业发展、生态环境保护等各项规划，真正形成城乡统筹、相互融合衔接、全面覆盖的规划体系和监督执行体系。同时，严格规划编制审批程序，规范规划许可行为，严格规划管理，加强对规划执行的监督工作，坚决克服红头文件、会议纪要、领导批示取代规划的行为，维护规划的严肃性，确保规划分步实施和有序推进。

（三）重点扶持、典型示范，打造统筹城乡发展的先行样板

在统筹城乡建设时，选择一些基础条件较好、经济发展较快、农民积极性高的中心村，集中人力、财力、物力，加大基础设施建设和产业培育，将其打造成全市统筹城乡综合配套改革的成功典型，让农民群众切实感受到新农村建设带来的变化和实惠，从而调动农民群众参与新农村建设的积极性。作为城乡一体化的试点市，舞钢市积极探索出一条以新型农村社区为起点的新型城镇化之路的"舞钢模式"。舞钢市按照"一城四镇十七个中心社区"的城镇建设体系，将全市 190 个村庄 834 个自然村 1 421 个村民组整合规划为 1 个中心城区、4 个中心镇、17 个中心社区，其中 18 个村进入中心城区，72 个村进入中心镇，100 个村进入中心社区。在做好舞钢市城乡一体化试点工作的基础上，平顶山市根据不同区域发展特征、发展阶段和区域特色，有针对性地打造一批统筹城乡发展示范区、产业发展示范区、新农村建设示范村等先进典型，发挥典型引导和示范作用，从而推动全市统筹城乡发展。

（四）因地制宜、分类指导，实现统筹城乡发展的梯度推进

平顶山市地处山地与平原的交接地带，农业发展水平不高，农村面貌较为落后，城乡差距较大，加之其境内既有山地又有平原，地形地貌较为复杂，城镇、街道、村庄之间发展水平参差不齐。因此，平顶山市城乡统筹发展，必须因地制宜、分类指导、梯度推进。对于发展基础较好、发展水平较高的县（市）、乡镇和中心村要支持其先行先试；对于经济发展水平一般的乡镇和村庄，要因地制宜，有序推进；对于边远山区和特困村，要搞好片区和整村的扶贫开发，加强基础设施建设，改善农民的生产生活条件；对居住在地质灾害频发地、生态保护区的农民，大力实施异地搬迁

和生态移民。这对于经济发展水平不平衡的地方新型城镇化建设是个有益的经验借鉴。

（五）聚合力量、集中投入，形成统筹城乡发展的整体合力

城乡统筹、城乡一体化是个复杂的系统工程，单靠任何一个部门的力量都难以实施，必须统一领导、整合各种资源、形成强大工作合力，才能有效推进。平顶山市在推进统筹城乡发展的过程中，注重发挥政府的引领、支持和服务作用，注重发挥市场配置资源的基础作用，注重城乡居民的参与作用，积极寻找政府、企业、农民三者在统筹城乡建设中的结合点。同时，切实加大统筹城乡发展的投入力度，着力加强农村基础设施、社会事业和公共服务等项目的建设，形成了统筹城乡发展的整体合力，使统筹城乡发展拥有强大动力。

（六）加强引导、产业支撑，精心谋划农民增收致富的广阔渠道

增加农民收入，让农民分享改革开放和城市化文明成果，是统筹城乡发展的出发点和落脚点。平顶山在统筹城乡发展的过程中始终把农民增收致富放在更加突出的位置。一是切实搞好农村劳动力技能培训。强力实施培训"阳光工程"、扶贫培训"雨露计划"和"农村劳动力劳动技能培训计划"，提高农民科学种田和就业创业能力。二是鼓励和支持企业进入农业领域，培育农业龙头企业，建立各级各类农村合作社，帮助农民脱贫致富。三是依靠科技和制度创新实现农业增产、农民增收。四是发展农产品加工业，促进农村二、三产业的发展，加快农业产业结构的调整升级。五是积极创新土地流转方式，支持农民获得土地、住房等财产性收入。六是实施农业剩余劳动力转移工程，转移和吸收其在城市和非农业领域就业。

（七）政府主导、市场运作，广泛筹集城乡统筹发展的建设资金

首先，政府要发挥主导作用。建立合理的城乡土地开发利用、收益分配机制，统筹调配好公共资源和公共财政，加大财政投入力度，统筹用于农村基础设施建设、农村社会事业发展和农民最低生活保障。比如在筹措资金时，把新型社区的建设过程中集约出来一定的土地，出让给企业，土地出让的净收益，一部分用于农民，鼓励农民搬迁，作为一种奖补资金，其余的都返回到村里面用于基础设施的建设。其次，发挥市场机制作用，

调动各方面的积极性，引导各类工商企业和民间资本、技术，参与农村基础设施建设、农业产业化经营、农村服务业开发和社会事业发展，积极探索建设资金来源的多元化。平顶山实施的"百企帮百村"工程就是一大创新，通过增强企业责任感，回馈社会一项就募集资金近五亿。再次，组织动员广大农民群众，积极投工投劳。同时强化资金管理，提高项目建设的透明度，加强项目的追踪问效，防止资金的跑、冒、滴、漏，使有限的资金发挥最大效益。

（八）强化创新、完善制度，破除统筹城乡发展的体制障碍

一是积极推进土地管理制度改革。用足用活城乡建设用地增减挂钩政策，研究挂钩指标在市域内调剂使用的具体办法，明确不同区域挂钩指标的补偿标准，为新农村建设筹措足够的资本。二是加快农村产权制度改革。积极开展农村土地、房屋等确权登记工作，为广大农民拥有的"三大产权"（宅基地使用权、土地承包经营权、集体资产所有权）进行流转或交易创造基础条件。三是加快农村投融资体制改革。整合涉农政策资源，调整优化财政资金投向，积极探索财政资金与信贷资金配套使用的新思路。四是促进城乡公共服务均等化发展。加强户籍制度改革，消除教育、医疗、就业等城乡福利鸿沟，建立城乡统一的社会保障体系。

三、平顶山市统筹城乡发展的启示

平顶山市在统筹城乡发展，推进三化协调中经过了初步探索，取得了一定成效，但是在如何充分发挥新型城镇化引领作用、消除城乡二元结构、推进三化协调发展方面依然面临不少现实难题有待解决。

（一）统筹城乡发展要着力缩小城乡收入差距

改革开放三十多年来，尽管平顶山市农业农村发展取得了较大成绩，但农业生产力水平偏低、经营规模普遍偏小、农业比较效益较低、市场化程度不高、产业化不强的特征还十分突出，城乡之间收入差距仍然较大。2010年，平顶山市城镇居民人均可支配收入16 208元，比上年增加了1 487元，而农村人均纯收入仅为城镇居民的1/3，为5 504元，比上年增

加了 726 元，城乡之间收入增幅差距较大①。在统筹城乡发展中，就必须千方百计拓宽农民增收渠道，增加农民收入，缩小城乡收入差距，维护社会稳定。

（二）统筹城乡发展要着力提升城乡公共服务水平

由于历史欠账较多，对农村的固定资产投资较小，平顶山市农村社会事业的发展还相对滞后，城乡基础设施和基本公共服务水平差距较大，农村水、电、路、气等基础设施和教育、卫生、文化等公共服务设施建设严重滞后。从出行情况看，虽然平顶山市实现了行政村"村村通"，但"村村通"公路标准不高、等级较低等问题突出，自然村之间、村内道路状况依然较差。从饮水情况看，目前全市农村自来水受益村仅占行政村总数的47%。从教育、医疗等基本公共服务看，优质资源多集中在城市，农村上学难、看病难等问题仍然十分突出。特别是农村社会保障体系建设还较为滞后，无论是覆盖面还是保障水平，都与城市存在较大差距。因此，在新型城镇化建设中，基础设施一体化、公共服务均等化都是统筹城乡发展需要抓住的关键所在。

（三）统筹城乡发展要突破制度性障碍

和全国其他地方一样，目前平顶山市统筹城乡发展还面临着一些制度障碍，削弱了统筹城乡发展的动力与活力，已成为城乡统筹发展的瓶颈制约。虽然近年来，为适应城镇化快速发展的要求，平顶山市对户籍制度进行了一些改革和调整，一定程度上促进了农民进城。但由于就业、社保、土地、计划生育等方面的配套改革没有及时跟进，进城务工农民仍然难以融入城市。与此同时，不平等的教育体制、歧视性的就业政策等制度层面的制约因素，以及城乡就业结构性矛盾、农民非农就业的适应能力、就业和收入的不稳定等其他方面的因素，都制约着农民市民化进程。新型城镇化建设就要先行先试，在制度层面有所突破，破除制约城镇化的瓶颈制约。

---

① 数据来源：河南省统计局、国家统计局编：《河南统计年鉴—2011》，中国统计出版社2011年版。

（四）统筹城乡发展要建立以工促农、以城带乡的长效机制

"工业反哺农业、城市支持农村"是统筹城乡发展的战略举措，而反哺和支持的能力，取决于工业和城市发展所积累的经济实力。目前，由于平顶山受农业人口比重大、工业实力不强、城市化水平低、城市规模小等多种因素制约，以工促农、以城带乡的局面尚未真正形成，统筹城乡发展的能力还有待于进一步提高。同时，相关政策和体制还有待进一步健全，在完善农业补贴政策、加强政府支农资金管理等方面，还有大量工作要做。一些涉及统筹城乡发展的深层次改革，如推进户籍制度改革、建立覆盖城乡统一的社会保障体系，以及形成促进农村土地依法流转的机制等方面，也需要进一步加大改革力度，这些都是新型城镇化建设中亟待解决的问题。

第三节　驻马店市平舆县推进新型城镇化的实践与探索

作为传统农业县，平舆在推进新型城镇化过程中存在经济总量较小、基础薄弱、产业结构不合理、"三农"问题突出等诸多困难。面对种种不利条件，平舆县不是一味追求速度和数量，而是从实际出发，立足现状，着眼未来，突出特色，找准突破口和着力点，大幅度提高城镇化发展的质量和水平。"十一五"以来，县域生产总值、财政一般预算收入、农民人均纯收入分别年均增长 14.3%、35.6%、15%，城镇化率年均提高 2.6 个百分点，居全市或全省前列，先后被评为"国家卫生县城"、"省级园林县城"、"中原最具投资价值县市区"，被誉为经济欠发达地区利用后发优势、谋求跨越发展的"平舆现象"。

一、平舆县推进新型城镇化的主要做法

（一）着力弥补工业短板

工业化是城镇化的基础和动力，传统农区推进新型城镇化必须坚持以工业为主导的发展战略，弥补工业"短板"，夯实城镇化的经济基础。平

舆县在推进新型城镇化进程中，一是强化城镇产业规划对城镇空间规划的基础性、决定性作用，注重城镇产业发展潜力的挖掘与发挥，夯实城镇规划的基础。二是发展产业集群，大力发展产业集聚区和工业园区。三是培育和打造区域特色产业。四是大力招商引资，营造政策"洼地"，承接产业转移。

（二）着力推动产城融合

推动产城融合发展是新型城镇化引领三化协调发展的根本要求，在实践中平舆县采取的举措主要有：一是坚持产城一体的规划理念，实现产业规划与城市规划的有机衔接，推进工业化和城镇化的有机结合，通过吸纳就业推进城镇化，以城镇化推进工业化。二是加快二、三产业发展，尤其是发展能提供较多就业岗位的劳动密集型产业和现代服务业，为劳动者就业提供重要支撑。三是加强基础设施、公共服务设施和生态环境建设，为城市居民提供便利优越的生活工作环境。四是创新体制机制，强化政策支持，全力推进产业集聚区发展，形成"以产兴城、以城促产、产城互动"的发展格局。

（三）着力破解"三农"难题

着力破解"三农"难题是平舆县推进新型城镇化进程的重要出发点和着力点，针对平舆县发展基础和现实问题，以促进农民转移就业和改善农村生产生活条件为重点，重点通过加强技能培训，提高农民科学种田和就业创业能力。通过积极稳妥推进土地流转，实现农业产业化经营。通过按照"规划先行、就业为本、农民自愿、量力而行"的原则，因地制宜、分类指导、有序推进新型农村社区建设。通过加快推进以基本养老、基本医疗、最低生活保障制度为重点的农村社保体系建设，切实保障农民的基本生活，解除农民后顾之忧。

（四）突出重点有序推进

传统农区经济基础薄弱，城镇、街道、村庄之间发展水平参差不齐，必须整合资源、集中力量，实现重点突破。平舆县通过优先做大做强中心城区，完善城区功能，强化产业支撑。依据区位交通条件、发展状况、发展潜力等要素，有针对性地打造一批重点镇，提升其对周边区域辐射带动能力。根据区域发展现状，依托发展优势和特色，规划发展一批特色小城镇。稳步推进农村社区建设，先期选择一些基础条件较好、经济发展较快、农民积极性高的中心村，作为典型和样板，发挥其带动作用，加快其他地区新型农村社区建设。

二、平舆县推进新型城镇化的成效

平舆县通过不懈探索和大胆尝试，不仅走出了一条具有平舆特色的城镇化道路，而且在产城融合发展、加快工业转型升级、增强县域经济实力、提升县城承载能力等方面都取得了明显成效。

（一）产业支撑能力不断增强

工业化是加快县域经济发展的主导力量，也是传统农区推进新型城镇化的重要支撑。平舆县把集聚产业作为推进城镇化的重要抓手，着力打造产业集聚平台，规划建设工业集聚区。同时着力优化产业集聚机制，引导全县外出创业有成人员和社会闲散资金投资标准厂房建设。平舆县把提升产业集聚水平放在重要位置，规定凡入驻项目必须通过环评，且新上项目固定资产投资须达 500 万元以上。重视节能减排，确保工业发展中经济效益和环境保护的双赢是平舆县推动新型工业化进程重点工作之一。经过几年来的大力发展，平舆县产业集聚区先后被评为全国小企业创业基地、河南省优秀产业集聚区。

（二）城镇综合承载能力不断提升

平舆县立足长远，高起点规划，着力把县城打造成为吸纳农村人口转移的主渠道和驻马店东部地区中心城市。在县城改造和建设中坚持高标准建设，建立"以城养城、以城建城"的市场化投融资机制，聚集社会资金投入产业集聚区和城市基础设施建设。五年时间，县城建成区面积由 7.2 平方公里扩展到 14.9 平方公里。同时，平舆重视提升县城品位，营造宜居环境。先后投资两亿多元打造了奚仲公园等八个主题公园和十多个小游园。公共服务水平的不断提升，显著改善了群众的生活环境和居住条件。

（三）产城融合成效显著

平舆县有 28 万人常年外出务工，为了解决外出农民工子女教育管护方面的后顾之忧，平舆县大力发展城镇教育，以优质教育聚集城市人口，出台多项优惠政策鼓励社会力量办学。坚持民办教育与公办教育同等对待，优先安排城镇教育用地，累计引进社会投资三亿多元，新建、扩建了16所公办、民办、民办公助寄宿式中小学校，新增1 100多个标准教学班规模，新招录教师员工3 300多名，新增农村到县城上学学生5.6万人。优质教育吸引了本县乃至周边地区群众进城就学、购房、定居，对人口城镇化起到了重要的助推作用。

（四）特色劳务经济加快发展

城镇化的推进，离不开县域经济发展和农民收入的增加。如果说招商引资承接产业转移是引进和利用外力，那么发展劳务经济、提高农民进城的资本和技能，就是培育城镇化发展的内生动力。平舆县把发展劳务经济作为增加农民收入的重要抓手，形成了以建筑防水为主的劳务经济品牌。外出务工人员年人均纯收入是全县农民人均年收入的两倍，涌现出一批身价百万、千万的民营企业家。与此同时，积极实施"回归工程"，制定优惠政策鼓励务工经商人员携带资金、技术和信息回乡创业，出现了"群凤还巢"的可喜局面。

（五）优惠政策促进农村人口加快转移

针对劳务经济起步早、发展快、从业人员收入高、大部分人员愿意到县城落户的现实，平舆县出台了《关于引导农民进城加快城镇化进程的意见》，对到县城购房的农民给予资金补助，放宽落户条件，落户县城后可享受县城居民的一切待遇，保持其原有的土地承包权、宅基地和享有的农村计划生育政策、各种惠民补贴政策等不变。与此同时，坚持开发商按土地出让挂牌价格100%的标准交纳保证金参与竞标，要求中标企业必须限期开发，较好地解决了供求关系，稳定了房价。五年来共吸引23亿元外来资金和民间资金投资房地产业，新建房地产项目131个，开发面积203万平方米。商品房价格明显低于周边县、市，为农民进城创造安居条件。

三、平舆县推进新型城镇化的启示

作为传统农区，平舆县的不懈探索和大胆尝试，为传统农区乃至全省拓宽思路、积极谋划、着力构筑中原经济区，推进新型城镇化建设，提供了有益的启示。

（一）将以人为本作为推进新型城镇化的突破点

新型城镇化是以人为本的城镇化。在推进城镇化过程中，要把群众受益作为出发点和落脚点，坚持发展为民、群众自愿，把农民进城的需要与能力作为推进人口城镇化的根本动力，实现城镇化战略与农民利益的精准对接。平舆县从外出务工农民的实际情况出发，大力发展面向农民工子女的寄宿制教育，新建、扩建了16所寄宿式中小学校，县城在校学生九万多人，促进县城人口快速增长。人口聚集促进了商贸、房地产等服务业的发展，优化了产业结构，提升了城镇化的质量。在县城人口五年倍增过程中，教育起到了十分重要的推动作用。积极引导农民进城，制定优惠政策，并通过解决房地产土地供给稳定低房价，吸引大批农民进城。把城镇化与农民内在需求的契合点作为突破点，这是平舆经验的特色和亮点。

（二）将产城融合作为推进新型城镇化的支撑点

传统农区城镇化的最大短板是工业基础薄弱。强化城镇化的产业支撑，是农区推进城镇化的重中之重。另一方面，城市化的历史表明，单纯搞没有产业的"卧城"或者没有生活居住功能的工业城都是不可持续的。新型城镇化必须走产城互动、融合发展、宜居宜业并举的道路，而产业和城市相互支撑协调发展的最佳载体就是产业聚集区。在产业集聚发展中采取了一系列有效举措，一是打造产业集聚平台，2004年开始规划建设产业集聚区，并建设和推广使用标准厂房，带来了招商引资"群凤争巢"的"洼地效应"。二是以创业激励措施调动企业做大做强的积极性，培植壮大皮革皮具、医药生化两大支柱产业。三是注重节能减排，注重提高入驻项目的规模和质量，规定凡入驻企业必须通过环评。对分散于各乡镇的八家皮革企业实行异地技改、集中搬迁，县财政出资2300万元建设日处理2400吨污水的皮革治污中心，实现了集中治污。平舆县坚持产城一体的规划理念，强化城镇产业规划对城镇空间规划的基础性、决定性作用，实现产业规划与城市规划的有机衔接，把建设工业聚集区作为推进产城互动发展的根本支撑点，促进了工业的跨越发展，增强了县域经济整体实力和县城的就业承载力，有力推动了工业化与城市化的协同发展。

（三）将经营城市作为推进新型城镇化的切入点

黄淮农区经济基础落后，城镇化建设钱从哪里来是最大难题。平舆县精心谋划，走出了一条依靠经营城市、破解资金瓶颈的城镇化内生发展道路。他们把县四大班子的办公区搬出位置优越的闹市区，把县城工业企业集中迁入产业聚集区，把搬迁腾出的土地以及破产企业的闲置土地进行拍卖，所得资金用于城市基础设施建设、城市公共空间建设和产业聚集区建设。基础设施的投入完善了城市功能，改善了城市生态环境，提升了城市文化品位和宜居性，增强了城市的美誉度和吸引力，进一步推动了土地升值。产业聚集区的投入则加快了工业发展，强化了城镇化的产业支撑。这一系列环环相扣、相互支撑、相互耦合、相互促进的举措，有效化解了城镇化的资金瓶颈，提高了城镇化自我积累、内生发展的能力。一是打造产业集聚平台，2004 年开始规划建设产业集聚区，并建设和推广使用标准厂房，带来了招商引资"群凤争巢"的"洼地效应"。二是以创业激励措施调动企业做大做强的积极性，培植壮大皮革皮具、医药生化两大支柱产业。三是注重节能减排，注重提高入驻项目的规模和质量，规定凡入驻企业必须通过环评。对分散于各乡镇的八家皮革企业实行异地技改、集中搬迁，县财政出资 2 300 万元建设日处理 2 400 吨污水的皮革治污中心，实现了集中治污。

（四）将增加农民收入作为推进新型城镇化的关键点

城镇化与农民的富裕程度和致富路径存在正相关，尤其是与农民的非农收入有着内在的本质的必然的联系。只有农民富裕了，才有进城的资本；只有农民的收入大部分来自非农产业，农民才有进城的动力。平舆县一方面高度重视农业的基础地位，加强农业基础设施建设，通过构建政府推动、项目带动、社会互动、群众主动的联动机制，整合资金投入新农村建设、农田水利建设、农村交通建设。同时加大农业技术推广力度，加强农民技能培训，提高农民科学种田和就业创业能力，保持农业生产和农民收入连年增长。另一方面着力在农业之外开辟农民增收的路子。首先把发展劳务经济作为增加农民收入的重要抓手，形成了以建筑防水为主体的劳务经济品牌，在组织规模、施工规模、经济实力和技术实力上均位居全国同行业第一，全县常年在外务工农民有 28 万人左右，其中有 15 万人从事建筑防水业，每年劳务收入近三十亿元。劳务输出成为农民增收的重要来源和与工农业并驾齐驱的支柱产业，外出务工人员年人均纯收入是全县农民人均年收入的两倍，涌现出一批身价百万、千万的民营企业家。与此同时，积极实施"回归工程"，制定优惠政策激发在外务工经商人员报效桑梓的热情，激励其携带资金、技术和信息回乡创业，引导其由"就业型"向"创业型"、由"打工仔"向"企业家"、由"候鸟型"向"留鸟型"转变。

（五）将优化发展环境作为推进新型城镇化的着力点

传统农区客观上具有相对于工业发达地区的比较优势和后发优势。然而，这些优势必须通过优化发展环境才能真正发挥作用，由"势"转化为"能"。平舆县的经验，一是优化政策环境。先后出台了一系列促进产业聚集区发展、鼓励外出务工经商人员回归创业、吸纳农民进城、支持社会力量办学的优惠政策。二是优化服务环境，为工业园区入驻项目和基础设施建设提供全方位优质高效服务，帮助企业解决生产经营中遇到的困难与问题。三是优化社会环境。以平安建设为契机，大力营造稳定和谐、安全有序的"平安绿洲"。该县 2005 年、2006 年连续两年获全省平安建设先进县称号；2005 年以来，连续四年被评为全市信访工作先进县。四是优化服务业发展环境。服务业的发展可以大量解决人口就业问题，平舆县在新型城镇化的实践过程中成立服务业发展领导小组，制定促进服务业发展的优惠政策和目标考核办法，实行由县纪委牵头负责全县服务业的组织领导和协调，优化服务业发展环境。这些举措有效提升了县城和产业聚集区对各类要素的吸引力，实现了县域经济跨越发展和城镇化的快速推进。

第四节　商丘市柘城县推进新型城镇化的实践与探索

近年来，商丘市柘城县立足实际，遵循集约、简约、统筹、紧凑的理念，按照"规划引领、旧城起步、新旧统筹、基础配套、项目带动、产业支撑"的工作思路，以旧城改造为突破口，以新区建设为着力点，以产业集聚区建设为增长极，创新思路、多措并举，着力打造集约式县域精品城市，取得了明显成效。县城建成区面积由三年前的 5.7 平方公里发展到

20平方公里，人口由6万人增加到15万人，全县城镇化率由11%提高到32%。在三化协调发展的道路上，柘城县以城新型镇化为引领，突破工业薄弱环节，推进农业现代化，统筹工业化、城镇化和农业现代化三化协调发展，实现了经济社会发展的大转变、大突破，柘城县的许多做法为新型城镇化引领三化协调发展提供了许多有益的经验启示。

一、柘城县推进新型城镇化的主要做法

（一）通过城镇建设统筹新城旧城发展

柘城是一个典型的农业县和财政穷县、经济弱县，直至2005年，全县年财政收入不到5 000万元，不足300万元的工业税收大都来自窑厂、皮革厂等高耗能、高污染企业。面对这种现实，按照"规划引领、政府主导、市场运作、民生为本"的工作思路，遵循分步实施、和谐拆迁、妥善安置"三原则"，柘城县以城市建设为突破口，从旧城改造入手，把房地产开发中得到的土地出让收入作为产业集聚区基础设施建设的起步资金。在旧城改造过程中，柘城县首先把南北小街投资开发成了商业街，以此为起点向县城中心地带和窄街陋巷全面推进。为确保项目顺利推进，县政府坚持把保护群众利益放在首位，建立了拆迁项目联席会议制度，实行一线工作法，现场办公、及时解决拆迁建设过程中遇到的问题和困难。为促进旧城改造，县政府先后出台了《关于加强旧城改造的实施意见》、《关于促进房地产业健康发展的意见》等一系列文件，从税收、规费、土地出让等方面制定优惠政策，吸引了一批有实力的开发商。按照"城建破冰、楼宇推动、二三互动、项目支撑、经济繁荣"的发展思路，独创"三三和谐拆迁法"，即合法、合情、合理；即公开、公正、公平；即深刻、深入、深情；最终实现了老百姓的"三动"，感动、主动、行动。

（二）通过产业集聚区建设助推县域经济

按照"规模优势突出、功能定位明晰、集聚效应明显、辐射带动有力"的要求，柘城县突出产城互动、集约发展的建设理念，做到企业集中布局、产业集聚发展、资源集约利用、功能集合构建，使之成为县域经济增长极、主导产业集中区、现代城市功能区和科学发展示范区。首先，做

好产业集聚区规划编制，突出产业功能。柘城县产业集聚区规划编制按照构建"现代产业、现代城镇、自主创新"三大体系的要求，坚持合理布局、突出重点、集约经营、循环发展的原则，遵循"产城融合、产城一体"的建设理念，率先完成了产业集聚区总体发展规划，全方位编制了产业集聚区空间发展规划、控制性详细规划和区域环境评价规划，并与城市总体规划、土地利用总体规划实现了"三规合一"，形成了相互统一衔接的规划体系。确定了金刚石微粉及制品高科技产业、农副产品加工产业、医药制造产业和纺织服装产业四大主导产业。其次，加强基础设施建设，服务集聚区项目建设。基础设施建设按照"七通一平一大一美"的建设要求，坚持"拉大框架、完善功能、方便群众、促进发展"的思路，实行市场化运作、社会化参与、多元化投入的基础设施投资建设机制，优先安排集聚区内道路、环保、通信、消防、垃圾处理和水电气等基础设施项目建设。第三，以承接产业转移为主攻方向，吸引优势项目来集聚区落户。在做好传统产业技术改造的同时，针对沿海发达地区产业转移的新动向，柘城把承接产业转移作为主攻方向，靠一流的环境、优惠的生产要素吸引客商。柘城转变传统招商思维定势，推行"造车找驾"的招商方式，主动与外地品牌企业协调对接，多元化筹集财力、物力，营造厂房、购置配套设备，大力发展"厂壳经济"，提出并实施"填空计划"、"栋梁计划"和"壮骨计划"，淘汰落后产能，做大做强高科技、高税收产业。

（三）通过科技创新推动传统产业优化升级

柘城县把增强科技创新能力作为加快发展，尤其是加快产业优化升级的重要动力和支撑。首先，依托产业基础，确定主导产业。依托金刚石这一传统产业的技术优势，柘城县把金刚石微粉加工确定为主导产业，着力拉长金刚石微粉加工产业链条，发展下游加工产品，提高产品附加值，同时促进金刚石微粉企业的集团化、规模化、科学化发展。同时，依托轴承产业基础，发展机械制造。依托传统农业优势发展农副产品加工和医药制品。第二，加强与科研院所合作，依靠科技创新，提高产品竞争力，实现了企业的飞越发展。第三，投入技改资金，发展产品精细化程度。通过对技术含量低的传统行业，投入技术改造资金，进行产品升级换代，发展精细产品，实现由粗放型向精细型的转变，使濒临破产的企业步入良性发展的快车道，产品价值和企业利润与日俱增。像新源超硬、金鑫轴承这样靠科技创新，发展成为现代化高新技术企业的，在柘城还有鸿祥超硬、力量新材料集团、华商药业、深安电子、坤宇生物、杰隆生物等二十多家，拥有各类高新技术产品 120 多种。

（四）通过社会管理路径创新助力新型农村社区建设

新型农村社区的建设，有利于土地集约节约利用，有利于改善群众的生活居住环境，是三化协调发展的必然要求。以城关镇为代表的新型农村社区，确定了以"建设新型社区，创新社会管理，构建和谐社会"为主题的全新管理路径。这种管理方式寓管理于服务之中，结合该镇实际建立了"四站一会一中心"，劳动就业服务站负责为辖区内的无业居民提供就业岗位，安居家政服务站负责为居民提供家政服务，平安建设服务站负责全社区的安保工作，矛盾纠纷调解处服务站负责调解居民纠纷，信访评议会负责处理调解不了的纠纷，让"五老人员"（老干部、老党员、老教师、老模范、老长辈）评议疑难纠纷案件，把矛盾化解在基层社区。文化娱乐活动中心是社区居民的休闲娱乐场所，提升了基层社会管理水平，真正实现了社区稳定和谐。城市社区是城市的细胞和基本单元，是城市赖以存在和发展的基础。它的发展状况很大程度上标志着城市的现代文明水平。柘城新型农村社区建设在以城带乡、以工补农的过程中加快推进，反过来又促进了城镇和工业的发展，真正突出新型城镇化的引领作用。

（五）通过生态园林建设改善人居环境

园林绿化是城市生态的主体，不但对于调节气候、防风降尘等有着不可替代的作用。同时，园林绿化是城市的形象工程，直接关系到城市的生存环境和生活质量。随着经济的快速发展，人民生活水平的日益提高，一个富有自然气息的生态园林环境建设问题，已经被提上日程，营造舒适的园林环境至关重要。柘城十分注重生态建设，在主城区以立体生态、自然群落的绿化方式为主体，突出"绿树成荫"、"花开四季"、"绿中飘香"的特色，通过功能上的综合性、生态上的科学性、配置上的艺术性、风格上的地方性、经济上的合理性，形成系统完整、特色鲜明、景观丰富的园林绿化系统。为把柘城打造成为生态园林城市，柘城着力打造两张"城市名片"：一是千树园，二是容湖生态公园。千树园占地 620 亩，总投资 4.7 亿元，蕴含丰富的树文化，融植物景观、自然水体与景观建筑为一体，寓文化展示于休闲娱乐之中，是树文化的博览园、生态园。容湖生态公园总投资10.8亿元，完成后将建设有水幕电影、府前广场、中心广场、游船码头、湖心岛等。千树园和容湖生态公园的建立将大大改善柘城人民生活环境，是一项造福子孙后代的园林工程。

二、柘城县推进新型城镇化的成效

（一）城镇化水平显著提高，城市功能日趋完善

柘城县通过招商引资，旧城改造，动迁面积约200万平方米，拆迁6 500多户，涉及拆迁群众2.8万人，从城镇区一条不足三米、房屋破旧、路况很差的小巷开始，吸引福建开发商将其改造成宽18米、商铺林立、道路整洁的商贸步行街，到现在共实施房地产项目四十多个，总投资50亿元，开发面积达160多万平方米，各种高品位的住宅小区遍地开花。在此基础上，柘城对县城24条主次干道实施了全方位的精细化改造，围绕沿街立面刷新、广告牌匾整治、绿化升级等九大内容进一步完善城市功能，改善人居环境。几年来，柘城县大刀阔斧地搞城市建设，一点带一线，一线带一片、一片带一县，重心北移，两翼展开，仅土地出让金就收入4.5亿元，为进一步发展新区提供了充足的资金。随着新区建设全面启动，柘城城市功能逐步完善，城市环境明显改观，城市框架不断拉大，城市人口快速膨胀。四年前，柘城县城不足六平方公里，人口五万人，现在县城建成区面积扩大到16平方公里，县城人口增加到13.5万人，城镇化率达到32%，较2006年提高了15个百分点。

（二）产业集聚区快速发展，产业集聚效应初现

目前，柘城县产业集聚区规划面积14平方公里，产业集聚区分东、西两个核心区，建成区面积6.18平方公里，发展区和控制区面积7.82平方公里。柘城县产业集聚区以超硬材料、医药制品产业为主导产业，坚持二、三产业和物流融合发展，达到宜业宜居，实现产业发展、经济繁荣，先后落地了一批投资超亿元的大项目、好项目，为柘城经济社会全面快速发展提供了强有力支撑。全县从事金刚石微粉制品加工生产的企业有150

余家，年产金刚石微粉 35 亿克拉，金刚石砂轮两万余片，金刚石钻头两万余只，产值达 12 亿元，创汇 3 000 万美元，创利税一亿多元，安排富余劳动力 1.2 万多人，"小微粉"已发展成为支撑柘城县域经济的大产业。柘城县立足农副产品资源优势，拉长农业产业链条，加速推进农业产业化进程。产业集聚区有八家纺织服装加工企业，产业集聚效应、企业集群发展的效果已经初步显现。2007 年 4 月正式投产的财通服饰有限公司，年加工服装能力 800 万套件，产品主要出口美国、日本、欧洲等国家和地区。与国外大服装公司的合作，使公司获得了大量产品订单，2009 年实现产值 1.8 亿元。目前集聚区内入驻工业项目 118 个，其中亿元以上项目 34 个。已建成项目 85 个，分别是力量新材料集团、财通制衣、海乐电子、惠丰金刚石、白师傅清真食品、新源超硬材料、金鑫轴承制造等。正在建设项目 31 个。2011 年实现营业收入 124 亿元，其中工业企业实现营业性收入 79.1 亿元，实现税收 3.2 亿元，现有从业人员 32 093 人，其中转移农村富余劳动力 1.83 万人。

（三）新型农村社区加快推进，人民生活环境明显改善

通过老村扩改、整村搬迁、小村并点、老街翻新、集中开发等措施，该县新型农村社区保障住房已建成五百多套，庞堂、岗王、陈楼、袁西、张炳等村的五百多户农民群众已搬进了文明和谐新社区。柘城县先后投资七亿元，用于城市道路、绿化亮化、管网、天然气等基础设施和学校、医院等配套设施建设，为广大城乡居民营造了宜业宜居的城市环境，切实做到民之所需、政府所为，政府所为、惠及百姓。广大群众在良好的生活环境中不仅看到了成效，而且得到了实惠，完成了观念积累，增强了城市意识，形成了"政府主导、社会参与、市场运作"的良好格局和全民支持城市建设的强大工作合力。

三、柘城县推进新型城镇化的启示

（一）因地制宜推进城镇化建设

推进新型城镇化，需要从实际出发，因地制宜选择科学合理的城镇化发展道路。柘城提出要构建中心市区、县（市）城区、中心镇区、新型

农村社区四个层次布局合理、城乡协调、互促共进的现代城镇体系，其中，中心县城区在城镇体系中处于龙头地位，是区域经济发展最重要、最具活力的增长点和集聚地，对周边乡镇具有较强的辐射带动能力，要合理区分功能定位，实现集聚、辐射、带动。支持有产业支撑的乡镇，形成更多规划合理、规模适中、经济发展迅速、基础设施和公共服务设施相对完善的名镇和中心镇，使之成为强有力的经济增长点，带动周边乡镇村庄的发展。农村社区是小城镇的拓展和延伸，是推进城乡一体化的切入点、统筹城乡发展的结合点、促进农村发展的增长点。要积极推动农村向城镇靠近、城镇向农村延伸，统一规划、建设、管理和服务，扎实推进新型农村社区建设。

（二）切实发挥规划引导作用

推进新型城镇化，需要切实发挥规划先行和规划引导作用，通过深化完善城乡规划体系，以经济社会发展规划为统领，努力实现国民经济发展规划、城乡建设规划、土地利用规划的协调、衔接，切实做到三规同向、三规合一，进一步增强城市发展在政策、土地、生态环境等方面的支撑，为长远发展奠定基础。进一步提高城乡规划的管理水平。完善公众参与、专家评审、政府决策"三位一体"的规划审批机制，健全两级规划审批、公示听证制度。要依法维护规划的权威性。切实做到"一张蓝图绘到底"，规划一经确定，不经法定程序一律不得随意变更。

（三）着力推动产城融合发展

产业是城镇化的基础，产业发展的规模和进程决定着城镇发展的规模和进程。只有具备强大的产业支撑能力，城镇才能成为核心，才能增强集聚和辐射能力，促进生产要素集聚和流动。坚持以新型工业化为核心，以高新技术产业为支撑，大力发展集群经济，持续推进产业结构调整。坚持产业为基、就业为本，牢牢抓住产业集聚区这个载体，以产业发展决定城市建设规模，以就业岗位决定人口转移进程，制订实施集聚区提升推进计划，这也是新型城镇化有别于传统的城镇化之处，产城互动、融合发展。同时要注重第三产业的发展，加快旅游、文化、物流、金融等现代服务业发展，为城镇化发展提供持久的后续力量。

（四）积极破解体制机制制约

城镇化的本质是农民变市民。推进城镇化，不是单纯追求城市规模的扩大和设施的建设，关键是要让农民从农村"走得出去"，在城市"安得下来"。要增强城镇户口对农民的吸引力，就必须通过户籍制度的改革、土地制度的改革等制度创新，在相当长一段时期内，让进城农民不但在城市享有就业、住房、医保、低保、入学等政策，同时享受在农村所享受的包括土地承包在内的一切优惠待遇。只有这样，农民进城的积极性才会不断高涨，农业人口向城镇转移的速度才能不断加快。

第五节　新乡市古固寨镇新型农村社区建设的实践与探索

新乡市古固寨在实践中，立足于发展基础和区域特色，在尊重农民意愿、保障群众利益的前提下，对新型农村社区建设过程中的统一规划、资金筹集、产业支撑、人员就业、社会保障、管理创新、政策措施等相关问题进行了大胆探索，努力实现农村人口就近就地城镇化，显著改善了农村居民的生产和生活条件，在新型农村社区建设方面发挥了典型示范带动作用。

一、古固寨新型农村社区建设的主要做法

（一）高起点科学规划

古固寨镇按照城市社区的建设标准，镇政府高薪聘请了正规、专业、能力强的设计院，突出"以人为本、生态文明"的建筑理念，充分考虑原有村庄布局、产业基础、生态环境、交通条件、文化传承和耕地保护，尊重农民的生活习惯和民俗传统，积极推进村庄整合，高标准、高起点编制新型农村社区建设规划。规划中突破对城镇和农村的传统认识，把新型农村社区作为五级城镇体系的重要组成部分，将新型农村社区规划纳入城镇体系规划，将新型农村社区建设作为加快新型城镇化的重要载体，作为推进城乡一体化的切入点。着眼于人的身心健康、人的物质和精神需求，科

学规划新型农村社区。结合当地的地形地貌，自然条件，为农民提供人与大自然交流对话的活动空间。无论是生活小区规划，还是休闲娱乐场所的规划，都考虑到人的情趣、人本身的自我发展，营造一种人与自然、人与传统文化和谐共存的新社区。在规划设计上注重居住地的生态环境和居住的生活质量，合理分配和使用各项资源，全面体现可持续发展思想，把提高居住环境质量作为规划设计、建筑设计的基本出发点和最终目的，打造一个具有自然风貌与现代化信息相结合的居住群，形成绿树成荫、安逸、雅静的生活空间。

（二）重视宣传引导

镇政府始终把引导农民、激发农民的积极性、主动性和创造性作为首要任务，通过召开动员会、外出参观、发放宣传卡、播放宣传片、机关干部和农村党员干部带头等多种形式，宣传政策，动员群众，示范带动，转变群众的思想观念，使新农村建设由政府推动转变为群众的自觉行动。首先，组织党员干部对新农村社区进行宣传。古固寨镇多次组织干部和群众代表到外地参观学习，并召开了一系列动员会，坚定了群众到新村建房的信心。祥和新村建设之初，镇领导干部带领村干部、党员、群众代表外出参观学习，解放思想开阔眼界，并将新农村建设明白纸发至千家万户，与此同时还下村召开了多种类型的会议（村两委会、党员代表会、知名人士座谈会、全镇干部教师动员会、重点人会议、新村建房户会议、以村民小组为单位召开的发动会）。其次，多种措施广泛吸引群众。在新型农村社区建设过程中，古固寨镇结合实际情况，采取多种措施，吸引广大群众参与。比如在设计中，镇党委不是就农村说农村，也不是村村建新村，而是按照城市社区的标准，突出以人为本、生态文明的理念，整合全镇的土地资源和政府资源来规划设计的新型农村社区。

（三）制定惠民政策

为进一步激发广大农民群众到新型农村住宅社区建房的积极性和主动性，按照一户一宅的原则，镇党委、政府对丢弃老宅基地到新村建房的农户，出台了九项优惠政策：1. 为新村建房的农户每户补助十吨水泥；2. 对因资金紧张建房困难的农户，镇政府负责为每户协调 1 万元—3 万元三年期贷款，政府贴息；3. 凡到新村建房的农户，可将农业户口转为城镇户口，保留原有责任田，并有权分配集体收益；4. 政府负责缴纳农村医保个人应交部分；5. 享受城市低保；6. 享受城市养老保险政策；7. 子女免费接受职业培训；8. 在古固寨镇区域内搞经营的个体工商户免三年税收；9. 免费办理房产证。另外，凡主动先拆老宅基地后到新村建房的农户，除享受以上九项优惠政策外，可优先在新村挑选位置建房。

（四）统筹资金利用

为避免重复建设，使上级支持"三农"的资金发挥最大效益，古固寨镇把上级各职能部门投向"三农"的各类资金整合在一起，捆绑使用，集中投放到新型农村住宅社区的基础设施建设和公共服务设施上，累计投放上级各类资金达 1 500 余万元，新村修建道路、便道砖、排水管网、绿化带、有线电视、通讯线路、供水管网等的建设都在有序推进。新型农村社区需要的小学，垃圾中转站、污水处理厂等配套设施紧张在建。目的是在农村营造一种新的社会生活形态，让农民享受到跟城市人一样的公共服务，过上像城市人那样的生活，创造出更多财富。

二、古固寨新型农村社区建设的成效

（一）集约节约水平明显提升

按照传统居住方式，古固寨镇老村占地 8 500 亩，包括道路和公共设施在内，全镇户均占地 1 亩，建设新村户均占地仅有 0.6 亩，每户可节约土地 0.4 亩，新型农村社区共占地 4 300 亩，新型农村社区建成后，可节约土地 4 200 亩。新型农村社区的建设有效避免了农村在建房中盲目攀比、拆房建房无序的浪费现象，也使农民享受到了和城市居民基本相同的居住环境。

（二）农民居住环境显著改善

在农村营造一种新的社会生活形态，让农民享受到跟城市人一样的公共服务，过上像城市人那样的生活，创造出更多财富是古固寨新型农村社区建设的目标。目前，在新型农村社区建设过程中，古固寨镇新修道路59 818 米，完善供排水设施 53 410 米，配备变压器九台架线 47 329 米，新建小学四所，新建幼儿园三个，新建社区服务中心六个 17 500 平方米，并对六个村的照明、绿化、公厕、垃圾中转站进行进一步的完善。社区内设施齐全、配套完善、环境优雅，彻底解决了农村脏、乱、差现象，使农民群众享受到了和城市居民基本相同的居住条件和居住环境，呈现出了"村在林中，路在绿中，房在园中，人在景中"的盛世美景。

（三）现代生活方式逐步建立

新型农村社区建设打破了过去村与村、组与组和家族、宗族的集中居住格局，建立了新型的人际关系；同时采取统一规划，统一设计，统一台基，统一楼层，统一外观的建设方式，避免了因宅基大小、台基高低引起的邻里纠纷，使新村呈现出"广入住、大融合，谋发展、促和谐"的新气象。同时，新村建房一步到位，彻底杜绝了过去农民在一片宅基地上 10 年—15 年一轮重复建房的恶性循环，避免了因无序拆房建房造成的巨大浪费，由过去一代人盖三次房，变为现在三代人盖一次房，"不盖便不盖，一盖管几代"。

（四）产业集聚初具规模

古固寨产业集聚区位于新—郑—洛产业带的北端，是新乡市委、市政府规划的"新乡都市区"中重要的示范性产业集聚区。至 2012 年，产业集聚区入驻企业 38 家，初步建立以广州爱奇为龙头的体育产业园、以逐鹿电器为龙头的电力设备园、以豫飞管桩为龙头的新型建材园和农民创业基地构成的三园一基地，商贸区商户达 2 160 户，就地转移劳动力 17 000 人，占全镇劳动力的 79%，农民人均纯收入五年翻了一番。① 用地四百余亩的商贸城，集农机、农资、小商品批发、服装加工批发于一体的商贸城，极大提升古固寨镇作为中心镇的辐射能力，极大增加该镇商贸重镇的底气。产业集聚区的规划和建设为产业的培育和发展奠定了坚实基础，新产业的培育和壮大加快了全镇劳动力向二、三产业转移，同时为农民增收拓宽了渠道，为新农村建设提供了强有力的支撑。目前，全镇从事二、三产业的农民有 12 100 人，占全镇从业人员的 67.6%。

（五）现代农业快速成长

古固寨镇占地一万亩的生态农业观光区以优质林果业为主，目前已建

---

① 王磊彬：《古固寨：家门口的城镇化》，《经济视点报》2012 年 8 月 30 日。

成优质果林 2 000 亩，丰产速生杨和生态林 4 000 亩，成为郑州、新乡市民假日休闲、游憩的理想去处。万亩无公害花生产业化基地是豫北地区最大的集花生收购、加工、运输、销售于一体的农产品加工基地，冷庄、南张庄、南辛庄三个村利用地处黄河故道盛产优质花生的地域优势，经过多年的市场培育，逐步形成了花生收购、花生加工、筛选分级、包装运输、全国销售一条龙的大型花生加工销售基地，日加工能力达 400 吨以上，年销售量达 12 万吨以上。扶持建成了新乡市最具特色规模的三家畜牧生产龙头企业：新乡市绿源乳业有限公司、新乡县宏德种畜繁育中心和新乡市绿生源农业开发有限公司。用地一千余亩的生态农业观光园，总投资 1.8 亿元，集高档花卉繁育、优质水果种植、现代农业展示、农业科技培训、生态休闲居住于一体。农民以土地入股，采取公司化运作，农民可以从多个方面获利：土地收入、生态园上班、从事三产等，有效地促进了农民增收。

三、古固寨新型农村社区建设的启示

（一）注重规划引导，节约集约利用土地

新型农村社区建设必须坚持集约节约原则，着力构建节约集约用地、农村土地整治、严格监督管理三项机制。在保障农民利益的前提下，规范开展农村土地整治和城乡建设用地增减挂钩试点，引导农村居民点向新型农村社区集中，将原有散乱、废弃、闲置和低效利用的集体建设用地进行整合、复垦，促进城乡用地布局调整和结构优化，着力提高节约集约用地水平。古固寨镇在上述原则下合理布局新型农村社区，将全镇 15 个行政村、19 个自然村总体规划为六个新型农村社区，从而节约出大量土地。

（二）注重产业支撑，鼓励农民就近就业

古固寨镇在新型农村社区建设中注重强化产业支撑，将土地、产业、人口三集聚作为方向，增强全镇人口和产业集聚优势，让市民化的广大农民群众在当地有事做，能致富，在社区稳得住、过得好。古固寨镇充分发挥地缘和区位优势，加快产业集聚区建设，因地制宜地选择适合本地的产业发展项目，规划建设了三大产业园区，把培植新型工业、商贸服务业和

高效农业作为古固寨镇今后的主攻方向和新的经济增长点。在镇中北部，规划建设了综合工业集聚区，主导产业为装备制造、新型节能建材和鞋业服装制造业。同时，把做强做大商贸服务业作为经济跨越发展的突破口，充分发挥区位、交通、产业优势，强力推进，重点突破，大力发展交通物流、家具家电、装修建材、商贸流通、餐饮服务等产业，着力打造商贸流通重镇。蓬勃发展的商贸服务业，为农村剩余劳动力的转移提供了广阔的空间。可以说古固寨镇的新社区建设为新产业发展提供了条件，新产业又促进支撑了社区建设，两者优势互补，相得益彰。到新社区居住的农民今日成了产业工人，他们离土不离乡、务工不离家的生活方式，已经成为当地农民的一种新时尚。

（三）以人为本，建设生态宜居新社区

古固寨镇在新农村社区规划之初就注重居住地的生态环境和居住的生活质量，以全面可持续发展为指导，合理分配和使用各项资源。在新型农村社区建设中，坚持土地向规模经营集中，产业向集聚区集中，农民居住向镇区和中心村社区集中的原则，全镇统一确定了中心村社区地址，统一掌控土地资源，统一进行基础设施建设，统一规划设计农民户型，统一使用上级拨付的资金，统一对入住社区农民进行补贴，把全镇的19个自然村规划为古寨、富康、祥和、田园、华丰和裕泰六个新农村中心社区。入住新社区的农民办理了各种保险和住房证，基本享受市民待遇，农民的精神面貌和村容村貌发生了巨大变化。过去农村那种新房旧村、脏、臭、泥、水的道路不见了，农民门口台基越修越高的现象杜绝了，取而代之的是绿树成荫、安逸、雅静的生活空间和高质量的居住环境、漂亮的建筑设计，具有自然风貌与现代化信息相结合的居住群。

（四）循序渐进，分类推进新型农村社区建设

古固寨镇按照"规划中心村、抓好示范村、控制一般村"的建设思路和"政府引导扶持、群众自主选择、规划适度超前、建设稳步推进"的建设原则，以及"群众自主建、集体统一建、招商开发建"的建设方式，多策并举循序渐进地推进新型农村社区建设，取得了较好的成效。在新型农村社区建设过程中，各地经济社会发展很不平衡，村与村、户与户的实际情况各不相同，必须尊重规律、分类谋划、分步实施、梯次推进，力戒一

窝蜂、大呼隆。不是所有的村庄同时都适合建设新型农村社区，不具备条件的不强建，群众一时想不通的不强推，坚决避免脱离主客观条件的一刀切，坚决反对运动式的一阵风。

第六节　新型城镇化引领三化协调发展的经验启示

坚持以新型城镇化引领三化协调发展，是河南基于国情省情、主动探索发展新路的重大创举，是河南遵循发展规律、破解发展难题的战略抉择。郑州市、平顶山市以及平舆县、柘城县、古固寨镇等地以新型城镇化引领三化协调发展的生动实践，成效显著，为省内外其他地区加快新型城镇化建设、推动区域科学发展提供了有益的经验借鉴。

一、河南以新型城镇化引领三化协调发展的经验总结

（一）遵循发展规律

遵循规律是科学发展的基本要求。在城镇化、工业化加速推进的新阶段，如何把握发展的阶段性特征，发挥新型城镇化引领作用，进而强化新型工业化主导作用和新型农业现代化基础作用，推动三化协调科学发展，不仅是建设中原经济区的核心任务，对全国也具有示范意义。以新型城镇化引领三化协调科学发展，河南遵循规律、站位全局，抓住城镇化这一制约河南经济社会发展的突出"短板"和各种矛盾的聚焦点，创新思路、勇于探索。河南从工业化主导在先，到城镇化引领发展，也正是一个规律认识逐步加深、定位把握更加准确、战略谋划不断提升、发展路子日益清晰的过程。河南的实践充分说明了，要走好新型城镇化引领之路，形成三化协调发展新局面，就需要深入探索规律，提升发展理念，把推进新型城镇化作为带动全局的战略突破口，把城乡统筹城乡一体作为实现引领的根本着眼点，把以城促产、产城互动作为三化协同的核心推动力，把节约集约生态宜居作为持续发展的现实着力点，切实把握三化协调发展的规律性特征和决定三化协调推进成效的关键所在。

（二）立足民生民本

河南在探索新型城镇化引领之路的过程中，始终把"重在为民"作为根本点和出发点，始终站在人民的立场上谋划发展、推动发展。建设现代五级城镇体系，以新型农村社区构筑战略基点，这些思路创新、理念创新，实际上都来源于基层群众的创造，承载着广大农民过上美好生活的愿景。在村民改善生活环境的强烈呼声下，郑州、焦作、许昌等地各种类型的新型农村社区不断涌现。群众说，"以前是一辈子要盖三次房子，现在是盖一次房可以住三代人"。新乡等地鲜明地提出，"不从农民手中挖土地，不在农民身上打主意"。为防止出现农民住进新楼却因无就业而"被城市化"、"伪城市化"，河南提出新型农村社区建设要"尽量靠近城市、尽量靠近中心城镇、尽量靠近产业集聚区"，让居民有班上、有活干、有钱赚，在社区能留得住、住得好。"三个尽量靠近"，既是已经建成社区的共同特点，也体现了河南坚持科学发展、和谐发展，立足民生民本，不断满足群众需求，真正把每一项工程都做成民心工程，让城镇化建设的成果最大程度地惠及广大人民群众的求实、务实精神。

（三）坚持"两不牺牲"

积极探索不以牺牲农业和粮食、生态和环境为代价的三化协调发展的路子，是中原经济区建设的核心任务。河南是农业大省、人口大省，也是中国的缩影。河南的粮食生产关乎全国粮食安全，不能放松；河南的生态和环境保护关系全局，不容有失。正是基于自觉站位全国服务大局的历史担当，河南提出走"两不三新"三化协调之路，以统筹破解"三农"难题、资源要素等瓶颈制约，既避免为推进工业化、城镇化牺牲农业和粮食、生态和环境，也避免因保农业粮食、保生态环境而拖累经济发展，寻找到新形势下中原崛起河南振兴的持久动力和新的发展思路，实现农业增产与农民增收协同、推动工业化城镇化与保护耕地红线协同、同步推进三化与资源环境保护协同，走上一条为全国人民负责、为子孙后代负责的新型城镇化引领三化协调发展之路。

（四）创新发展路径

河南坚持以新型城镇化引领的路子，突破了旧有观念的束缚，打破了传统的城镇化发展模式，创新性地将新型农村社区纳入城镇体系建设与管理，使过去的四级城镇体系扩展为由国家区域性中心城市、省域中心城市、中小城市、中心镇、新型农村社区构成的五级现代城镇体系，以延及整个农村的多维转移路径替代农民进城的单一转移路径，实现了农民就地城镇化，打破了过去城乡二元分割和要素单向流动的被动局面，推动了城乡统筹、城乡一体，体现了科学发展、和谐发展、可持续发展的要求。尤其是在新型城镇化引领中着力增强新型农村社区的战略基点作用，极大地丰富了新时期推进城镇化的内涵。新型农村社区建设作为统筹城乡发展的结合点、推进城乡一体化的切入点、促进农村发展的增长点，有效地推动了土地集约节约、农业规模经营、农民多元就业、生活环境改善、公共服务健全，加快了农村生产方式和农民生活方式转变，使新型城镇化对经济社会发展的引领和带动作用更加突出。

（五）加强规划引导

规划是城镇发展的总纲、建设的蓝本、管理的依据。坚持以新型城镇化为引领，河南充分发挥了规划的战略性、前瞻性和导向性作用，把规划作为推进新型城镇化的"第一道工序"，高起点、高标准、高水平设计，既立足当前更着眼长远，突出超前意识、战略眼光，充分论证，努力做到切实可行，不留败笔、不留遗憾。郑州都市区建设中各县区编制了《新"三化"协调发展空间布局规划》，突出了组团发展、产城融合等先进发展理念，有效推动了组团之间、城乡之间要素资源的合理流动；平顶山市统筹城乡发展实践中，坚持规划为先导，一手抓经济发展规划，一手抓城镇体系规划，两规合一，全市呈现出以规划引领科学发展的新格局；柘城县把规划引领作为推进新型城镇化的着力点之一，完善了"三位一体"的规划审批机制，实现了国民经济、城乡建设、土地规划的协调、衔接，做到了"一张蓝图绘到底"，推动了城镇化健康发展，等等。先规划后建设、先论证后实施，无规划不建设、无设计不施工、有规划必遵循、违规划必严惩，以科学合理的规划来强化新型城镇化引领作用、推动三化协调发展，是河南各地实践中一个共通的经验体会。

（六）强化典型示范

典型是标杆、是楷模、是旗帜、是导向。河南以新型城镇化引领三化协调发展中，坚持典型引路，示范带动，选择有基础的地方先行一步，涌现出一大批发展典型。新型农村社区建设方面，舞钢市张庄社区、鹤壁市中鹤新城社区、新乡市古固寨镇祥和社区、滑县锦和新城社区等一大批新型农村社区拔地而起，形成了城镇开发改造型、郊区联村集聚型、多村整合联建型、园区发展带动型、强村兼并型、村企共建型等多种建设方式，为其他地区提供了示范；县域城镇化发展方面，平舆以教育产业化为突破口拉动农村人口向城镇集聚，柘城以旧城改造为突破口打造集约式县域精品城市，都找准了推动本地区城镇化发展的关键环节；中心城市城镇化发展方面，郑州市提出构建郑州都市区，按照"核心、组团、多点"的布局，全面推进全域城市化，为其他城市推动组团发展、产城互动作出了示范。培育典型是基础，发挥典型示范带动作用是目的。通过对上述典型做法的不断宣传，更加激发了各地积极探索更合理、更适宜、更有利于推动本地新型城镇化发展新路径的热情，有效地加快了全省新型城镇化发展步伐。

二、河南以新型城镇化引领三化协调发展的几点启示

河南提出"两不三新"，既是承诺，也是创新。要想持续探索走出一条以新型城镇化为引领的三化协调科学发展之路，动力问题、质量问题、路径问题以及和谐稳定等等问题，都需要在实践中清醒认识、科学把握。深入思考河南各地的探索、成效、经验以及不足之处，可以发现在以新型城镇化引领三化协调发展中应该注意处理好以下几个问题：

（一）统筹市场运作与政府引导的关系

在探索新型城镇化引领三化协调发展之路的过程中，河南的城镇化对象是4.7万个村庄和超过5 000万农民，不仅要在基础弱、底子薄的情况下加速城镇化步伐，还要充分发挥新型城镇化的引领作用、构建三化协调发展新格局，形势之紧迫、任务之艰巨都前所未有。要打破二元分割，让广大农民不必离土又离乡就能安居乐业，从而实现探索这第三条城市化道路的创举，动力活力来自农民、市民和政府、市场多方主体的协同与联动。既不能全靠国家，也不能不靠国家；既不能全盘市场经济，也不能脱离市场经济。尤其是在城乡一体、统筹协调的过程中，面临道路通信、供水供能、排污减污以及公共服务的巨大缺口，这些大规模的基础设施建设

需要政府的引导扶持；土地政策、户籍政策、产权政策以及管理体制的方方面面，这些深层次的政策体制创新需要政府的全局谋划。依靠政府引导的同时，还要敢用、善用市场之力来挖掘、激活城乡统筹、一体化发展过程中的土地、资金、人力资源等要素资源，运用市场化手段提高资产运营质量，推动资源共享、优化配置和集约高效利用，进而为新型城镇化提供物质基础和发展动力。

（二）统筹顶层设计与区域创新的作用

要从认清河南现阶段发展面临的实际困难和瓶颈制约出发，应对推进三化协调发展所带来的新问题新现象新矛盾，避免零散的、局部的改革发展造成的高成本、低效率，就必然要求做好顶层设计，进而统一思想、明确目标、凝聚合力，来促进中原崛起河南振兴按照"两不三新"的发展思路快速推进，才能持续探索走出一条以新型城镇化为引领的三化协调科学发展之路。与此同时，需要注意的是，顶层设计绝不是一个模子一刀切，而是统筹谋划，提供了新思路、新格局，并在这一改革方略下鼓励上下互动、扬长避短、因地制宜、基层创新，在各地区不同的产业基础、人口禀赋、城乡布局、生态环境、文化底蕴以及综合实力条件下，允许在城镇规模、城镇特色、体制机制、发展动力等方面的多元化创新，从而走出符合区域发展实际的特色新型城镇化道路。

（三）统筹规模扩张与内涵提升的要求

新型城镇化引领三化协调发展，要的是在功能提升、布局优化基础上的城镇规模扩张，要的是在城镇化质与量协同提升拉动下的引领，绝不是拆旧建新的再折腾，更不是一拥而上的大呼隆。以新型城镇化为引领，新在不仅仅是城镇体系建设有了新的延伸，人口转移路径有了新的拓展，城镇在人口规模上、地理空间上获得了量的规模扩张，进而引领、带动产业集聚发展、产业结构优化以及加速推动农业现代化进程；更根本更核心的是城市农村之间、城镇体系内部，以新型五级城镇化体系为平台载体，以新型农村社区建设为战略基点，通过要素集约利用、功能集合构建、服务整体提升、产城融合发展，以结构合理、功能完善、管理先进、关系协调为目标，实现在土地不少反多、粮食不减反增、环境不坏反好的前提下，破解中原地区在城镇化水平长期滞后情况下，现有城市承接吸纳能力远不能满足大量农村人口加快转移需求的现实难题，尤其是要通过规模扩张与内涵提升相结合的新型城镇化，让超过 60% 的农村人口真正能够与城镇居民一起，融入生产方式、生活方式和文化文明从传统到新型、从落后到现代的变迁之中，共享改革发展成果。

（四）统筹重点突破与整体推动的方法

探索新型城镇化引领三化协调科学发展之路，一方面，要靠抓住关键点，选准突破口，以产业发展有一定基础，经济实力能有效保障，农民群众的收入水平和生活水平有明显提高，对改善居住条件和生活环境已经有了较强的自发要求的市县、乡镇为重点区域，大胆尝试、底层突破，使一部分先行区域在城镇化水平迅速提升的同时推动农村面貌迅速改善、城乡差距迅速减小。另一方面，要使重点突破与整体推动相结合，充分发挥新型城镇化引领三化协调试验区、示范区的事实说服和示范带动作用，让人民群众看到走这条路子不仅城市更开放、更高效，辐射带动功能明显增强了，而且农民真的可以不出家门就能过上城市生活，不离土离乡就能进厂就业，从而提升广大人民群众的支持度和认可度，激发各地的积极性和主动性，形成新型城镇化引领三化协调科学发展的新态势。

（五）统筹先行先试与有序推进的措施

"古老的中原大地掀起并经历着一场前所未有的历史大跨越"，这第三条城市化道路探索正面临着深化改革、深度攻坚所带来的前所未有的挑战和考验，任何急功近利、脱离群众的冒进、偏差都容易引发社会矛盾，造成资源破坏、财富流失、发展受阻。在实践推进中，既要先行先试、创新开拓，又要顺应人心所向、大势所趋；既要统一思路、全局推动，又要坚持因地制宜、分类指导；既要有胆有识、突破发展，又要避免跟风行为、短视行为。必须牢牢把握住以人为本这个根本点和出发点，既有先行先试，又有稳扎稳打，走以促和谐、可持续为根本的多元化、渐进式、集约型的新型城镇化道路，着重完善指导全局的工作机制和规划方案，形成各有侧重的推进策略，根据不同区域的发展特点和资源禀赋，科学把握城镇化推进的速度和节奏，积极探索新型城镇化引领建设和发展的有效方式，才能确保新型城镇化引领下的"两不三新"路径探索有序推进、稳步前行。

第十章
新型城镇化引领三化协调发展的对策措施

坚持以新型城镇化引领三化协调发展，必须坚持以新型城镇化为突破口和着力点，充分发挥新型城镇化联工带农的作用，加快构建符合河南实际、具有河南特色的现代城镇体系，加强城镇基础设施和公共服务设施建设，扩大城市规模、完善城市功能，着力增强城镇综合承载能力，进而带动产业集聚和人口集聚，促进产城互动发展，为新型工业化和新型农业现代化注入内在动力。同时，要注重解决新型城镇化进程中的突出矛盾和问题，尽快建立新型城镇化引领三化协调发展的长效机制，创新城乡要素合理流动和集约节约利用机制，健全协调、有序、和谐发展的社会管理体制，为新型城镇化引领三化协调发展奠定坚实的体制基础。

第一节　构建符合河南实际的新型城镇体系

按照核心带动、轴带发展、节点提升、对接周边的原则，充分发挥中原城市群辐射带动作用，推进大中小城市、小城镇和新型农村社区联动发展，加快构建符合河南实际、具有河南特色的五级城镇体系，形成城乡统筹、城乡一体的新型城镇化发展格局。

一、着力增强郑州龙头作用和重心作用

按照全域城镇化的理念，大力推进郑州都市区建设，构建以中心城

区、郑州航空经济示范区为核心，外围组团为支撑、小城镇为节点的现代化城市发展格局，提升郑州城市首位度，强化郑州的龙头带动作用。

（一）加快中心城区和郑州新区发展

加快中心城区改造提升，疏解部分老城区功能，推进中心商圈、城市商业综合体、特色商业街区建设，打造以现代业态为主的商业高地和商业核心区。加大三环至四环以及四环至黄河南岸、郑州新区、西南绕城高速区域内的城市基础设施建设力度，拉大城市框架，实现延伸发展。延续高起点规划，重点推进郑州新区建设，加快中央商务区（CBD）、CBD副中心、新郑州站、龙湖中央公园、商住物流区、龙湖区、龙子湖高校区和物流科技园区建设，建成以国家区域性金融中心、中部地区总部经济中心、国家中部会展之都、现代商务商贸中心、中原旅游集散中心等功能为主的现代新城区。

在菊花映衬下的开封城区夜景

（二）全面提升基础设施水平

高标准改善交通条件，增强高端要素集聚、科技创新、文化引领能力。坚持航空、铁路、公路枢纽一体化发展，加快完善通信网络体系和信息服务体系，建设国家综合交通枢纽和通信枢纽，进一步凸显对中原经济区的综合服务功能。依托郑州国内大型航空枢纽，以发展航空货运为突破口，积极承接国内外产业转移，促进高端制造业、现代服务业和人口集聚，大力发展航空经济，打造内陆改革开放新高地和全球重要的航空货运集散中心，建设航空大都市，培育中原经济区核心增长极，带动全省产业结构调整，促进经济转型升级。

（三）建立健全城市创新体系

着力建设高端产业集聚的国家创新型城市，积极发展电子信息、现代物流、现代装备制造、金融、文化创意、都市农业、临空等高端产业，培育形成一批具有较强核心竞争力的大型产业基地、产业集群和企业集团，促进高端要素、高附加值环节以及科技资源向郑州集聚，全面提升产业竞争力。

（四）打造三化协调发展先导区

推进郑汴新区建设，加快郑汴一体化步伐，大力发展汽车、装备制造等先进制造业和高新技术产业，突出发展物流、金融等现代服务业，在规划、建设、产业、环境、管理等方面实现全面提升，努力把郑汴新区建成全国重要的汽车制造基地、区域金融中心、国际物流中心和综合交通枢纽，增强对中原经济区发展的服务功能，提升对周边的辐射带动能力。积极推动两市电信、金融等公共服务对接，实现电话号码区号统一、银行服务同城，形成资源共享、功能互补的一体化发展新格局。

二、着力增强省域中心城市辐射带动作用

积极推动中心城市组团式发展，统筹推进老城区改造和城市复合型新区建设，构建多中心增长空间，增强中心城市以大带小、以城带乡的主导作用。

（一）深化中原城市群发展

不断完善中原城市群联动发展机制，通过整合区域资源，优化空间结构，加强各城市间分工合作，推进交通一体、产业链接、服务共享、生态共建，加速人口和产业集聚，不断增强中原城市群区域影响力和辐射力，将其打造成为我国中西部最具竞争力的城市群，建成带动中原崛起河南振兴的核心增长极、中西部地区跨越发展的重要增长极和国家重要的经济增长板块。着力优化中心城市布局和形态，推进中心城区棚户区、旧住宅小区、城中村改造和商业开发，培育综合商业商务服务区，加快城市新区建设，推动现代服务业和高端制造业集聚，强化三次产业复合和经济、生态、人居功能复合，将中心城区周边符合条件的县城、县级市市区和特定

功能区纳入城市组团，形成功能互补、集群发展的中心城市空间格局，培育整体竞争优势。

（二）形成"双核""双环"并立互动的战略格局

着力构建环郑州都市圈和环洛阳都市圈，突出洛阳区域副中心城市作用。重点要加快洛阳新区建设，围绕建设具有世界先进水平的现代装备制造产业基地、全国重要的新材料产业基地、全国重要的硅光电产业基地、全国重要的能源电力基地、中西部最大的石油化工基地，发展壮大新能源、节能环保、生物医药、信息、新能源汽车五大新兴产业，不断增强新区的吸引力和影响力。要加大基础设施建设力度，加快重要公共建筑和公共服务设施建设，按照以洛河为轴线、南北对称发展的思路，全面推进核心区中轴线项目建设，加快推进伊河治理项目建设，依托龙门石窟、白马寺—汉魏故城、隋唐城遗址区重点项目加强国际文化旅游名城建设，加快推进滨河百栋高层建设，加强城市精细化管理，致力创建国际文化旅游名城、中原经济区三化协调发展示范市、生态良好的宜居山水城市、特色明显的新型工业化城市。

龙门一景

282

（三）做大做强地区性中心城市

支持其他中心城市立足比较优势，科学编制城镇规划，完善城市功能，提升基础设施水平和公共服务能力，发挥区域性辐射带动作用。积极承接产业转移，加快城市产业特色化发展，建设一批特色产业基地，增强城市经济实力，增强在区域经济发展中的承接传导和辐射带动作用。发挥濮阳、周口、南阳等连接周边的重要作用，依托出省通道，拓展对外联系。提升商丘、周口等在淮海经济协作区中的地位，增强南阳在豫鄂陕交界地区、三门峡在黄河金三角地区、信阳在鄂豫皖交界地带的影响力，凸显安阳、濮阳等在晋冀鲁豫毗邻地区的作用，密切区域合作，实现优势互补、相互促进、联动发展。

三、着力增强县域城镇承载承接作用

县级市、县城和中心镇是统筹城乡发展的重要节点。要用现代城市的理念和标准来规划建设城镇，注重内涵式发展，突出特色、提高品位，强化产业支撑，完善公共服务，形成产业集聚区、县城新城区和旧城区"三位一体"的发展格局，增强承载承接中心城市辐射和带动农村发展的能力。

（一）激发县城的经济发展活力

提高县城规划建设水平，加快新城区规划建设与老城区集中连片改造，拓展城市发展空间，提高集约化发展水平，完善基础设施建设，提升县城吸纳农村转移人口的能力。加快推进县域产业集聚区建设，继续完善管理办法，加大基础设施和公共服务平台投入，深入研究国内外产业转移的新特点，不断创新招商引资的方式方法，提高招商引资的效果，支持县域产业集聚区培育主导产业、壮大特色产业集群，形成一批功能定位明晰、竞争优势突出、资源高效利用、产城互动发展的示范性产业集聚区。结合旧城改造和城市建设，推动商贸服务业加快发展，提升综合服务功能。深入推进省直管县（市）试点改革，增强县城发展活力，重点支持工业基础较强、区位交通优势突出、发展潜力较大的县城，发展成为人口 20 万—50 万的中等城市，提高承接中心城市辐射和带动农村发展的能力。

（二）增强小城镇的重要节点作用

坚持分类指导、合理布局、适度发展的原则，加强小城镇基础设施建设，因地制宜发展特色产业，进一步提升服务农业农村发展的能力。对于产业基础强、区位条件好、发展潜力大的重点镇，实施扩权强镇试点，赋予部分县级政府的经济管理权限，逐步发展成为辐射带动能力较强的小城市，带动农村地区经济快速发展。积极探索交通导向开放路径，优先支持位于中心城区与组团之间快速交通通道节点上的小城镇发展，使之成为密切中心城区与组团联动发展的支点和现代化小城镇。支持具有资源和产业优势的特色镇，加快发展矿产资源、农产品加工和文化旅游等特色产业，逐步扩大城镇规模；不具备产业集聚基础的小城镇，重点强化区域服务功能，成为为周边农村提供生产生活服务的中心。

四、着力增强新型农村社区战略基点作用

新型农村社区一头靠向城镇，一头连着农村，是现代城镇体系的重要组成部分，是实现城乡统筹、城乡一体化的有效实现形式。必须充分发挥新型农村社区的战略基点作用，进一步加大推进力度，努力实现新突破。

（一）把新型农村社区建设纳入城镇体系规划

新型农村社区建设涉及住房、交通、土地、人口、产业以及社会公共服务等多方面要素，要牢固树立规划优先意识，按照城市社区建设理念，坚持统一规划，突破传统规划思路，注重科学性和前瞻性，结合各地特点，在宜居、就业、风貌、形态等进行全方位的规划，构建具有当地特色的新型农村社区。同时，要注重统筹城乡产业发展、公共服务、劳动就业、社会管理等规划，加大新型农村社区基础设施建设支持力度，推动城镇基本公共服务向新型农村社区延伸，促进城乡经济协调发展和基本公共服务均等化。

（二）探索有效措施加快推动土地集约利用

新型农村社区建设要本着尽量靠近城市，尽量靠近中心城镇，尽量靠

近产业集聚区的理念，将城郊村、镇区周边村、远离产业集聚区的村合并靠拢到城、镇和产业集聚区附近，以便将来与城、镇和产业集聚区自然联为一体，从而最大限度地实现节约集约利用土地以及共享配套基础设施和公共服务资源。另外，因地制宜发展高效农业、农副产品加工业等劳动密集型特色产业，促进农业规模化经营，加快农民生活方式和农村生产方式转变，促进农民就地就近城镇化。

（三）建立健全新型农村社区社会管理体制

要加快推进社区基层组织和基层民主建设，健全基层党组织领导的村民自治制度，支持依托原有行政村两委班子，组建新的社区党组织和居委会，逐步实现村民自治向居民自治转变。要建立健全新型农村社区医疗、养老、失业、低保、住房等保障体系，实现社区居民养老和医疗保险的顺畅转移和有效连接，逐步使符合条件的农民真正转为城镇居民，享有平等权益。要进一步创新机制、加强社区综合服务中心建设，建立以农民转市民为核心的新型城镇化工作考核体系，不断提高社区管理和公共服务水平。

栾川县一示范村农民新居

第二节 积极稳妥推进新型农村社区建设

新型农村社区是新型城镇化引领三化协调科学发展、引领中原经济区建设的重要突破口，是统筹城乡发展的结合点、推进城乡一体化的切入点、促进农村发展的增长点。新时期新形势下，要把新型农村社区建设摆在新型城镇化建设更加重要的位置，按照分类指导、规划先行、群众自愿、就业为本、量力而行、政策引导、市场运作的原则，突出为新型工业化、新型农业现代化服务，突出促进农民生产生活方式转变，促进城乡基本公共服务均等化，促进农民财产性收入增加，积极稳妥地推进新型农村社区建设。

一、坚持规划先行，引导新型农村社区快速健康发展

按照县域村镇体系规划、产业发展规划、土地利用总体规划、社区建设规划"四规联动"的要求，充分发挥规划的引导和调控作用。

（一）坚持科学合理布局

根据地形地貌、产业基础、生态环境、交通条件和文化传承等因素，科学布局新型农村社区。按照村庄整合、合村建区的要求，参照城市社区规划标准，合理确定新型农村社区的数量、布局、范围和用地规模。统筹道路交通、电力、文育卫生、供水排水、新能源、文体广场、广播电视等基础设施、服务设施和公益事业建设，高标准规划、高质量建设，不断改善农村农民生活居住条件，缩小城乡差距，建设空间布局合理、基础设施和公共服务设施齐全、社区服务和管理体系完善、居住方式和产业发展协调，集政治、经济、文化、生态建设和管理、服务、自治为一体的新型农村社区。

（二）完善社区建设规划

综合考虑生态宜居、自然景观、传统文化、农民承受能力及生活习惯等因素，制定既具有时代气息，又体现地方特色的切实可行的社区建设详

规。积极推进城市新区、近郊区、中心城区与组团之间、重大交通沿线村庄迁并，规划建设5 000人以上的新型农村社区，推动土地适度规模经营，引导农民进城就业转移。推动城中村和产业集聚区内村庄，按照城市规划集中布局规划建设人口规模在10 000人左右的城市社区，实现农民变市民。结合"百千万"现代化高标准粮田工程建设和现代农业产业化集群发展，支持平原农区在推进人口最大限度地向县城和中心城镇集中的同时，规划建设新型农村社区。结合当地资源禀赋条件和特色产业发展，鼓励丘陵山区规划建设新型农村社区。对于重大工程沿线、地质灾害威胁区、煤矿塌陷区、压煤区、水库库区、自然保护区、深山区等不易居住的村庄以及弱小村、偏远村，实施整村搬迁。

（三）强化产业支撑

依托区位优势和产业基础，科学制定产业发展规划，注重产业支撑，以生产发展方式转变带动生活方式的转变。积极推进"两区同建"，新型农村社区建设要与产业集聚区发展相衔接，建新区要尽量靠近产业集聚区，通过农村集体建设用地整治节约出的建设用地指标，要优先用于产业集聚区发展，方便农民就近转移就业。通过农村集体建设用地复垦新增的耕地，要积极发展农民专业合作社，积极推动土地流转，促进农业规模化、集约化经营。新整理的集体建设用地，要规划建设农民创业园，按照一村一品、一乡一业的发展方式，重点培植高效农业、现代畜牧业和农产品加工业等支柱产业，为农民就近创业就业留足空间。在新型农村社区规划范围内建设的"农家乐"、"乡村游"，在税费政策上给予支持。通过强化产业支撑，让广大农民住得进、住得起、稳得住、能致富，切实增强新型农村社区可持续发展能力。

二、结合当地实际，积极探索新型农村社区建设路径

推进新型农村社区建设，在发挥政府引导作用的同时，必须结合当地实际，把握好规划布局、住房建设、设施配套三个关键环节，从而有序推进新型农村社区建设。

（一）突出农民主体地位

充分调动广大农民参与新型农村社区建设的积极性和创造性。要通过多种形式广泛宣传新型农村社区建设的目的、意义和相关优惠政策，使广大群众对新型农村社区建设带来的社会、经济效益有较为全面的了解和认识，将农民干事创业的积极性激发出来，将蕴含在农民群众中的创造性发掘出来，进而积极主动地投入新型农村社区建设中去，同时要注重强化奖励、激励措施，为新型农村社区建设提供强有力的动力支撑，并逐步探索出了一条持续发展的道路。

（二）坚持分类指导原则

新型农村社区建设要坚持从实际出发，按照先易后难、量力而行、试点示范、分步实施、梯度推进的办法，对不同地理位置、不同类型的社区进行分类指导。将新型农村社区建设与城市新区、产业集聚区和小城镇建设，与扶贫搬迁、生态移民、采煤沉陷区治理等相结合，在经济条件较好、建房积极性较高的农户率先启动，坚持典型示范，辐射带动其他区域逐步展开，从而建设与区域特征和经济发展条件相适应的新型农村社区。

（三）因地制宜抓好路径创新

要坚持以市场化的理念和方法推动新型农村社区建设，因地制宜抓好路径创新，探索农民自建、集体统建、招商建设、社会援建等不同的建设路径与方法。在具有地理位置和交通优势、土地具有较大开发价值的地方，充分发挥市场机制作用，通过统一规划、市场运作、业主开发、集中建设，实现整体搬迁，整合成为新型农村社区；在县、乡财政基础较好或村级集体经济实力较强的地方，充分发挥政府的主导作用，开发建设新型农村社区；在企业基础较好、招商优势明显的地方，把解决社区产业发展、群众就业和企业用地等需求紧密结合起来，采取企业帮带形式，积极动员有实力、有需求、有辐射带动能力的龙头企业参与新型农村社区建设；在偏远或者深山区等不宜居住的地方以及扶贫搬迁的村庄，要充分挖掘政策工具潜力，积极借助相关政策和重大项目建设机遇，实施整体搬迁，就近进入新型农村社区；对位置相对偏远但地方政府有一定财力的地方，可以采取规划一步到位、群众自筹自建的方式，逐步予以推进；另外，在实践工作中，可灵活采取农民自筹一部分、政府补助一部分、原有宅基地指标交易补偿一部分和农村小额贷款解决一部分的方式，拓宽新型农村社区住房建设资金筹措渠道。

三、拓宽融资渠道，加强基础设施建设和公共服务

要把新型农村社区作为城镇化基础设施向下延伸和城乡基本公共服务均等化的载体，加大投入，按照城市社区建设理念，以"六通六有两集中"为基本内容，不断完善基础设施和公共服务设施，提升社区综合服务功能。

（一）加大基础设施和配套公共服务设施建设力度

着力解决好新型农村社区水、电、路等公益性基础设施和社区服务中心、学校、卫生服务站、超市等配套公共服务设施建设；支持具备条件的新型农村社区，实现与城镇污水处理厂管网对接，进行污水集中处理；远离城镇的新型农村社区，因地制宜选择投资成本小、运行费用低、处理效果好的污水处理技术，建设污水处理设施；鼓励新型农村社区结合规模化养殖场建设，配套建设大中型沼气工程，实现集中供气，力争实现以一流的基础设施条件引导农民群众自愿向社区搬迁。

（二）提高财政资金使用效率

一方面要加大财政投入力度。各级政府要积极争取上级资金用于新型农村社区建设，并设立专项扶持资金用于对新型农村社区进行奖补，同时协调农办、国土、发改委等有关部门，统筹推进水、电、路、林等田间基础设施建设和村庄规划布局，设立新型农村社区建设项目库，为各有关部门申报此类资金项目提供指南。另一方面要整合涉农资源。按照"统一规划、集中使用、渠道不乱、用途不变、各负其责、各记其功、形成合力"的原则，在政策允许范围内，将可用于农村建设的中央财政预算内资金、国债资金、各级扶持资金、各系统的发展专项资金等打捆使用。整合农村道路、安全饮水、环卫、电力、电信等基础设施建设项目和教育、卫生、计生、文化、广播、村级组织建设等社会事业项目资金，集中用于新型农村社区建设。

(三) 吸纳社会资金积极参与

充分运用市场机制，综合利用土地、信贷和规费减免等优惠政策，吸引和鼓励各类有实力的企事业单位和社会资本参与新型农村社区基础设施和公共服务设施建设，形成多元化投入格局。在广泛动员农民群众自主投入的基础上，研究制定优惠政策，通过贷款担保、以奖代补、贴息等多种形式，重点依托乡镇企业和当地具有带头作用的人，广泛引导社会资金投入，为新型农村社区建设提供资金保障。由财政拿出一定数额的资金，作为新型农村社区建设项目启动资金，选取重点社区进行扶持，解决社区先期建设资金不足问题，结余的"人地挂钩"指标收益，重新注入启动资金账户，以保证启动资金循环滚动使用。引导和鼓励社会各界积极捐资捐物、投工投劳，参与支持新型农村社区建设，形成多元化的投入建设格局。

四、立足以人为本，切实保护农民利益

推进新型农村社区建设，必须切实尊重农民的意愿，充分征求群众的意见，把群众利益放在首位，保障农民群众的知情权、参与权、监督权、决策权，不强迫命令，不包办代替，切实维护农民合法权益，使农民真正成为新型城镇化的受益者。

(一) 努力增加农民财产性收入

结合新型农村社区建设，加快推进农村集体土地所有权、集体建设用地使用权、宅基地使用权确权登记发证工作，保护居民的农村集体财产分红收益、土地流转以及集体土地转让收益。对新型农村社区内，依法核发土地使用证和房屋所有权证。对通过新型农村社区建设节约的农村集体建设用地，运行进行一定比例的商业开发，开发收益大部分返还农民，结余部分用于保障社区运行。

(二) 推进农民就近就业转移

在严格保护耕地和保障粮食生产的前提下，支持利用新型农村社区建设腾出的土地，大力发展生态农业、高效农业等科技含量高、附加值高的现代农业产业，支持特色农产品就地加工，因地制宜发展二、三产业体

系，促进旅游、商贸流通等特色产业加快发展，在促进农村剩余劳动力的就地转移的同时构建现代农业产业体系，延伸农业产业链条，转变农民生产方式。积极引进农业产业化龙头企业，大力培育农业专业合作组织，发展花卉、果蔬、油料等高效农业，推动生猪、奶牛等规模化养殖，促进农民向农业产业工人转变。充分发挥后发优势，根据地区特色，鼓励劳动密集型产业加工环节向新型农村社区延伸，与农业产业化龙头企业形成上下游配套联系，在城乡产业链中发挥作用。以提高劳动技能为核心，开展形式多样、技术性强的创业就业培训指导，培养农民适应经济发展方式转变要求的劳动能力。

（三）建立健全社会保障体系

入住新型农村社区的居民，在保留原承包田的基础上，可自愿选择登记为城镇居民，享受与城镇居民同等的医疗保险、养老保险、失业保险、子女就业、最低生活保障等政策。新型农村社区配备至少一名财政全额供给的全科医生，选配一定比例的中小学优秀教师任教，社区居民子女免费接受职业培训，优先安排培训就业。新型农村社区要配建部分保障性住房，用于安置没有能力在新型农村社区建房的困难群众。

（四）强化社区管理服务

新型农村社区建设既要坚持节约集约用地原则，鼓励和提倡集中连片、联村建设，有条件的地方要建设多层或高层住宅；又要有利于农民生产生活，保持田园风光和良好的生态环境。对规划确定撤并的村庄，停止审批宅基地，禁止重建、扩建住宅；新型农村社区宅基地和住房，由县级人民政府根据土地性质，依法核发土地使用证和房屋所有权证，进行权属确认，允许以转让、抵押、出租、互换等多种形式流转。在符合条件的新型农村社区组建党总支（或党委），在社区党总支（党委）领导下组建社区管委会，探索构建充满活力的基层党建管理新格局。对原村集体财产，探索进行股份制改造的形式组建股份合作社或股份公司。加强社区综合服务中心建设，实行社区治安、民政事务、社会保障、计划生育、物业管理等公共事务集中受理、一站式服务。

第三节　提升城镇功能和综合承载能力

城镇功能和综合承载能力的提升，不仅可以改变城镇面貌、造福城镇居民，而且能为发展工业、繁荣服务业、加速城乡一体化创造条件，提升城镇整体竞争力。结合中原经济区新型城镇化发展战略与客观实际，全面提高城镇功能和综合承载能力，必须着力提升城市管理水平，解决好关系民生的突出问题，增强城市区域服务功能和要素集聚功能，发挥城镇的辐射和带动作用，建设畅通、绿色、宜居、文化、智慧城市，提高城镇现代化水平和以城带乡能力。

一、加强城镇基础设施和公共服务设施建设水平

加强城镇基础设施和公共服务设施建设，是加快新型城镇化进程的应有之义，也是提升城镇功能和综合承载力的重要举措。

（一）坚持重大基础设施先行

加快城镇道路、电力、通信、供水、供暖和污水处理等基础设施建设，强化垃圾处理、污水处理等生态设施建设，加强城镇防洪、消防、抗震、防空等公共安全设施和无障碍设施建设，特别是重点加强县城基础设施建设，支持符合条件的县城实现集中供热，加快实现县县通燃气。着力推进电信网、有线电视网、互联网"三网"融合，支持大中城市完善信息基础设施，建设智慧城市。

（二）加快公共服务设施建设

完善城乡教育、医疗卫生、体育、文化等公共服务设施建设，科学调整城乡中小学布局规划，实施城镇学前教育扩容、义务教育学校标准化建设和普通高中改造工程，新建和扩建一批中小学校及幼儿园，构建与人口变化趋势相一致的教育网络。改造提升中心城市中心医院，实施县级医院倍增计划，推动中心镇卫生院加快发展，进一步完善社区卫生服务网络。调整城乡文化资源配置格局，大力实施文化惠民工程，加强县以下公共文

化服务体系建设，逐步解决城乡文化发展不平衡问题。提升完善中心城市文化馆、图书馆、博物馆、体育场馆服务功能，推进县城文化馆、图书馆和体育场馆建设；开展"文化下乡"活动，培育农村文化队伍，大力发展农村文化产业，活跃农民文化生活。

（三）建立健全公共基础设施管护机制

坚持建管并重的原则，进一步做好城镇基础设施管护工作，建立环境综合整治、城镇基础设施和公共服务设施管护的长效机制。要进一步强化对供热、燃气、排水等公用行业的管理，规范燃气市场秩序，健全完善污水处理配套政策，不断提高城镇公用设施的综合利用水平。要做好城镇园林绿地、公园、广场、道路桥梁、路灯等方面的管理养护工作，以加强对主干道路两旁、景观带、公园的绿化、环境、卫生等方面的管理，并依法严厉打击偷盗和毁坏城镇公共设施、损毁树林和破坏草坪、丢甩垃圾等各种违法违章行为，切实维护规范有序的市容管理秩序，提升城镇各项功能水平，为居民营造一个和谐、优美、文明的生活环境。

二、推进现代综合交通体系建设

推进现代综合交通体系建设，必须统筹各种运输方式协调发展，优化铁路、公路、航空、城市交通等运输方式的规划布局，推动多种交通方式高效衔接、功能互补，推进枢纽型、功能性、网络化交通设施建设，建成完善的高速公路网、铁路网络和航空枢纽基本框架，构建全国重要的现代化综合交通枢纽，形成以郑州为中心、地区性枢纽为节点的便捷、安全、高效的综合交通运输体系。

（一）加快铁路运输网络建设

加快客运专线、城际铁路、大能力运输通道建设，实现省辖市均通快速铁路（客运专线或城际铁路），构建覆盖区域、辐射周边、服务全国的铁路网。尽快构建中原城市群城际铁路网，建设郑州至焦作及云台山支线，郑州至开封、新郑机场、新乡，新郑机场至许昌至登封至洛阳，以及焦作至济源至洛阳、许昌至平顶山、平顶山至洛阳等城际铁路，形成以郑州为中心、高速铁路和城际铁路为纽带，通达开封、洛阳、许昌、新乡、焦作、漯河、平顶山、济源等市的半小时通勤圈，通达其他中心城市的一小时交通圈，连接周边省会城市的高效便捷的交通格局。加快四纵五横大能力运输通道建设，推进兰考至菏泽、商丘至南阳、禹州至江苏洋口港等支线铁路和地方铁路建设，完善铁路网络。

（二）完善覆盖城乡的公路网络

加快高速公路建设，构建形成河南省"六纵、八横、六通道"高速公路网，实现中心城市形成多条高速公路通道，所有县城20分钟内上高速，全面提升路网通行能力和服务水平，形成省会郑州与各县市、周边外省市、各重要城市之间布局合理、快速便捷的"中原大通道"。改造提升国道主干线，加强干线公路养护维修，加快"卡脖子"路段升级改造，提高道路服务水平，确保国省干线公路畅通。以中原城市群为重点，加快低等级路段改造和中原城市群之间快速连接道路的建设，促进中原城市群交通一体化进程。疏通干线公路省际断头路，完善连接各县城、重要旅游区、重大产业基地的高速公路连接线，建成以高速公路网和一级公路网为骨架的高密度、网络化的高效便捷公路运输体系。以"县县畅、乡乡连"工程为重点，加强县乡道路建设，抓好通村公路建设养管工作，进一步提高农村公路通达深度和技术标准，建成与干线公路相匹配、适应农村经济社会发展需要的农村公路网络和运输体系。

（三）推进航空体系建设

实施民航优先发展战略，完善机场体系，推进郑州国际航空枢纽建设，积极引进基地航空公司，着力培育国际客货运航线，大力发展航空物流，把郑州机场建设成为国内航线中转换乘中心和国际货运集散中心。改造提升洛阳、南阳机场，加快建设商丘、明港、豫北、鲁山等支线机场建设。大力发展通用航空产业，形成以郑州机场为中心，洛阳、南阳、商丘、明港、豫北、鲁山等机场为辅助，以干带支、干支协调、客货并举的民用航空运输体系。

（四）加快郑州全国性综合交通枢纽建设

积极推进中原城市群轨道交通规划实施，加快郑州市六条轨道交通线路建设，逐步实现郑州与周边城市的公交化运行，实施推进向其他城市延伸。以铁路、民航综合交通枢纽建设为重点，优化客运专线、城际铁路、公路、航空、地铁、城市道路等运输方式的规划布局和资源配置，改善交通设施条件，实现客运"零换乘"和货运"无缝衔接"，把郑州建成交通基础设施完备、相关配套设施健全，多种交通运输方式立体交汇、高效衔接，多个枢纽站点布局合理、分工明确、内捷外畅的全国性交通枢纽城市。

三、强化城乡生态设施建设

加强城乡生态设施建设，必须要按照建设生态文明的要求，坚持开发与保护并重、节约与利用并举，以生态建设为核心，加强资源节约集约利用，大力发展循环经济和绿色经济，加大环境保护力度，努力建设资源节约型、环境友好型社会，全面增强区域可持续发展能力，建设绿色经济发达、居住环境优美、资源永续利用、生态环境良好、人与自然和谐发展的绿色中原。

（一）大力推进节能减排

坚持源头控制与存量挖潜相结合，通过结构调整、工程建设和管理创新等，实现节能减排目标。严格执行固定资产投资项目节能评估审查和环境影响评价制度，提高节能环保市场准入门槛。加快淘汰落后产能和高耗能、高污染的工艺、技术和设备，推广应用先进适用节能减排新技术、新产品、新装备，提高企业技术装备水平。落实限制高耗能、高排放产品出口的各项政策。在招商引资和承接产业转移过程中，禁止引进高耗能、高排放和产能过剩行业低水平重复建设项目。加强重点领域节能减排，落实清洁生产方案，加强高耗能、高排放行业节能减排技术改造，组织实施节能减排重点工程。因地制宜推广应用太阳能、风能和地热能等可再生能源，加强农村建筑节能标准化建设，推进农村节能省地住宅产业化。发展绿色运输方式，减少运输过程中能源浪费和污染排放。鼓励节能环保型小排量轿车，限制高油耗、大排量轿车。

（二）加强污染防治和综合治理

加强大气污染综合治理，以遏制灰霾天气和光化学污染为重点，开展多种污染物协同控制，促进空气质量整体改善。强化固体废物的控制与管

黄河新曲

理，加快无害化、资源化垃圾处理设施建设，完善城乡垃圾收运网络，加强农村面源污染治理，完善"村收集、镇转运、县处理"的建制镇垃圾处理体制。有效控制水污染，提高县城以上城市污水处理厂处理能力，推动所有中心镇建设污水处理厂或连接县（市）驻地污水处理厂的污水输送设施。统筹推进生态体系建设，提高生态涵养能力。实施水土流失综合治理，加强南水北调中线工程国家级生态功能保护区、河南省淮河源国家级生态功能保护区和黄河湿地自然保护区等重点湿地的恢复与保护。全面开展城区河道治理，建设与河湖连通、生态安全的城市水系网络，以创建生态园林城市、森林城市、生态乡镇为载体，高标准建设环城防护林带、城郊森林、交通沿线生态林带和城市绿地、风景林地，积极利用山丘、江河、湖泊、湿地等自然资源依势造湖、造林。实施黄河生态建设工程、南水北调中线绿化工程、豫西山地生态建设工程、南太行绿化工程、平原防护林工程、沙化土地治理工程、环城防护林工程、矿山生态修复工程等八大工程，尽快恢复与重建生态功能。

（三）促进自然资源合理开发利用与保护

加强土地节约和集约利用，实行最严格的耕地保护制度，加强土地整理、复垦和土地后备资源的开发。合理调整产业结构布局，优化水资源配置，推广高效工业节水和循环利用技术，提高农业灌溉水有效利用系数，严格控制地下水开采，积极发展替代水源，搞好雨水综合利用。搞好水资源供需预测，统筹安排城市用水、农业用水和生态用水，加强水资源梯级利用、循环利用，推行阶梯式水价和季节性水价，提高水资源的综合利用效率。加大能源和重要矿产资源勘查力度，提高矿产资源保障能力，推行煤炭、铝土矿等重要资源整合，加强技术攻关，推广先进技术工艺，实现煤、铝、钼、金、石油、天然气、天然碱、萤石、耐火粘土等河南省优势资源的保护性开发和高效利用。坚持在保护中开发、在开发中保护的方针，搞好矿山生态环境的保护，健全资源有偿使用制度和合理补偿机制。

（四）大力发展循环经济

抓好资源开发、资源消耗、废弃物产生、再生资源利用和社会消费等关键环节，构建资源循环利用体系。打造有色、煤炭、非金属、农业和再生资源等循环产业链，积极培育再生资源利用产业、机电再制造产业和节能环保产业等循环经济新兴产业，加快壮大循环经济规模。加强资源综合利用和再生利用，推进废金属、废纸、废塑料、废旧轮胎、废弃电子电器产品、废旧机电产品、废弃包装物等的回收处理，实施"城市矿山"工程，建立和完善再生资源回收利用体系，实现废旧物资"分散回收、集中处理、综合利用"。加快推进循环经济试点建设，完善循环经济相关政策措施，形成一批各具特色的循环经济示范区和示范企业，促进循环经济加快发展。

四、加强保障性住房建设

保障性住房建设不仅能够解决低收入困难群众居住问题，促进社会和谐稳定，同时也是提升城镇综合承载能力，推动新型城镇化进程的重要手段，因此，要以加强保障性住房建设为契机，推动新型城镇化加快发展。

（一）不断扩大住房保障覆盖面

加快建设符合省情的住房保障体系，统筹推进房地产开发和保障性住房建设，建立健全面向不同收入阶层的住房供给体系。加强以公共租赁住房为重点的保障性住房建设，全面实施保障性住房配建制度，确保"十二五"末期城镇居民住房保障覆盖面达到20％以上。结合中心城市新区、县城新城区、商务中心区、特色商业区建设，积极引进国内外大型房地产企业或战略投资者，进行连片综合开发，建设城市综合体、商业地产等，培育房地产新的增长点。推进县域城镇房地产规模化、品牌化发展，加强对县域城镇私人建房的管理，严格控制规划区范围内个人建房。积极推进城市和国有工矿棚户区改造，扩大中低价位、中小套型普通商品住房开发，优化供给结构，逐步解决城市低收入家庭住房保障问题。

（二）多渠道筹措保障性住房建设资金

切实调动政府和社会参与保障性住房建设的积极性，提高住房公积金增值收益和政府土地出让净收益用于廉租房建设的资金比例，鼓励金融机构对保障性住房建设的信贷支持，广泛动员并吸引有实力、社会责任感强、信誉好的企业家，投身于保障性住房的开发建设。

（三）加强保障性住房管理服务

进一步完善保障性住房分配方式，完善保障性住房动态管理机制，成立城镇居民家庭收入状况核对协调小组，组建由民政、住房保障、公安、人力资源、工商、金融、税务、证券等部门参与的居民家庭经济状况核对中心，实现跨部门居民经济状况信息共享，切实提高住房保障资格审核的准确性。加强保障性住房小区管理，出台保障性住房管理措施，把小区绿化、环境卫生等纳入城市化管理，利用现代科技加强小区保安管理，把小区医疗、健身、居民活动纳入社区管理，逐步将保障性住房小区打造成环境优美、干净整洁、人民群众乐于居住的小区。

（四）强化保障性住房建设的监督考核

进一步明确各有关部门在保障性住房建设工作中的职责，严把工程质量关，在项目建设中适时引入竞争机制，全面开展保障性住房质量、安全专项检查，提高建筑施工、工程质量的检查频次，把好建筑材料入场关、工程建设质量关、项目竣工验收关，落实好质量终身负责制，对保障房"一保到底"，确保群众真正得以安居。

五、提高城镇建设管理水平

规范而高效的城市管理，是推动城市健康发展的关键，是提高城镇综合承载能力的重要手段。

（一）切实更新城市管理观念

从重视建设轻管理，转变到建设和管理并重，通过加强城市管理，提高城市建设和运行效率。要进一步提升城市集群和可持续发展理念，把18个省辖市纳入中原城市群统筹规划布局，积极构建合理分工、功能互补、向心发展、协调推进、共同繁荣的现代城镇体系，时刻把握人口多、资源少、环境压力大的基本省情，探索资源环境约束条件下现代城镇体系构建和符合河南省情的新型城镇化发展的新途径。

（二）提高城镇规划水平

编制完善城镇发展规划，建立以主体功能区规划为基础，国民经济和社会发展规划、土地利用规划及城乡规划相互衔接的规划体系，维护规划的严肃性、权威性，发挥规划的引导和调控作用。合理划定功能分区，明确具体功能定位，改变城乡居民区与工业、农业区交相混杂的状况，避免形成新的城市病和城中村，优化城乡建设空间布局。针对当前普遍存在的交通拥堵、基层公共服务设施不足、道路积水等群众反映强烈的问题，要尽快编制城镇综合交通、停车场、公共交通、地下空间利用和排水等基础设施和公共服务设施专项规划，为完善城镇功能提供规划服务。

（三）创新城镇管理方式

理顺城市管理体制，充分运用现代信息管理技术，推动各类市政设施、道路交通、社区治安等智能化管理，大力发展电子政务，推动数字化、网络化技术在城市工作中的广泛应用，全面推进城镇精细化管理，提高智能化管理水平。制定和完善城镇精细化管理考核评比标准，对全省城市和县城进行考核评比。整合各级各类公共服务和应急指挥资源，建设数字化管理和应急指挥平台，搞好城镇防震、防洪、防空、消防等防灾减灾设施的建设，建立健全各类预警、预报机制，提高应对突发事件和抵御风险的能力，保障城镇供水、燃气、地铁、公共交通等市政公用产品和服务的供给和安全，加强市政公用产品的质量安全监督，推进城镇管理向规范化、精细化、应急化转变。

六、提升城镇文化品位

中原文化历史悠久、积淀深厚，在中华文化中具有根源性的特征。加快新型城镇化进程，体现新型城镇化特色，就必须坚持把传承创新华夏历史文明作为推进新型城镇化的重要内容，挖掘历史文化资源，丰富文化内涵，彰显中原城镇特色和魅力。

（一）高品位定位，以全局的角度看待城市建设

立足城镇原有的经济基础、历史文化积淀和在城镇体系中的功能定位，把城镇规模和功能定位有机地结合起来，找准城镇建设的努力方向，科学定位、全面提高，不求城镇规模的无限扩大，但求城镇内涵、品位和质量的最佳发展。

（二）高起点规划，引领城镇特色化发展

树立"有所为，有所不为"的思想，突出规划的科学性、前瞻性和统一性，综合考虑城镇的文化定位、城市的标志性建筑等重要城市因素，考虑到人民群众的衣、食、住、行、游、购、娱等方面的需求，建立能够适应现代化建设需要的城镇整体规划布局框架，并突出权威性、严肃性和连贯性。广泛吸收国内外城镇规划建设先进理念，突出个性和形象，加强重要地段和建筑物设计，形成与城镇历史、文化、经济、社会、环境相适应的城市风貌，提升城镇品位。

（三）高标准建设，使城镇建设精品化

以满足居民文化需求为导向，按照"快捷的交通、快速的通信、良好的环境、优质的服务、合理的布局、有效的功能、鲜明的特色、深厚的潜力、应有的规模"标准来建设城市，强化城镇文化服务功能，丰富文化生活，促进现代城市文明向农村辐射。加强历史文化名城、名镇、名村和乡土建筑等资源保护，重视历史文脉传承、发展和展示，培育一批特色文化街区和文化村镇，传承中原文化、建筑风格和居民特色。

第四节　形成产城互动的新型城镇化发展格局

城镇化为工业化提供发展平台，工业化为城镇化创造物质基础。以新型城镇化引领中原经济区三化协调发展，必须坚持以新型工业化带动城镇化水平提升，以新型城镇化支撑工业优化升级，把新型城镇化与加快产业结构调整结合起来，加快各类发展载体建设，引领三次产业协调发展，构建与五级城镇体系相适应的现代产业体系，努力形成以城促产、以产兴城的产城互动发展新格局。

一、科学统筹规划，构建产城互动发展格局

产城互动融合发展是城乡统筹发展的重要途径。只有产城融合，才能真正实现人口向城镇集中，土地向种田大户集中，产业向园区集中。只有产城融合、产城互动，才能实现农民市民化、农业规模经营，促进农业现代化。只有产城融合，才能促使产业、人口集聚，才能真正实现城乡统筹发展。要加快形成产城互动发展的新型城镇化发展格局，必须充分发挥规划在产城协调联动、融合发展的龙头和引领作用，统筹推进新型工业化和新型城镇化互动发展，做到时间上同步演进，空间上产城一体，布局上功能分区，产业上产城融合。

（一）处理好城市与产业的关系

城市是产业发展的载体，产业的提升呼唤着高水平的城市设施；产业是城市兴旺的动力，城市的发展必须以产业基础作为支撑。推动产城融合互动发展，必须走城市形态和城市业态同步优化的路子，不仅要着力解决城市形态的问题，更应着眼于为产业转型提供空间载体，通过实现城市业态高端化，为城市形态的国际化打下坚实的经济基础。

（二）注重高点定位和统筹规划

结合本地城镇产业和区位交通等发展实际，制定城镇建设规划和产业发展规划、城镇功能布局与产业分工布局有机衔接的总体发展规划，普

遍推行"多规衔接",尤其要在已有交通规划和布局的基础上制定产业规划和城镇规划,确保各项规划体系清晰、重点突出,用科学规划引领"两化"互动发展。要重点围绕产业园区、产业聚集、产业新城三个层次,推进产城互动发展,注重产城的同步推进和高度融合,突出产业与城镇功能对接、空间互联,一体设计、功能分区,形成产城协调的空间形态。

(三)高起点规划产城融合带

根据城市功能区定位和产业特点,着眼长远,立足高端,布局科技创新、产业发展、宜居生活、生态旅游等功能区,这些功能区既是产业园区,又是城市新区,通过产业发展带动新区建设,通过新区建设推动产业聚集,区内基础设施共建共享、生产生活配套共融、功能分区尺度相宜,着力将其打造为经济发展最具优势、最具成长性的区域,辐射带动其他区域的发展,进而实现城市发展和产业发展互荣的并进格局。

二、做大做强产业,增强产城互动发展内生动力

产业是立城之本,强城之基。城镇的发展、功能的提升,都离不开产业的支撑和带动。做大做强产业,强化产业支撑,推进三次产业融合发展,是促进产城融合互动发展的内在要求。因此,必须把产业发展放在优先发展的位置,加快产业优化升级,推动产业链式发展,全面提升产业发展水平和发展层次,促进三次产业在更高水平上协调发展。

(一)大力改造传统产业,夯实新型工业化发展基础

要立足、改造、提升传统产业,加快技术创新,改造提升传统优势产业,把传统产业做优做强做大。积极劣汰落后、过剩的产能,为新兴战略支撑产业腾出更大的发展空间,同时注重推进传统优势产业的资源整合与优化升级,在优势领域努力创造新的产业增长点。

(二)加快培育新兴产业,抢占未来发展制高点

立足本地资源,依托现有基础,按照高端、高质、高效的方向,创新发展思路,有所为有所不为,有选择有重点地实施突破。要加强质量

和品牌建设，培育壮大一批战略性先导产业，重点支持化工、有色、钢铁、机械制造等领域中的企业突破核心技术，进军新能源、新材料、高端装备、节能环保等新兴产业，鼓励和引导成长性好、竞

来自世界各地的 YTO 产品经销商会集洛阳

争力强的企业在具有一定优势的高新技术产业领域与国内外高端要素密切结合，推动高新技术产业的成果转化和规模扩张，增强城市综合竞争力。

（三）发展壮大现代服务业，提高服务业发展水平

抓住我国经济转型和消费升级的重大机遇，结合自身比较优势，坚持市场化、产业化、社会化方向，大力发展战略支撑型服务业，改造提升传统服务业，引进和培育新兴服务业。要提高规模化、品牌化、网络化发展水平，改造提升商贸、餐饮等传统服务业，大力发展文化产业与旅游业、商贸服务业、现代物流业，支持发展信息服务、创意设计等新兴服务业，培育壮大金融服务、信息服务、中介服务、科技服务等生产性服务业，并推进其与制造业的有机融合。发展壮大健康产业、社区服务、养老服务等新型业态，加快培育和扶持具有地方特色的家庭服务业。要大力推进融合发展，深入推进工业化与信息化深度融合、现代服务业与制造业融合发展、劳动密集型和资金技术密集型产业协调发展，增强产业发展协调性。

三、提升城镇实力，搭建产城互动发展平台

城镇化的内涵主要表现为劳动力和资本等生产要素从农业向非农产业转移，城市规模的扩大、数量的增多和功能的不断完善，以及经济增长方

式、生产组织形式、生产形态等方面的转换。工业的集中性和大规模生产，必然引起资本、人口、劳动等要素不断向城镇集聚，从而推动城镇化的发展，城镇化进程就是工业化的过程，是与经济社会的发展互促共进的，因此，工业的发展迫切需要城镇化的支持与响应，没有城镇化，工业化就失去了发展载体。

（一）加强总体谋划和规划统筹

着力构建科学的城镇体系和与之相适应的现代化基本框架。结合各地地理位置、资源禀赋、产业特色等实际，明确其区域发展定位，科学确定城镇发展战略和总体布局，形成大中小城市、小城镇和新型农村社区联动发展，符合河南实际、具有河南特色的五级城镇体系。推进城乡总体规划与产业发展、土地利用、交通发展、公共服务、生态建设、文化保护等规划相衔接，加大城镇间重大基础设施配套、衔接和共建共享，引导城镇之间分工协作和功能、优势互补，以区域性中心城市和中原城市群发展带动新型城镇化与新型工业化协调发展。

（二）高水平规划建设城市新区

综合考虑城市未来发展规模、人口和产业集聚度、资源环境承载力等多重因素，结合城镇总体规划修编，科学规划城市新区，有序拓展城市和产业发展空间。处理好城市新区与旧城改造的关系，统筹推进基础设施和公共服务设施建设，大力发展商务中心区和特色商业区，引导服务业集聚发展，创造就业岗位，增强城镇综合承载能力，努力打造高端服务业集聚区、城区经济增长中心、区域发展服务中心和展示城市形象的窗口。提升城市组团发展水平，积极承接、改造提升中心城区外迁企业，促进产业集聚，大力发展与中心城区主导产业分工协作的关联配套产业，成为中心城市空间拓展的重要功能区。

（三）深入推进产业集聚区建设

按照整合资源、提升功能、强化特色、增强竞争力的要求，结合新城建设和老城改造，科学规划各类产业集聚区建设，加快形成一批特色产业集聚区，使之成为产业投资的密集区和集约发展的示范区，积极承接国内外产业转移。推动企业向产业集聚区集中、产业集聚区向城镇集中、劳动力向城镇转移，以产业聚集速度和程度决定城镇发展节奏和规模，增强集群协同效应，实现二、三产业融合发展，提升城镇产业能级，建设产业生态良好、吸纳就业充分、人居环境优美的现代化新城镇。发挥中小城市和小城镇劳动力等要素成本优势，完善产业集聚区配套条件，打造产业转移承接平台，全方位、多层次承接沿海地区和国际产业转移，因地制宜发展劳动密集型产业和特色产业集群。按照不同城镇的发展特色、发展方向，确定承接的产业领域，形成有序承接、集中布局、错位发展、良性竞争的格局。

四、发展现代农业，破解产城互动发展瓶颈

农业现代化可以为城镇化和工业化提供要素保障，是三化协调发展的重要基础。农业现代化如果跟不上工业化、城镇化发展步伐，会导致工业化、城镇化发展受阻，影响整个现代化建设进程。因此，必须加快发展现代农业，为产城互动融合发展提供有力支撑。

（一）加快国家粮食生产核心区建设

要把提高粮食综合生产能力作为重点，加快农业科技进步和创新，运用现代科技、物质装备和管理技术改造提升传统农业，突出农田水利建设和耕地质量建设，加快改造中低产田，实施现代化高标准粮田"百千万"工程。到2020年，全省规划建设2 000个万亩方、2万个千亩方、20万个百亩方的规模化、高标准、永久性粮田。大力发展现代种业，培育优质、高产、安全的农作物新品种，抓好重大适用技术推广，大规模开展高产创建，提高农业生产质量效益。

（二）大力推进农业规模化生产和产业化经营

进一步完善现代农业产业体系，优化农业产业结构，大力发展农业的社会化服务和农产品的加工、流通业，促进农民增收致富，提高农业标准化和农产品质量安全水平。注重把农村土地流转与新型农村社区建设结合起来，加快农民转移就业，促进人口集聚和土地集约利用，提高农业劳动生产率和经济效益，促进传统农业向现代农业转变。

（三）加快农业产业化示范基地建设

坚持因地制宜、突出特色，在保护耕地和尊重农民意愿的前提下，选

择基础条件好、比较优势强、发展潜力大的农产品生产区，充分发挥农户、农民专业合作社、农业产业化龙头企业等建设主体作用，大力发展粮食、高效经济作物、养殖、农产品加工等产业，建设规模化、标准化、专业化和集约化的现代农业示范区。推进黄淮海平原、南阳盆地、豫北豫西山前平原优质专用小麦、专用玉米、优质大豆、优质水稻产业带建设，支持驻马店、周口、商丘、濮阳等地建设国家级现代农业示范区，推进许昌、南阳等地建设国家级农业科技园区。

（四）完善农产品交易市场

坚持市场经济理念为指导，紧紧围绕农产品主产地和集中消费地两个市场，建立更为完善的农产品市场流通网络。推进郑州、商丘、驻马店等

牡丹种植园

地建设大型农产品批发交易市场，在周口、南阳等农业大市培育和发展农产品综合交易市场，打造一批"全链条、全循环、高质量、高效益"的现代农业产业化集群。

（五）加大农业发展支持力度

要持续加大对农业的支持保护力度，继续实行最严格的耕地保护制度

和水资源管理制度，坚持不懈地推进农业科技进步，加强农业生产基础设施建设，制定优惠政策加大对农业主导产业和龙头企业生产经营活动的支持力度，促使企业按照市场经济规律调整产业结构和经营方向。积极引导和鼓励发展设施农业、观光农业，打造集生态涵养、农产品供应和休闲旅游于一体的现代农业示范园区，增强辐射带动能力。

第五节　创新城乡要素合理流动和集约节约利用机制

土地、资本等经济要素在城乡间的不合理配置，尤其是阻碍其相互流动的体制机制，是造成中原经济区城乡差距的重要原因。要消除城乡二元分割和对立的壁垒，加快推动中原经济区新型城镇化进程，就必须创新体质机制，打破城乡之间各种体质障碍，统筹推进人口转移、土地管理、投融资体制改革，加强区域城际合作，促进生产要素在城乡区域之间合理流动、高效配置，为新型城镇化提供动力和活力。

一、创新农村人口有序转移机制

（一）深化户籍制度改革

按照国际惯例，建立城乡统一的以身份证管理为核心的人口流动制度，实现以居住地划分城镇人口和农村人口，以职业划分农业人口和非农业人口，使户籍登记能够准确反映公民的居住和职业状况，真正赋予农民自由迁徙的权利。遵循宽严有度、积极稳妥的原则，适度放宽郑州市、全面放开其他省辖市、县城（县级市）和小城镇入户条件，逐步推行城乡一体的户籍管理制度。凡在城市有合法房产、在县城和小城镇有合法稳定职业或固定住所的人员，均可以申请在当地转为非农业户口，其配偶、未婚子女、夫妻双方父母均可随迁入户。推动城市建成区内的城中村和纳入城市规划建设用地范围内的近郊居民，逐步成建制地转为非农业户口，纳入城镇统一管理。

（二）建立健全相关配套政策

建立健全与户籍制度改革相关的住房、教育、就业、社保、计划生育等专项配套政策。鼓励将符合条件的农民工纳入城镇住房保障体系，使转户农民与城镇居民尽同等义务，享受同等权利。对农村居民整户转为城镇居民的，允许其在一定时期内继续保留承包地、宅基地及农房的收益权或使用权，自主选择参加农村或城镇职工医疗、养老等社会保险。对自愿退出宅基地和农村承包地的，严格按照市场规律，依法确保转户居民退地权益。鼓励进城农民将土地承包经营权、宅基地采取转包、租赁、互换、转让等方式进行流转。

（三）促进农民转移就业

结合产业集聚区和现代农业发展，构建农民转移培训就业长效机制。建立统一、开放、竞争、有序的城乡一体的劳动力市场，完善就业培训、就业服务体系，紧跟市场需求优化培训课程，增加实践教学，提高培训质量，在基层扩大就业创业等惠民政策宣传，推行创业指导和"订单式"、"单向式"等有效的培训方式，提高农民转移就业能力。要增加公益性岗位数量，特别关注和帮助弱势群体农民，提高岗位工资待遇，完善单位和企业使用就业困难人员的社保、岗位补贴制度，切实维护再就业群体的合法权益。

二、创新建设用地保障机制

（一）健全农村土地整治机制

在保障农民利益的前提下，健全农村土地整治机制。进一步扩大城镇建设用地增加与农村建设用地减少挂钩试点的范围，引导农村居民点向新型农村社区集中，将原有散乱、废弃、闲置和低效利用的集体建设用地进行整合、复垦，促进城乡用地布局调整和结构优化，着力提高节约集约用地水平。用足用好城乡建设用地增减挂钩政策，将拟整理复垦为耕地的建设用地和新型农村社区建设用地，纳入年度增减挂钩实施计划，确保耕地面积不减少、质量不降低、结构和布局合理。农村土地整治节余的建设用地在优先满足新型农村社区建设和农村长远发展用地基础上，结余指标纳入指标库由省统一管理，作为人地挂钩的基础。

（二）全面开展土地利用总体规划修编工作

在实行严格的耕地保护制度前提下，全面开展土地利用总体规划修编工作。严格执行土地利用总体规划和土地整治规划，在城乡建设用地增减挂钩的基础上，开展人地挂钩试点，实行城镇建设用地增加规模与吸纳农村人口进入城市定居规模挂钩、城市化地区建设用地增加规模与吸纳外来人口进入城市定居规模挂钩。

（三）探索建立全省统一的交易平台

将集体建设用地使用权、土地综合整治节余的集体建设用地复垦指标、耕地占补平衡指标交易纳入平台交易，通过市场配置资源，显化农村土地价值，促进土地要素在城乡之间、地区之间优化配置，以较少的指标换取尽量多的收益，实现农村土地资产效益的最大化。要切实保障农民的利益，把农村土地整理开发的增值收益更多地留给农民。

（四）建立集体建设用地基准地价制度

对集体建设用地有偿使用实行最低保护价，在法律法规规定的范围内赋予集体土地与国有土地在处置、收益、抵押等方面相同的权能。另外，积极探索建立经济发达但土地资源稀缺地区向经济落后但土地资源丰富地区的经济补偿机制。

三、创新建设资金多元筹措机制

（一）深化财政体制改革

扩大公共财政的覆盖面，完善建设性收费机制，增加政府建设资金来源，加大对基础设施、义务教育、社会管理、行政管理、环境保护、公共卫生、社会保障等领域的支持力度，提高公共财政的综合服务功能。进一步完善政府转移支付，支持欠发达地区、中心镇城镇基础设施与公共服务设施建设，逐步增加对城镇廉价住房安居工程、城乡生态化工程、治污保洁工程、信息一体化工程等非营利、公益性工程项目的投入。建立财政对公益性设施建设投入稳定增长机制，加大土地出让收益用于城镇市政公用设施投资的比例，省财政参与分成的涉及城镇建设的各项收费、基金收入，全额返还各市、县（市）专项用于城镇基础设施建设。对纳入扩权强镇试点的中心镇，收取的规费和土地出让金，县级留成部分全部用于本镇建设。

（二）改进财政资金支持方式

鼓励各地设立专项资金，通过以奖代补、先建后补、贷款贴息、财政补贴等方式，引导社会资本参与新型农村社区、城市新区、产业集聚区、中心城市商务中心区、特色商业区建设。加大基础设施、公用事业领域向民间资本和外资开放的力度，综合运用 BT、BOT、TOT 等多种方式，鼓励和引导社会资本、国外资本和非公有制经济成分参与能源、交通、供水、污水处理建设，拓展民间投资参与基础设施和公共事业投资的机会与空间，提高城镇公共物品的供给能力，完善镇城职能。

（三）加强政府投融资平台建设

支持中心城市壮大城市建设投融资平台，在融资方式、融资结构、融资总量和资本体量上实现新突破，发挥其城市建设投融资主渠道和发动机作用，为城市建设提供高质量的服务。推进中小城市整合现有投融资平台，注入土地、公用设施等经营性优质资产，鼓励进入土地一级开发市场，提高融资能力。支持城投企业面向资本市场，扩大直接融资规模，探索通过发行企业债券、集合资金信托计划、私募基金、资产证券化及股权融资等多种方式，开拓多元化融资渠道。

（四）提高金融机构支持力度

进一步完善金融体系，大力发展新型农村金融组织，着力增强省、市政策性担保实力，鼓励和引导国有商业银行、股份制商业银行和城市商业银行拓展业务领域，为经济社会发展提供多样化的金融产品，提高对城镇基础设施和公共服务设施建设的信贷规模，扩大有效抵质押物范围，完善风险分散补偿机制，积极开展保险资金投资交通、水利等大型基础设施建设试点。

四、创新城际开放协作机制

（一）加强协作长效机制建设，推动中原经济区一体化发展

加强统筹规划和区域规划的指导，建立相应的运行规则和协调机制，

加强规划、交通、旅游、科技、物流等方面的合作，全力推进城际协作向更深层次发展。完善中原城市群联动发展机制，推进交通一体、产业链接、服务共享、生态共建，加快形成以特大城市和大城市为主体，带动中心城市、中心镇和新型农村社区发展的网络化格局。

（二）加强交通和信息网络基础设施建设，推动区域交通与通信一体化发展

深化对现有各地交通设施的整合利用以发挥最大的经济效益，加快以郑州为中心、以城际轨道和高速铁路为支撑的中原城市群半小时交通圈和一小时交通圈建设，适时推动城际轨道交通网向其他城市拓展延伸，实现城市之间的高效连接。建设覆盖整个中原城市群的信息网络平台，包括建立区域信息交互网、完善信息传输机制，打破信息封锁和阻碍，畅通信息流以实现区域信息资源共享，从而降低社会交易成本。

（三）推进全方位、多层次、宽领域的城际合作

明确城市功能定位、强化产业联动，推进全方位、多层次、宽领域的城际合作，实现资源共享、产业互补、政策对接。促进郑州与开封、洛阳、平顶山、新乡、焦作、许昌、漯河、济源等城市功能对接，实现融合发展，打造中原城市群人口和产业集聚高地。巩固提升洛阳副中心城市地位，加快洛阳、三门峡、济源、焦作协同发展，推动产业转型升级，形成豫西城镇密集区。支持安阳、鹤壁、濮阳联动发展，进一步凸显在晋冀鲁豫毗邻地区的优势，形成豫北城镇密集区。推动商丘、周口、驻马店、信阳、南阳合作发展，创建承接产业转移示范区和现代农业发展先行区，形成中心城市和县城集合带动的城镇化格局。

（四）依托对外通道，促进区域联动发展

通过加快中原经济区综合交通网络建设，构建安全、畅通、便捷、绿色的综合交通运输体系，打通对外联系通道，充分发挥其连接南北，沟通东西的枢纽作用，推动中原经济区与长三角、山东半岛、江苏沿海、京津冀、关中—天水等经济区展开多领域、多层次经济合作，提升对外开放水平，以开放合作增强发展动力，促进区域互动联动发展。

第六节　健全协调有序和谐发展的社会管理体制

健全协调有序和谐发展的社会管理体制，这是保持社会和谐稳定、促进城乡经济社会发展一体化的重要基础。随着中原经济区建设进程的不断加快，面对经济体制、社会结构、利益格局以及思想观念深刻变化的新形势，必须在保持经济发展的基础上，更加注重社会建设，建立健全社会管理体制，重点推进城乡规划、行政区划、社会管理、社会保障等管理创新，探索管理方式，拓宽服务领域，建立城乡统筹、精简高效、分工合理、职责明确的社会管理体制，促进中原经济区社会和谐发展。

一、建立城乡一体的发展新格局

城乡一体化是新形势下城乡互补融合、协调发展和共同繁荣的新型城乡关系的选择，也是加快推进城镇化、构建和谐社会的必然要求。

（一）实现城乡空间布局一体化发展

要科学制定规划并发挥规划先行、规划引导作用，打破城乡二元规划管理格局，建立与五级城镇体系相协调的城乡规划体系。以县（市）为单元编制城乡规划，统筹安排城镇建设、新型农村社区布局，建立以控制性详细规划为基础的规划管理机制，严格实施城镇建设用地规划"六线"管理制度，科学制定新型农村社区建设规范和准入标准，不断提高城乡整体规划水平，优化城乡功能分区，构建布局合理、功能齐全、层次有序、互动融合的新型城乡空间布局体系。

（二）推进城乡基础设施一体化发展

加快城乡交通、通信等区域性基础设施规划和建设，形成内外衔接、城乡互通、方便快捷的交通通信网络，提高供水、供电、环保等公用服务设施的共享度，从而保证城乡生产活动联系的密切性、城乡居民远距离就业以及乡村居民生活消费行为的便利性，缩短城乡之间的"空间距离"和

"设施落差"，加强城乡空间融合，进而推动城乡产业和人口融合。

（三）促进城乡产业结构一体化发展

根据城市和农村的不同特质要求和发展优势进行合理分工，互促共进，如中心城市作为区域的发展极，重点应发展金融、贸易、信息、服务、文化和教育等第三产业，从而从分工角度解决城乡之间产业同构和过度竞争的问题，使城乡之间形成一种相互支撑的经济技术联系。另一方面要着力推进产业垂直一体化。推动城市自上而下延伸其服务体系，农业通过产业化的途径延伸其加工销售环节，将加工和销售环节进入城镇，最终促进三大产业在城乡之间的广泛融合，努力实现城乡经济的共同繁荣。

（四）推动城乡市场一体化发展

重点消除要素在城乡之间自由流动的各种体制性政策性障碍，营造城乡一体化的要素市场。进一步推进中心城市的展销市场、中小城镇的专业市场、乡村的农贸市场间的纵向联系，使城乡市场系统由孤立的市场区向相互依赖且等级多样的一体化网络系统转变。促使各市场间关联性与协调性不断提高，空间结构等级层次不断丰富，核心辐射能力日益增强，市场体系作用空间不断扩大。

二、调整优化行政区划

行政区划调整是理顺行政管理体制、拓展城市发展空间以及加快城乡一体化进程的需要。通过调整优化行政区划，可加快改变城乡分割的二元经济结构，在更大范围内促进城乡一体化的有机结合和中原经济区三化协调发展。因此，必须根据新型城镇化发展需要，按照统筹规划、积极稳妥的原则，推进行政区划有序调整，加快行政管理体制改革，理顺城镇行政管理关系。

（一）积极推进郑州市区划调整

作为全国第一人口大省的省会，郑州市在中原经济区建设中无疑具有重要的战略地位，近年来，郑州市经济社会发展迅速，但市区行政区域面积过于狭小，和周边省会城市武汉、济南、南京等相差悬殊，与中原城市群核心城市的地位也很不相称。随着新型城镇化引领中原经济区三化协调发展进程不断加快，郑州市需要应对更加严峻的挑战，必须进一步调整优化行政区划，围绕建设国家区域中心城市，拓展城市发展空间，增强其全国区域性中心城市的龙头和辐射带动能力，进而提升中原城市群一体化程度。

（二）支持有条件的其他地区适时调整行政区划

要逐步将单一城区省辖市市区近郊的县（市）纳入城市行政区范围，重点解决一市一区、市县同城、县包围市和资源型城市发展空间不足的问题。根据经济社会发展和城镇化建设情况，积极推进县（市）政府驻地乡镇、城市近郊和城市规划区内的乡镇改设街道办事处。按照"成熟一个，推进一个"的原则，适时开展撤乡建镇工作，将区位优势明显、经济发展较快、小城镇建设具有一定规模、符合设镇标准的乡改设为建制镇。对跨行政区域的城市新区、产业集聚区，合理调整行政区划，支持其与所在行政区管辖范围严密套合，提高行政效能。

（三）创新城镇规划监管体制

严格实施集中统一的规划管理，加大城镇规划法律法规的宣传力度，不断完善城镇规划体系，加强重点地区的规划控制和管理，加强层级监督和社会监督，优化规划管理与服务，不断探索创新城镇规划管理体制机制。加大规划监督执法力度，全面开展城镇规划效能监察，重点对规划依法编制、审批情况、规划行政许可的清理实施和监督情况、城镇政务公开情况进行认真检查，及时发现、查处违法违规行为，保证城镇规划和有关法律法规的有效实施。

三、推动城乡社会管理创新

大力创新社会管理体制，提高社会管理水平，形成党委领导、政府负责、社会协同、公众参与的社会管理格局。

（一）建立健全社会服务管理体系

培育和发展各类社会组织，构建多层次、多方面、多样性的社会服务管理体系。整合社会管理资源，健全社会组织建设和管理，积极培育各类服务性民间组织，增强基层自治功能。简化社会组织注册办法，积极培育志愿服务队伍，鼓励社会组织和企业参与提供公共服务，形成多元化的公共服务供给方式，提高公共服务的能力和效率。

（二）积极推进和谐社区建设

建立适应新形势需要的城市管理新机制，完善综合服务功能，推进城市管理从单一的城管执法向城市综合管理转型。强化区、街（镇）政府的管理职责，支持各地建设集低保救助、解困帮扶、平安法制建设于一体的社区公共服务中心，推进城市管理重心下移。加快推进社区基层民主建设，切实保障社区居民的知情权、参与权、表达权、监督权，加强政策宣传和指导，充分调动社区民主管理的积极性，使社区民主管理观念深入人心。

（三）完善信访维稳工作机制

加强和改进信访工作，拓宽民意表达渠道，及时反馈社情民意，加强矛盾纠纷排查调处，推进人民调解、行政调解和司法调解有机结合。创新流动人口、社会组织和虚拟社会管理方式，妥善协调群众利益关系，保障流动人口民主政治权利。建立公共突发事件预警处置机制，进一步做好预测、预警、预案工作，确保出现情况时，做到责任、措施明晰，应对及时有效，构建信息交流平台，积极吸纳社会各界对应急处理的意见和建议，优化突发事件应急管理机制。进一步加强社会治安综合治理工作，依法打击各种违法犯罪活动。

四、完善城乡社会保障体系

把健全和完善城乡社会保障体系作为中原经济区新型城镇化引领三化协调发展的必要支撑，坚持广覆盖、保基本、多层次、可持续的方针，深化社会保障制度改革，加快推进覆盖城乡居民的基本社会保障体系建设。

（一）建立覆盖城乡的基本社会保障制度

打破参保身份界限，提高统筹层次，建立覆盖城乡的基本社会保障制度。以非公有制经济从业人员、农民工、灵活就业人员为重点人群，研究制定城乡、区域之间养老、医疗等社会保险转移衔接办法，实现进程落户农民养老和医疗保险的顺畅转移和有效连接，扩大社会保障覆盖范围，争取实现应保尽保。在城镇单位就业的进城务工人员与城镇职工享受同样的工伤保险、失业保险、生育保险，进城落户农民随迁未就业家庭成员，可按有关规定自愿选择参加城镇或农村社保，支持灵活就业人员以个人身份参加城镇职工养老和医疗保险。继续完善城镇职工和居民基本养老保险和失业、工伤、基本医疗、生育保险制度，推进机关事业单位养老保险制度改革。

（二）健全低收入困难群体基本生活保障体系

以扶老、助残、救孤、济困为重点，建立健全低收入困难群体基本生活保障体系。积极发展社会救济、社会福利、优抚安置和慈善事业，加大对弱势群体和低收入人群的帮扶力度，完善优抚保障机制和社会救助体系。将符合条件的转户农民及时纳入城镇低保范围，切实解决基本生活问题，以最低生活保障为基础，实现城乡社会救助全覆盖。转户进城农民在劳动年龄内有就业愿望无业的免费办理失业登记，符合就业困难人员认定条件的享受公益性岗位安置等就业援助服务。

（三）建立社会保障投入增长机制

增加财政的社会保障投入，多渠道充实社会保障基金。尤其要加大对农村社会保障的资金投入，重点推广完善新型农村合作医疗、农村低保制度以及新型农村养老保险试点工作，提高社会保障水平。健全企业退休人员基本养老金、失业保险金标准正常增长机制，加强城乡低保与最低工资、失业保险和扶贫政策的衔接平衡。

（四）完善城镇住房保障制度

应坚持在国家统一政策基础上，各地区因地制宜，分别决策，使住房保障与当地经济社会发展水平相适应，与城镇化进程相协调，合理确定保障范围和标准，对不同收入居民的基本居住需要实行分层次保障。坚持政府主导，社会参与，多渠道解决住房困难，完善住房保障方式，建立健全廉租房、公租房建设、分配、管理机制，将有稳定职业并在城市居住一定年限的务工人员逐步纳入城镇住房保障体系，切实改善进城务工人员居住条件，健全准入退出机制，确保住房保障资源公平、有效利用。

参考文献

[1] 姜爱林:《"城市化"和"城镇化"基本涵义研究述评》,《株洲师范高等专科学校学报》2003 年第 4 期。

[2] 谢文蕙、邓卫:《城市经济学》,清华大学出版社 1996 年版。

[3] 简新华:《城市化道路与中国城镇化——中国特色的城镇化道路研究之一》,《学习与实践》2003 年第 10 期。

[4] 赵春音:《城市现代化:从城镇化到城市化》,《城市问题》2003 年第 1 期。

[5] 孙雅静:《"城镇化"与中国特色的"城市化"道路》,《中共中央党校学报》2004 年第 2 期。

[6] 俞宪忠:《是"城市化"还是"城镇化"——一个新型城市化道路的战略发展框架》,《中国人口·资源与环境》2004 年第 5 期。

[7] 辜胜阻:《非农化与城镇化研究》,浙江人民出版社 1991 年版。

[8] 辜胜阻:《非农化及城镇化的理论与实践》,武汉大学出版社 1993 年版。

[9] 费孝通:《小城镇,大问题》,江苏人民出版社 1984 年版。

[10] 冯尚春、周振:《论中国特色城镇化道路》,《中共中央党校学报》2011 年第 2 期。

[11] 刘志军:《论城市化定义的嬗变与分歧》,《中国农村经济》2004 年第 7 期。

[12] 李晓莉:《河南省城镇化支撑体系研究》,博士学位论文,河南大学环境规划学院,2008 年。

[13] 李明:《城市化定义界定探析》,《安徽农学通报》2009 年第 15 期。

[14] 于洪俊、宁越敏:《城市地理概论》,安徽科学技术出版社 1983年版。

[15] 朱翔:《城市地理学》,湖南教育出版社 2003 年版。

[16] 陆益龙:《多元城镇化道路与中国农村发展》,《创新》2010 年第 1 期。

[17] 朱宇:《51.27%的城镇化率是否高估了中国城镇化水平:国际背景下的思考》,《人口研究》2012 年第 2 期。

[18] 代合治、刘志刚、于伟:《城镇化测定方法的理论思考与案例研究》,《人文地理》2011 年第 6 期。

[19] 赵旭、胡水炜、陈培安:《城镇化可持续发展评价指标体系初步探讨》,《资源开发与市场》2009 年第 10 期。

[20] 石忆邵、朱卫锋:《中国城镇化的地域组织模式及其发展研究》,《中国工业经济》2004 年第 10 期。

[21] 邹农俭:《中国农村城市化研究》,广西人民出版社 1998 年版。

[22] 顾朝林、柴彦威、蔡建明等:《中国城市地理》,商务印书馆 1999 年版。

[23] 冯云廷:《从城镇化到城市化:农村城镇化模式的转换》,《中国农村经济》2006 年第 4 期。

[24] 徐昆鹏、张雯、何鑫:《城镇化模式选择与城乡协调发展——区域发展与新农村建设的探讨》,《学理论》2010 年第 4 期。

[25] 黄向梅、何署子:《转型时期我国农村城镇化模式研究》,《调研世界》2011 年第 8 期。

[26] 朱杰堂、席雪红:《城镇化战略与城市化战略取向研究》,《郑州航空工业管理学院学报》2005 年第 4 期。

[27] 吴盛汉:《中国农村城镇化四大实践模式及经验启示》,《长春理工大学学报(高教版)》2008 年第 4 期。

[28] 刘文静、郭宁、李美荣:《我国内地城镇化模式对新疆城镇化的启示》,《改革与战略》2009 年第 7 期。

[29] 平欣光:《对推进中国特色城镇化的思考》,《中共济南市委党校学报》2010 年第 3 期。

[30] 国家发展和改革委员会国土开发与地区经济研究所课题组：《改革开放以来中国特色城镇化的发展路径》，《改革》2008 年第 7 期。

[31] 仇保兴：《国外模式与中国城镇化道路选择》，《人民论坛》2005 年第 6 期。

[32]《国外城镇化模式及其得失（一）——政府调控下的市场主导型的城镇化》，《城乡建设》2005 年第 5 期。

[33]《国外城镇化模式及其得失（二）——受殖民地经济制约的发展中国家的城镇化》，《城乡建设》2005 年第 7 期。

[34] 李枫：《国外城镇化模式及其得失（三）——以美国为代表的自由放任式城镇化》，《城乡建设》2005 年第 9 期。

[35] 丁宇：《国外城镇化建设道路及启示》，《学习月刊》2011 年第 2 期。

[36]《以美国为代表的自由放任式的城镇化模式及其得失》，《城市规划通讯》2005 年第 19 期。

[37]《以西欧、日本为代表的政府调控下的市场主导型的城镇化模式及其得失》，《城市规划通讯》2005 年第 19 期。

[38] 王德勇：《国外农村城镇化发展的启示》，《农场经济管理》2004 年第 6 期。

[39] 高强：《日本美国城市化模式比较》，《经济纵横》2002 年第 3 期。

[40] 孙鸿志：《拉美城镇化及其对我国的启示》，《财贸经济》2007 年第 12 期。

[41] 刘娟：《城镇化进程中警防陷入"拉美陷阱"》，《临沂大学学报》2011 年第 4 期。

[42] 肖万春：《美国城镇化发展启示录》，《城乡建设》2003 年第 5 期。

[43] 王富喜、孙海燕：《对改革开放以来中国城镇化发展问题的反思——基于城乡协调视角的考察》，《人文地理》2009 年第 4 期。

[44] 潘家华：《从规模扩张向品质提升：中国城镇化进程的战略转型》，《东吴学术》2010 年第 1 期。

[45] 黄学贤、吴志红：《建国以来我国农村的城镇化进程——兼论行政规划的发展》，《东方法学》2010 年第 4 期。

[46] 陈锋：《改革开放三十年我国城镇化进程和城市发展的历史回顾和展望》，《规划师》2009年第1期。

[47] 杨风、陶斯文：《中国城镇化发展的历程、特点与趋势》，《兰州学刊》2010年第6期。

[48] 项继权：《城镇化的"中国问题"及其解决之道》，《华中师范大学学报（人文社会科学版）》2011年第1期。

[49] 彭红碧、杨峰：《新型城镇化道路的科学内涵》，《理论探索》2010年第4期。

[50] 李程骅：《科学发展观指导下的新型城镇化战略》，《求是》2012年第14期。

[51] 许才山：《中国城镇化的人本理念与实践模式研究》，博士学位论文，东北师范大学马克思主义学院，2008年。

[52] 谢登科、厉正宏：《以科学发展观为指导积极稳妥推进城镇化》，《人民日报》2010年6月25日。

[53] 丁国光：《城乡二元结构的形成于突破》，《中国财政》2008年第16期。

[54] 潘九根、钟昭锋、曾力：《我国城乡二元结构的形成路径分析》，《求实》2006年第12期。

[55] 刘建平、王克林：《城镇化与全面小康社会水平关系的实证研究》，《南方农村》2005年第4期。

[56] 蒋彬：《西部民族地区城镇化与全面小康社会建设》，《广西民族学院学报》2004年第3期。

[57] 王天阔、吴丽杰：《农村城市化——全面建设小康社会的基本途径》，《沈阳航空工业学院学报》2006年第6期。

[58] 辜胜阻、易善策、李华：《中国特色城镇化道路研究》，《中国人口·资源与环境》2009年第1期。

[59] 严书翰：《走中国特色的城镇化道路》，《科学社会主义》2005年第3期。

[60] 陈明星、陆大道、张华：《中国城市化水平的综合测度及其动力因子分析》，《地理学报》2009年第4期。

[61] 陈怡培、马家瑞、宫铭遥:《探究三清山生态移民的途径——基于政府扶持、自主创业与新型城镇化的方式》,《企业导报》2012 年第 3 期。

[62] 陈永国:《新型工业化与新型城市化协调推进的逻辑》,《技术经济》2005 年第 9 期。

[63] 程必定:《新型城市化与城市群——中部崛起之路》,《城市》2007 年第 10 期。

[64] 杜书云、高雅:《新型城镇化带动城乡土地资源统筹配置——来自传统农区的经验》,《发挥资源科技优势　保障西部创新发展——中国自然资源学会 2011 年学术年会论文集（上册)》,2011 年。

[65] 耿明斋:《对新型城镇化引领"三化"协调发展的几点认识》,《河南工业大学学报（社会科学版)》2011 年第 12 期。

[66] 辜胜阻、刘传江:《人口流动与农村城镇化战略管理》,华中理工大学出版社 2000 年版。

[67] 辜胜阻等:《中国特色城镇化道路研究》,《中国人口·资源与环境》2009 年第 1 期。

[68] 郝华勇:《我国新型工业化与城镇化协调发展空间分异与对策》,《广东行政学院学报》2012 年第 2 期。

[69] 黄留国:《中国特色城镇化道路:模式、动力与保障》,《郑州大学学报（哲学社会科学版)》2011 年第 5 期。

[70] 季小立、洪银兴:《体制转轨、发展战略转型与中国城市化路径替代》,《天津社会科学》2007 年第 4 期。

[71] 简新华:《走好中国特色的城镇化道路——中国特色城镇化道路研究之二》,《学习与实践》2003 年第 11 期。

[72] 简新华:《论中国特色的城镇化道路》,经济科学出版社 2004 年版。

[73] 李文溥、陈永杰:《中国人口城市化水平与结构偏差》,《中国人口科学》2001 年第 5 期。

[74] 鲁鹏:《新型城镇化:解决三农问题的根本出路》,《山东省农业管理干部学院学报》2010 年第 1 期。

[75] 欧名豪、李武艳、刘向南:《区域城市化水平的综合测试研

究——以江苏省为例》，《长江流域资源与环境》2004 年第 5 期。

[76] 彭红碧、杨峰：《新型城镇化道路的科学内涵》，《理论探索》2010 年第 4 期。

[77] 曲凌雁、冯春萍：《新农村建设与新型城市化发展道路》，《未来与发展》2007 年第 1 期。

[78] 孙锦、刘俊娥：《中国城市化水平综合评价研究》，《河北建筑科技学院学报》2004 年第 3 期。

[79] 孙雪：《新型城镇化测评指标体系的建立研究》，《地下水》2012 年第 2 期。

[80] 唐娅娇、李晓燕：《低碳路径下推进长株潭城市群新型城镇化的思考》，《特区经济》2011 年第 7 期。

[81] 王键、周润山：《发展重点中心镇 降低农民进城门槛——青岛推进新型城镇化的路径探索》，《地方财政研究》2012 年第 4 期。

[82] 王倩、侯红昌：《推进新型城镇化建设中的八大关系辨析》，《中州学刊》2012 年第 5 期。

[83] 王旭：《20 世纪美国城市空间结构的变化及其理论意义》，《南通大学学报（社会科学版）》2006 年第 4 期。

[84] 王永昌：《坚持走新型城市化道路 合力提升城市综合竞争力》，《中国发展》2007 年第 1 期。

[85] 吴江、王斌、申丽娟：《中国新型城镇化进程中的地方政府行为研究》，《中国行政管理》2009 年第 3 期。

[86] 许经勇：《新型城乡关系的基础——新农村与城市化融为一体》，《山西师大学报（社会科学版）》2006 年第 5 期。

[87] 杨迺裕：《广西北部湾经济区新型城镇化发展途径研究》，《学术论坛》2012 年第 6 期。

[88] 于澄、陈锦富：《重构制度支撑，推进新型城镇化——以湖北省为例》，《2012 城市发展与规划大会论文集》，2012 年。

[89] 余华银、杨烨军：《安徽新型工业化与城市化关系研究》，《财贸研究》2007 年第 1 期。

[90] 虞锡君：《正确处理城乡一体化进程中的五个基本关系——以浙

江嘉兴为例》，《嘉兴学院学报》2005 年第 17 期。

[91] 余学友：《新型城镇化带动"三化"协调发展的思考与建议》，《安阳日报》2010 年 5 月 15 日。

[92] 赵燕菁：《专业分工与城市化：一个新的分析框架》，《城市规划》2000 年第 6 期。

[93] 张建军：《农村城镇化带动新型工业化的"三农"问题研究》，《长白学刊》2008 年第 5 期。

[94] 张敬燕：《以新型城镇化为引领　走"三化"协调发展之路——以巩义市竹林镇为例》，《中共郑州市委党校学报》2012 年第 1 期。

[95] 张英洪：《走新型城市化道路的几点思考》，《农业工程》2012 年第 1 期。

[96] 张占仓：《河南省新型城镇化战略研究》，《经济地理》2010 年第 9 期。

[97] 朱烨：《新型城市化与产业结构的互动性关系研究》，硕士学位论文，西北大学经济管理学院，2010 年。

[98] 喻新安、顾永东：《中原经济区策论》，经济管理出版社 2011 年版。

[99] 喻新安：《中原经济区研究》，河南人民出版社 2010 年版。

[100] 高云虹：《中国改革以来的城市化战略演变及相关思考》，《当代财经》2009 年第 3 期。

[101] 胡守勇：《我国城市转型发展趋势探讨》，《延边大学学报（社会科学版）》2011 年第 4 期。

[102] 盛广耀：《中国城市化模式的反思与转变》，《经济纵横》2009 年第 9 期。

[103] 别江波：《我国城市体系建设中存在的问题及对策研究》，《中国软科学》2011 年第 S1 期。

[104] 安树伟：《近年来我国城镇体系的演变特点与结构优化》，《广东社会科学》2010 年第 6 期。

[105] 孙久文、李华香：《中国区域城市化模式研究》，《社会科学辑刊》2012 年第 1 期。

[106] 河南省社会科学院课题:《探索区域科学发展的时代命题——我省坚持走新型"三化"协调之路的认识与思考》,《河南日报》2012 年 8 月 13 日。

[107] 河南省社会科学院课题组:《实现"三化"协调发展的战略抉择——我省以新型城镇化引领"三化"协调发展的探索与思考》,《河南日报》2012 年 8 月 17 日。

[108] 河南省社会科学院课题组:《统筹城乡协调发展的重大创举——我省建设新型农村社区的实践与思考》,《河南日报》2012 年 8 月 20 日。

[109] 王建国、完世伟、赵苏阳:《河南城乡区域协调发展研究》,河南人民出版社 2009 年版。

[110] 河南省社会科学院:《河南改革开放 30 年》,河南人民出版社 2008 年版。

[111] 喻新安、陈明星:《中原崛起目标的提出与深化》,《中州学刊》2010 年第 3 期。

[112] 林秀清:《城镇化水平与农村居民消费关系研究》,《商业时代》2011 年第 3 期。

[113] 林宪斋、王建国:《河南城市发展报告(2012)——推进新型城镇化的实践与探索》,社会科学文献出版社 2012 年版。

[114] 李克强:《在改革开放进程中深入实施扩大内需战略》,《求是》2012 年第 2 期。

[115] 何平:《新型城镇化引领新辉煌》,《河南日报》2011 年 11 月 15 日。

[116] 何平:《"两不牺牲"的庄严承诺——再论用领导方式转变加快发展方式转变之二》,《河南日报》2012 年 7 月 10 日。

[117] 耿明斋:《新型城镇化引领"三化"协调发展的几点认识》,《经济经纬》2012 年第 1 期。

[118] 张乔普、孟斌:《深化认识 强化运作 真抓实干 加快推进郑州都市区建设打造中原经济区核心增长极》,《郑州日报》2011 年 4 月 14 日。

[119] 杨培桐：《基于中原经济区视角下郑州区域性金融中心建设研究》，《中州大学学报》2011 年第 12 期。

[120] 施祖麟：《区域经济发展：理论与实证》，社会科学文献出版社 2007 年版。

[121] 毛岩亮、刘俊甲：《城市边缘区的城市化问题研究》，《财经问题研究》2005 年第 12 期。

[122] 杨小明：《郑州都市区建设的着力点》，《郑州日报》2011 年 6 月 8 日。

[123] 陈国荣：《山西省统筹城乡发展中的主要问题及对策》，《中国信息报》2010 年 4 月 2 日。

[124] 阿拉腾巴特尔：《对鄂尔多斯市城乡统筹发展的探析》，硕士学位论文，内蒙古大学公共管理学院，2010 年。

[125] 谭镜：《谈行政体制改革对城乡统筹发展的必要性》，《新疆石油教育学院学报》2008 年第 2 期。

[126] 铁明太：《建设和谐社会视角下的统筹城乡发展问题研究》，《农业经济》2009 年第 8 期。

[127] 胡少维：《小城镇：城乡一体化建设的着力点》，《金融与经济》2009 年第 4 期。

[128] 杨娟：《浅谈加快形成城乡经济社会发展一体化格局》，《中共银川市委党校学报》2009 年第 8 期。

[129] 张崇顺、刘霞翟、庆强：《加快我市城乡统筹发展的几点思考》，《济南日报》2010 年 3 月 3 日。

[130] 肖顺生：《农业大县统筹城乡发展的现实思考》，《湖湘三农论坛》2011 年第 10 期。

[131] 郑志明：《统筹城乡　推进合肥区域性特大城市发展》，《中共合肥市委党校学报》2011 年第 3 期。

[132] 刘汝生：《抢抓机遇　务实苦干　强力推进县域经济快速发展》，《驻马店日报》2010 年 7 月 28 日。

[133] 武国定：《学习借鉴平舆经验　加快县域经济发展》，《驻马店日报》2010 年 8 月 24 日。

[134] 河南省委政研室、驻马店市委联合调研组：《传统农区跨越式发展的成功探索——河南省平舆县县域经济发展调查》，《农村工作通讯》2010 年第 8 期。

[135] 孙晓清：《柘城：产业集聚区打造发展龙头》，《商丘日报》2010 年 5 月 24 日。

[136] 《革故鼎新入佳境　风雨磨砺始成锋》，《河南日报》2011 年 7 月 22 日。

[137] 范军平：《许昌市城镇化建设问题研究》，硕士学位论文，郑州大学公共管理学院，2012 年。

[138] 曹生旭、李海涛：《新乡县古固寨镇：统筹城乡发展的科学实践者》，《河南日报》2009 年 9 月 22 日。

[139] 张君：《新型农村社区建设效果调查分析：新乡市祥和新村个案》，《四川行政学院学报》2011 年第 8 期。

[140] 卜瑞鹤、张国青：《新乡：宜居城镇初长成》，《农村　农业　农民（A 版）》2012 年第 7 期。

[141] 杜晓溪：《城乡协调发展背景下政府职能转变研究》，博士学位论文，华中师范大学政治学研究院，2011 年。

[142] 《国务院关于支持河南省加快建设中原经济区的指导意见（国发〔2011〕32 号）》，2011 年 10 月 7 日，见 http://www.gov.cn/zwgk/2011-10/07/content_1963574.htm。

[143] 范辉、周晋：《河南省城市土地集约利用水平的时空演变》，《水土保持研究》2010 年第 17 期。

[144] 河南省社会科学院课题组：《在实践中探索区域科学发展之路》，《中州学刊》2012 年第 3 期。

[145] 袁明宝、朱启臻：《论积极城镇化进程中的问题与困境》，《中共南京市委党校学报》2012 年第 3 期。

[146] 杨小贞：《河南新型农村社区建设面临的挑战及对策分析》，《沧桑》2012 年第 3 期。

[147] 王本兵：《我国城镇化发展的制度创新研究》，博士学位论文，中国海洋大学管理学院，2011 年。

[148] 郭庚茂:《政府工作报告——二〇一二年一月八日在河南省第十一届人民代表大会第五次会议上》,《河南日报》2012年1月18日。

[149]《河南省"十二五"规划纲要全文(2011—2015年)》,2012年6月5日,见 http://district.ce.cn/zt/zlk/bg/201206/05/t20120605_23382875.shtml。

[150] 卢展工:《深入贯彻落实科学发展观 全面推进中原经济区建设 为加快中原崛起河南振兴而努力奋斗——在中国共产党河南省第九次代表大会上的报告》,《河南日报》2011年11月7日。

[151] 河南省统计局、国家统计局河南调查总队:《2011年河南省国民经济和社会发展统计公报》,2012年2月29日,见 http://district.ce.cn/newarea/roll/201202/29/t20120229_23116141.shtml。

后 记

  近年来，河南省深入贯彻落实科学发展观，持续、延伸、拓展、深化中原崛起战略，形成了"一个战略、一条路子、一个要领、一个形象"的发展思路。一个战略，就是中原经济区发展战略；一条路子，就是持续探索走一条不以牺牲农业和粮食、生态和环境为代价的、以新型城镇化为引领、以新型工业化为主导、以新型农业现代化为基础的三化协调科学发展的路子；一个要领，就是坚持重在持续、重在提升、重在统筹、重在为民的实践要领；一个形象，就是以务实发展树立起务实河南的形象。随着中原经济区上升为国家战略，河南在全国大局中的定位更加明晰、优势更加彰显。作为人口大省、农业大省、新兴工业大省、有影响的文化大省，在某种意义上，河南是中国的一个缩影，河南的发展变化在全国具有典型意义。中原巨变再次昭示世人：中国特色社会主义道路前程广阔，中国特色社会主义理论体系魅力无限，中国特色社会主义制度优越凸显！

  为了充分发挥理论先行、理论引领、理论破难、理论聚力的重要作用，河南省委宣传部组织编写了"中国特色社会主义道路河南实践系列丛书"，本书是系列丛书之二。以新型城镇化引领三化协调科学发展，是河南省委立足省情贯彻落实科学发展观的生动实践，在全国具有典型性和代表性。河南广大干部群众对"引领"问题给予了特别的关注，投入了特殊的热情。什么是"引领"，为什么"引领"，怎么"引领"等，成为人们热议的话题。

  本书围绕"新型城镇化引领"这一主题展开研究。在系统梳理城镇化、新型城镇化的理论认识和实践探索的基础上，剖析了新型城镇化与全面建设小康社会、中原崛起等的关系及意义，总结了新型城镇化引领的河南实践，对新型城镇化引领的内涵、特征、意义等进行了深入分析，提出了以新型城镇化引领三化协调发展的总体构想和主要任务，对如何充分发挥新型城镇化的引领作用、推动新型三化协调科学发展提出了对策建议。

本书由河南省社科院院长喻新安、副院长谷建全、经济研究所副所长王玲杰担任主编。参加本书撰稿的有：第一章，王玲杰；第二章，郭小燕（第一节），高璇（第二节），武文超（第三节）；第三章，杨兰桥；第四章，郭小燕；第五章，唐晓旺；第六章，林园春（第一、二、三节），高璇（第四、五、六节）；第七章，王玲杰；第八章，完世伟；第九章，陈萍、王玲杰（第一节），陈萍（第二、三、四、五节），王玲杰、袁金星（第六节）；第十章，王芳。王玲杰进行了全书统稿工作；喻新安、谷建全主持写作提纲的讨论，修改审定全部书稿。完世伟参与了提纲起草、书稿修改等工作。刘道兴、丁同民、阎德民、吴海峰、牛苏林、毛兵、袁凯声、任晓莉、赵西三、王景全、李太淼、陈明星、李怀玉、陈东辉等参加了本书提纲讨论。

由于水平有限，书中难免有差错和不妥之处，恳请读者批评指正。

作　者

2012 年 10 月